田伏隆　主编

湖南历史图典（一）

湖湘文库编辑出版委员会

湖南美术出版社

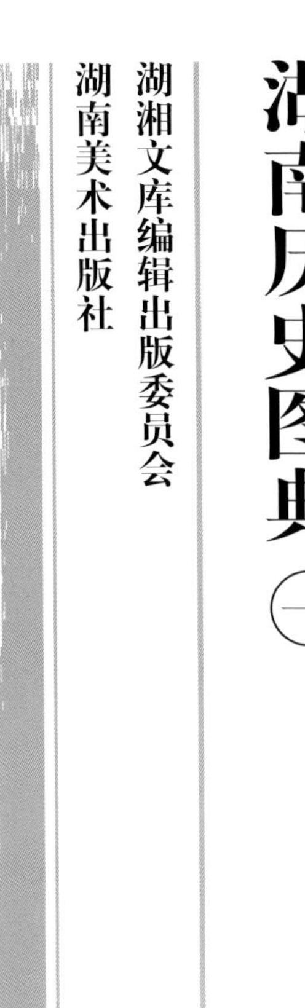

湖湘文库

乙编

出版说明

湖湘文化源远流长，博大精深，是中华文化中独具地域特色的重要一脉。特别是近代以来，一批又一批三湘英杰，以其文韬武略，叱咤风云，谱写了辉煌灿烂的历史篇章，使湖湘文化更为绚丽多彩，影响深远。为弘扬湖湘文化、砥砺湖湘后人，中共湖南省委、湖南省人民政府决定编纂出版《湖湘文库》大型丛书。

《湖湘文库》编辑出版以“整理、传承、研究、创新”为基本方针，分甲、乙两编，其内容涵盖古今，编纂工作繁难复杂，兹将有关事宜略述如次：

一、甲编为湖湘文献，系前人著述。主要为湘籍人士著作和湖南地区的出土文献，同时酌收历代寓湘人物在湘作品，以及晚清至民国时期的部分报刊。

二、乙编为湖湘研究，系今人撰编。包括研究、介绍湖湘人物、历史、风物的学术著作和资料汇编等。

三、乙编中的通史、专题史，下限断至1949年。

四、甲编文献以点校后排印、据原本影印及数据光盘三种方式出版。

五、除少数图书以外，一律采用简体汉字横排。

六、每种图书均由今人撰写前言一篇。甲编图书前言，主要简述原作者生平、该书主要内容、学术文化价值及版本源流、所用底本、参校本等。乙编图书前言，则重在阐释该研究课题的研究视角和主要学术观点等。

七、对文献的整理，只据底本与参校本、参校资料等进行校勘标点，对底本文字的讹、夺、衍、倒作正、补、删、乙，有需要说明的问题，则作出校记，一般不作注释。

八、甲编民国文献中的用语、数字、标点等，除特殊情况外，一般不作改动。乙编图书中的标点、数字用法、参考文献著录规则等均按现行出版有关规定使用和处理。

《湖湘文库》卷帙浩繁，难免出现缺失疏漏，热望社会各界批评指正。

《湖湘文库》编辑出版委员会

前　言

湖南[注]地处中华腹地，山川秀美，气候适宜，物产丰富，历史悠久。早在几十万年以前，就有人类在这里繁衍生息，至今已发现的旧石器时代遗址有200多处，最早的如津市虎爪山遗存，距今50万年以上。原始人类经过漫长的岁月，大约到距今约15000年前，开始了由旧石器文化向新石器文化的转变。道县玉蟾岩出土的距今1万3至1万8千年由野生稻向人工稻栽培过渡的水稻和粗制陶器，说明这时已有了原始农业和原始陶器制作。这些稻谷是至今在世界上发现最早的原始农业遗迹。到新石器时代中晚期的炎黄尧舜时代，随着生产水平的提高，北方炎帝、蚩尤、驩兜等部落或其后裔（部落首领和部落群体）辗转来到湖南，逐渐与原住土著部族如百越、百濮、武陵蛮、僚人、盘瓠等融合，形成了湖南地区的先民，也形成了湖湘文化的源头。这一时期炎帝神农氏南巡，因尝百草，中毒身亡，“葬于长沙茶乡之尾”；蚩尤九黎部落到湖南，演变成三苗；祝融葬于“衡山之阳”；舜帝死于苍梧，葬于九疑，帝妃娥皇、女英泪洒潇湘斑竹；大禹治水到湖南……这些美丽而悲壮的传说，通过当时口耳相传，且因为离文字的产生已不甚远，而为史籍所记载。

从公元前21世纪的夏代开始，一直到1840年之前的4千年左右的古代社会里，湖南各族民众作为中华民族的组成部分，同样经历了原始社会、奴隶社会和封建社会的发展历程，经历了盛衰治乱的无数变迁。由于黄河

注：“湖南”名称始于唐广德二年（764）置“湖南观察史”，到清康熙三年（1664）开始置湖南行省。本书所说的湖南历史，是指今天湖南地理范围的历史。

流域在很长时期是中国政治、经济、文化的中心，中原文化居于主流文化的地位，因此，直到唐宋时代，湖南仍被视为偏远荒蛮之地，成为贬谪官吏、流放罪犯之所。但是考古发现表明，早在商周时代，湖南就有了大量青铜器，是中国南方发现商周青铜器最多的省份。春秋战国以后的湘楚文化及铁器、陶器制作和农业、手工业、商业，在全国都有一定的地位。宋代以后，湖南的经济文化已接近和赶上了中原地区，尤其文化、教育较为发达，这里是宋明理学的策源地，岳麓书院、石鼓书院是全国有名的书院。到明清时期，湖南更成为全国政治、经济、文化较为发达的地区。明代以后，“湖广熟，天下足”已经取代“苏湖熟，天下足”，并出现了集中国古代唯物论和辩证法之大成的思想家王夫之，出现了放眼看世界的中国资产阶级改良思想先驱魏源。

鸦片战争以后，严重的民族危机和剧烈的社会冲突使民族矛盾、阶级矛盾日益加深。湖南既远离京华，是清朝统治较薄弱的地方，又是南北交通要冲，加之人才因素的巨大作用，因而被历史推上了近现代社会斗争的主战场，成为全国举足轻重的省份。在近代历史上，湖南先后出现了四个经邦济世、叱咤风云的人才群体：以曾国藩为代表的湘军群体，以谭嗣同为代表的戊戌维新群体，以黄兴为代表的旧民主主义革命领导群体和以毛泽东为代表的新民主主义革命领导群体。在戊戌维新中这里被称为“全国最富朝气的一省”，此后又成为旧民主主义革命和新民主主义革命的重要策源地。

对于湖南历史的资料整理和研究，古今文化人、学术界都做了大量卓有成效的工作，已有一大批通史、专门史和方志等出版，基本厘清了湖南从古到今发展的脉络，不少专题还有深入的研究成果。但我们也看到，在湖南社会发展的历程中，还留下了众多遗址、遗物和丰富的文献资料，除实物外，它们又以照片、图表等形式被保存。虽然不少照片、图表在一些专题著述中已分别公之于世，但对这些文字之外的图片资料还没有比较全面系统地整理出版；而直观、生动、具体、真实的历史图片，却是广大读者所喜闻乐见的。

鉴于此，早在上世纪末，省政协文史学习委员会、省博物馆、省文物考古研究所、湖南师大历史系、长沙市政协文史学习委员会等单位的部分同志就开始联合着手这一收集、整理、编纂图片的工作。其旨意是以马克思主义历史唯物主义为指导，整理、保存湖南珍贵、直观的历史照片资料，用翔实、精美的照片、图表及文字说明，编辑出版一部《湖南历史图典》，以之系统、全面地反映湖南社会及湖湘文化的发展历程，作为对群众进行省情教育、爱国主义教育的生动直观教材，为湖南历史和湖湘文化的研究、教学、宣传提供素材。这部图典将努力体现以下特点：（一）直观性。以照片、图表等直观材料为主，配以文字说明，真实可靠。（二）系统性。较系统地反映湖南地域自有人类活动以来的历史发展基本脉络。（三）全面性。较全面地反映湖南各个历史时期政治、经济、军事、文化、教育、科技、民族、宗教、社会生活、人物等方面的基本内容，既全面，又突出各个时期的重点和特色。（四）新视角、新观点。突破以往历史著作的政治军事史、革命斗争史框架，以更宏观的视角观察历史。（五）新资料。尽量选取原始的、少见的或新发现的新照片、新资料。（六）学术性与权威性。由湖南历史研究和资料收藏部门的专家参与，一批照片为首次公开发表或为极少见的，融资料性与学术性于一体。（七）在体例上，以照片为主，分总述和若干章节，每一章节有综述和概述，每幅照片有简要的文字说明。每节一般按政治、军事、经济，文化、教育、科技、社会生活、民族宗教等几大块编排。（八）规模宏大，印制精美。

方案确定后，编辑组的同仁在省内外进行了广泛的征集工作，从有关单位和个人手中收集了大量图片资料，并赴一些实地拍摄。省博物馆、省文物考古研究所则将这一工作纳入本馆、所的科研任务，安排专家，并倾其所藏提供资料。经过数十人10余年的努力，共收集到自有人类在三湘大地活动至2000年为止的各种照片、图表12000余幅。本次收入《湖湘文库》（因下限为1949年）时，只选取了其中的约2000张。

本书各章节的编纂者是：第一章袁家荣、柴焕波、田伏隆、何誉军；第二章贺刚；第三章曹学群、袁建平、傅聚良；第四章李建毛、郑曙斌、张曼西、丁送来；第五章喻燕姣、游振群、刘刚；第六、十三章马宁；第七、八、十一章闾四秋；第九、十、十二章欧金林。总述撰写和第十一至十三章审稿为范忠程；第六至十章审稿为梁小进；第一至五章审稿及编纂策划、组织、全书统稿和其他征编工作则由田伏隆负总责。

本书在征编过程中，得到了省委宣传部、省委党史委、省文物局、省档案馆、省图书馆，全省各市（州）县政协文史委、博物馆、纪念馆文化馆和中国革命博物馆、中国人民革命军事博物馆、上海图书馆等单位的大力支持；得到罗志丹、张兴福、易亮如、谌泽霖、江涌、刘强玉、贺建壬、谢辟庸、熊传薪、熊建华、刘利、陈爱平、雷树德、肖迪民、黄启昌、聂菲、王卉、陈先枢、梁春根、赵伟林、彭汉民、段忠健、唐学琴、陈普源、刘振祥、方和平、方瑞中、刘新初、许遂龙、尚自唐、刘美炎、彭岳春、谢斌、陈湘源、杨一九、方延湘、吴果迟、杨启乾、邓声斌、马跃华、卓跃龙、安用甫、周扬声、雷胜明、谢腊生、雷明生、李安中、陈天亮、张友伦、邓灵、李亚祯、袁文全、肖成局、刘再生、郭友生、谢心音、唐从新、周九宜、杨新喜、胡勇忠、向岩松、张首辉、杨秀全、姜宏顶、杨长光、朱洪文、陈学武、刘登富、李新吾、卢瑞生、杨邵东、向渊泉、谭振群、李隽林等同志的积极协助。参阅了有关单位编纂的《湖南通史》、《湖南人民革命史》、《湖南省志》有关专卷，《二十世纪湖南文史资料文库》有关专辑及《湖南文物概览》、《湖南古村镇古民居》、《留住历史的文脉》、《湖南抗战画史》、《山水洲城——长沙》等书籍。湖南美术出版社的左汉中编审担任本书责任编辑，为编辑出版付出了辛勤劳动。对于以上单位和个人的支持协助，在此一并表示衷心的感谢。

用《图典》的形式系统反映一个省的历史全貌，是一种新的尝试，原以为比较容易，但做起来才感到难度很大。因为摄影技术只是近一百多年的事，而且古代的遗存不可能全面、系统，即使近现代的各历史时期、历史事件，也是有的有照片，有的则阙如，有的较多，有的很少，有些很重要的却找不到。尽管我们二十来人并动员数十人尽力查找，其结果与愿望还是有一定的距离。本书也只能就已有的材料选择编撰，只能反映一个粗略的线索。加之我个人的史学理论水平和对湖南历史知识了解的局限，因此，本书肯定存在许多不够准确、恰当之处，敬请各位专家和其他读者批评教正。

田伏隆

2009年5月

目　录

总　述

湖南位处祖国的腹地，是多民族的省份之一。她有秀丽的山川、悠久的历史和灿烂的文化。湖南各民族，勤劳、智慧、勇敢，酷爱和平与自由，进入近现代以后，湖南更是风云际会，人才辈出，在中国近现代历史舞台上演绎出极其光彩的一幕。

一

三湘大地远在50多万年以前就有人类生息繁衍。先民们在漫长的原始社会，披荆斩棘，开发和改造自然，创造了具有湖南特色的旧石器文化和新石器文化。至今已发现的旧石器时代遗址和地点200多处，最早的是津市虎爪山遗址，距今50万年以上。从约1.5万年前开始，出现从旧石器文化向新石器文化的转变。距今1.8-1.3万年的道县玉蟾岩遗址，发现目前世界上最早的人工种植稻谷和原始陶器，距今约8000～5500年的洪江高庙遗址，发现有远古部落的居住处和祭祀场地。距今约8000年的澧县彭头山遗址，出土不少谷物和石器、陶器。谷物是稻谷、大米、有1万多粒；石器多是斧、锛；陶器有罐、盘、盆、钵等的残片，还发现有原始房屋遗址。澧县城头山遗址与彭头山遗址相隔约20公里，其上层距今约5500年，是迄今为止在我国发现最早的城址，有“中国第一城”之说。城头山遗址还发现有300多平方米配有原始灌溉系统的古稻田，是已知的世界上最古老的水稻田。这些重大的遗址和遗物的发现，表明湖南先民在新石器时代，把粗陋原始的石块加工成新石器工具，学会手工制作陶器、种植水稻、饲养牲畜，开始由漂泊不定的渔猎生活过渡到以原始农业和家畜饲养业为主的定居生活。

千百年来，湖南民间流传有华夏先祖的轶闻故事，如炎帝崩葬“长沙茶乡之尾”，蚩尤、驩兜、盘瓠率民开发自然，祝融葬于“衡山之阳”，舜帝南巡，夏禹治水等，并留下了炎帝陵、舜帝陵、禹王碑和纪念他们的民俗民风。

夏、商、周时期，青铜器开始在生产、生活中应用，考古学上称这个时代为“青铜时代”。它与中国奴隶社会相终始。商代是青铜器发展的鼎盛期。湖南是中国南方发现商周青铜器最多的省份，出土大型商代青铜器300多件。宁乡县出土的青铜酒具四羊方尊、乐器大铜铙和人面纹方鼎，都是价值连城的稀世奇珍。

春秋战国，是中国奴隶社会向封建社会转型的时期。由于铁器逐步应用于生产和生活，故又称“铁器时代”或“铁器早期时代”。湖南并入楚国版图，江北楚人与湖南土著古越人、三苗、濮人进一步融合，共同发展社会生产，创造了别具一格的湘楚文化。楚国是战国七雄之一。铁比铜更具硬度和韧性，此时湖南开始生产和使用铁器。长沙子弹库楚墓出土的帛书，是我国现存最早的先秦文献；战国后期楚大夫屈原创作的“楚辞”，许多篇章写作于湖南，反映了湘境民间故事、神话传说，是湖湘文化早期的重要著作。

秦、汉时期，中国社会发生了里程碑的变化。秦兼并六国，建立了中国历史上第一个统一的中央集权的封建国家。它废除分封制，实行郡县制；官吏由皇帝任免，取消世袭制；统一法律、度量衡、货币和文字。这些创造性改革，促进了中国统一多民族国家的形成，有益于社会的发展和进步。秦在湖南始设黔中、长沙二郡，加强了对湖南地方政权、军事、财经的统治和管理。湘西龙山里耶出土的秦简，是研究秦代湖南历史的珍贵资料。西汉时期，封建郡县制进一步加强，湖南先后设有长沙国及长沙、零陵、桂阳、武陵各郡。长沙国是汉初刘邦建立的湖南历史上第一个诸侯国，对长沙成为湖南的政治、经济和文化中心起过重要的作用。郡县制的推行，促进了湖南经济的较快发展和人口大幅度增加。长沙马王堆汉墓出土的3000多件随葬品内，有帛书、帛画、服饰、印章、漆器、陶器、乐器、兵器、食品等，其中素纱禅衣、T形帛画、导引图、彗星图和保存完好的女尸，更加闻名于世，全方位地展示了西汉时期湖南经济、文化和科技发展的盛况。秦汉时期，湖南涌现出以罗弘、蔡伦、贾谊（宦湘客籍）、祝良、胡腾等为代表的最早一批蜚声华夏的英才。

魏、晋、南北朝时，湖南先后归属吴、蜀、两晋和南朝的宋、齐、梁、陈。在长达360多年的时间里，湖南地区总体上是比较安定的，经济、文化和社会较前都有发展。湖南是全国重要的粮食供应地。儒学独尊的地位被打破，玄学清谈之风在湖南思想界流行一时。涌现了刘巴、阴铿、邓粲等著名学者。长沙走马楼出土的大批吴简，是研究曹魏、蜀汉，特别是东吴历史的重要资料。西晋初年，佛教传入湖南，长沙岳麓山修建的麓山寺，称“湖湘第一道场”，是湖南佛教文化的发祥地。西晋以前，岳麓山是道教活动的“福地”，在此修建过万寿宫、崇贞观。东晋初年，道教在南岳衡山集贤峰设坛修道。随后，佛、道二教陆续在长沙、岳阳、衡阳、浏阳、桃源、芷江等地修建佛寺、道观，传播佛、道文化。魏晋时期，佛、道二教门户之见很深，争夺南岳衡山、岳麓山等胜地名山的斗争未曾停歇。

隋、唐、五代（后梁、后唐、后晋、后汉、后周）的380年间，湖南境内的战事不多，社会基本安定，农业、手工业和商业都出现过繁荣景况。据记载：长沙铜官陶器，浏阳鞭炮、烟花，均始创于唐代。公元927年，后唐册封马殷为楚国王，建都长沙，史称“马楚”政权。“马楚”统一湖南后，政治上协和与湘西各少数民族的关系，共同维护楚国的安全；经济上兴修水利，奖励农耕，发展商业和对外贸易；文化上鼓励文人学士研究湘楚学术、文化，并在长沙修建开福寺。马氏楚国一度出现过太平盛世。隋唐五代，湖南的学术和文化，都有较大的发展，产生了诸如刘蜕、欧阳询、李群玉、曹松、胡曾等名扬全国的文化和学术大家。南岳衡山，是盛唐时期佛、道文化的传播重心。随着政治气候的变化，佛、道二教由原来互相倾轧、严重对立，走上了和睦相处、共存共荣的道路。二者同居南岳大庙，这是宗教文化民主、进步的重要表征。

北宋160多年间，北方宋朝廷与辽、金战争不断；江南较为安定，全国经济、文化重心南移。公元1127年金灭北宋，康王赵构在南京（今河南商丘）建立南宋政权，后建都临安（今浙江杭州）。两宋期间，湖南都市经济发展迅速，出现了潭、衡、鼎、岳、澧、邵、永等一批商业城市，潭州（长沙）成为湖南的政治、经济、文化、交通和工商贸易中心。宋代的湖南，是理学的策源地，创始人周敦颐是道县人，其代表作为《太极图说》。他以儒家哲学思想为核心，糅合佛、道二家哲学思想，创立独特的思想体系，用以说明宇宙变化发展和人类道德的善恶。宋代湖南书院教育发达，建有书院50多所，其中岳麓、石鼓列入全国“四大书院”。宋以前，岳麓山是以佛、道为主的宗教文化活动中心；宋以后，它是湖南的教育和湖湘学术基地。岳麓书院北宋初期（公元976年）由、潭州太守朱洞创建，著名理学家张栻、朱熹曾在这里主教和讲学。1015年，宋真宗召见书院山长周式（湘阴人），并书赠“岳麓书院”匾额。石鼓书院建于衡阳城北蒸、湘二水合流处的石鼓山，1035年，宋真宗赐名“石鼓书院”，是历代学者研经讲学之所。南宋后期，“岳麓”、“石鼓”两大书院相继毁于战火。

元朝征占湖南之初，推行军事统治和种族歧视政策，大肆烧杀，掠民为奴，引起湖南各族人民的反抗和逃亡。世祖忽必烈执政后，注重吏治，与民生息，减免租税，招回逃亡，湖南的经济得到恢复和发展。元代开始实施行省制，把湖南、湖北、广东、广西及贵州的大部分合称为湖广行省，其中在湖南境内置12州、47县。此后，文化教育继续发展。元代中期，重建岳麓、石鼓两大书院，新建书院15所。湖南学子通过科举考试取得进士功名的有143人，人数之多，居全国前列。欧阳玄、何克明、曹一本等是其中的佼佼者。欧阳玄，浏阳人，钦科状元，翰林院学士，待制兼编修，学识渊博，文史兼精，纂修《经世大典》，总裁《辽史》、《金史》、《宋史》，是杰出的史学家。他著有《圭斋文集》16卷，古、近体诗100多首，又是卓越的文学家。

元、明之交，湖南战祸连年，湘民大批被杀或流散川、陕，大片田园荒芜。江西人鱼贯入湘，故有“江西填湖南”之说。战乱平息后，明代统治者着手整饬吏治，和缓社会矛盾，相对地实行薄赋轻徭政策，湖南的农业、手工业和商业得到复苏和发展，“湖广熟、天下足”取代了“苏湖熟，天下足”，初步形成了长沙、衡阳、常德、岳阳和郴州等商业都市与贸易中心。湖南的大米、茶叶、湘绣、中药材等，畅销全国各地。文化教育事业相应发达。嘉靖、万历年间，湖南各州、县新建书院26所。在明代，湖湘学子考取进士的541人，代表人物有：黎淳、刘大夏、李东阳、张治、杨一清等。黎淳，华容人，钦科状元，翰林院编撰，礼部尚书，能诗善文，著有《龙峰集》多卷传世。李东阳，茶陵人，进士，翰林院编修兼文渊阁、华盖殿大学士，礼部、户部尚书，学识渊博，著述宏富，有《怀麓堂集》100卷问世，收入《四库全书》。宗教文化得到了发展。洪武年间，伊斯兰教（又称“天方教”或“清真教”）开始在常德、邵阳等回族、维吾尔族较集中的地区落户。道教在长沙岳麓山建造了云麓宫，在衡阳修建了南岳庙、朱陵宫、玄都观，南岳衡山成了道教名山。

清代在平定吴三桂叛乱后至鸦片战争前近200年间，湖南社会的发展处于常态，人口、耕地面积都有显著增加。康熙、雍正年间，采取了一些休养生息的政策，取消明末苛政，减轻税租，奖励农耕等，刺激了湖南农业经济的发展。城市的手工业和商业，出现了早期的资本主义生产和经营方式。康熙年间，湖南重修岳麓、石鼓两大书院，新建书院70多所。康熙帝为重修后的岳麓书院题写“学达性天”匾；乾隆帝御书“道南正脉”额。湖南独立建省后，长沙设立科举考试院，湖南士子应试增多。据统计：顺治九年（1653）至道光二十年（1840）的190多年中，全省取得进士的441人，其中位居总督、尚书、大学士的有数十人，涌现出王船山、李文炤、王文清、罗典等一大批闻名海内外的哲学、经学、文学、史学、医学、天文学大师。王船山，即王夫之，衡阳县人，伟大的唯物主义哲学家。政治上主张统一，“严以治吏，宽以养民”；哲学上是朴素的唯物主义，主张物质第一性，“道不离器”，批判“理在气先”。潜心著述40余年，撰写著作100余种、400多卷，内容涉及哲学、史学、文学、政治、法律、教育等。主要代表作有《周易外传》、《尚书引义》、《读通鉴论》、《张子正蒙注》等。李文炤，长沙人，岳麓书院山长，著名经学家，传世之作数十种，代表作为《周易本义拾遗》（14卷），《周礼集传》（6卷），《春秋集传》（10）卷等。

二

19世纪中叶，中国开始由独立的封建社会逐渐演变为半殖民地半封建社会，1840年至1842年中英鸦片战争是这一演变的起点，是中国近代史的开端。

鸦片战争开始时，湖南曾派兵赴粤抗击侵华英军，许多湘籍将士流血牺牲。清朝在这次战争中惨败，被迫割地赔款。巨额的赔款，加重了湖南人民的负担。第二次鸦片战争后，外国资本主义侵略势力与湖南的清廷官府勾结，走私鸦片，倾销洋货，掠夺资源，加剧了湖南各类社会矛盾，引发了雷再浩、李元发领导的汉、苗、瑶各族人民的反清大起义。1852年6月，太平军首次入湘，与湖南各族人民反封建斗争密切结合，打击官僚、豪绅、地主，焚烧衙门、粮册、田契、债券，有力地打击了封建统治秩序。太平军在湖南纪律严明、作战勇敢，把清军打得落花流水，将旧式农民战争推向了高峰。

面对农民起义的严重局势，清廷派礼部侍郎曾国藩回湖南组建湘军。咸丰年间，曾国藩以“团练”（湖南地方武装）为基础编练湘军，主要将领先后有江忠源、胡林翼、左宗棠、李续宾、曾国荃、彭玉麟、刘坤一等。湘军集中了一批洋务、外交、教育等方面的文职人才，因而又是一个政治集团。湘军的兴起和征战各地，是湖南社会发展的重要转折，同时又使湖南成了镇压太平天国革命和维护清王朝统治的基地。

严重的民族危机和剧烈的社会冲突，惊醒了湖南的有识之士，陶冶了湖南的民风士气，涌现了一大批爱国忧时、经邦济世和放眼全球的杰出人物。主要代表有魏源、曾国藩、左宗棠、郭嵩焘、胡林翼、罗泽南以及曾国荃、曾纪泽等。他们的事业和思想，对近代湖南乃至全国的政治、军事、经济、文化、教育和社会的发展，产生了重要作用和深远影响。魏源，邵阳人，道光进士，内阁中书，爱国主义思想家、史学家。主张变法革新，提出“变古愈尽，便民愈甚”，主张富国强兵，团结御侮，提出“以夷攻夷，以夷款夷，师夷长技以制夷”，主张学习西方科学技术，发展民用工业，允许私人开办工厂企业。哲学观上，他有朴素的唯物论和辩证法观点；历史观则在进化论和循环论、宿命论之间徘徊。魏源的爱国思想和改革主张，对中国近代的变法维新运动产生过巨大的影响。其主要论著有《圣武记》、《海国图志》、《元史新编》、《老子本义》。曾国藩，湘乡人，道光进士、翰林院庶吉士，历任礼、兵、工、刑、吏各部侍郎。咸丰年间，回湖南办团练、组湘军，发布《讨粤匪檄》，镇压太平天国革命。1860年，以钦差大臣兼两江总督督办江南军务，与李鸿章、左宗棠首倡洋务，兴办近代军事工业，创建上海江南制造总局。1867年授大学士兼直隶总督。死后，谥文正。程、朱理学是曾国藩世界观和道德观的哲学基础，但在学术思想上他没有被程、朱理学所束缚，主张对儒家各派兼收并蓄，博采众长，以建立自己的体系。曾国藩一生著述很多，其日记、家书的社会影响广泛深远，有《曾国藩全集》（三十卷，1500万字）传世。左宗棠，湘阴人，道光举人，先后任浙江巡抚，闽浙总督，钦差大臣兼陕甘、福建、新疆等地军务督办，东阁大学士，两江总督兼南洋通商事务大臣，军机大臣等，病逝后，谥文襄。他除镇压过太平天国、捻军、西北回民起义外，大部分时间投身国家的保卫和建设事业。他亲率大军西出玉门关，征战天山南北，消灭入侵新疆的阿古柏匪军，粉碎了英帝国和沙俄侵占新疆的阴谋，保卫了祖国的神圣领土。他也是最早放眼看世界的中国人之一，积极主张学习西方，创办了中国第一家机器造船厂（马尾造船厂），在西北建造了第一家机器纺织厂（甘肃兰州织呢总局）。他潜心研究宋明理学，但反对空谈“理”性，极力提倡经世致用。遗著有多卷本《左宗棠全集》。

戊戌维新时期，湖南一改过去闭塞守旧的形象，成为维新最为活跃的地区。中日甲午战争之后，列强掀起瓜分中国的狂潮，湖南成了帝国主义者共同宰割的对象。为了挽救国家民族的危机，一个自强维新运动在湖南兴起，谭嗣同、唐才常、熊希龄等维新人物认为：“要救国，只有维新；要维新，只有学外国。”他们成立时务学堂，创刊《湘学报》和《湘报》，组建南学会等团体，鼓吹变法维新和推行新政；全国维新运动的重要首领、执舆论界牛耳的梁启超来湘参与其事；湖南巡抚陈宝箴、学政江标支持维新。湖南维新运动有声有色，一时成了“全国最富朝气的一省”。谭嗣同，浏阳人，中国近代启蒙思想家，变法维新的激进派，湖南维新运动的杰出代表。他喜读王船山、魏源、龚自珍等人的著作和西方近代自然、社会科学书籍，曾漫游西北和东南十几个省，考察社会，结识名士。他倡设浏阳算学馆，开湖南变法维新先河。他著的《仁学》是为维新变法制造舆论的代表作。在哲学观上，提出“以太”是世界物质的本原，世界上各种现象都是“以太”的作用，并把“以太”的这种作用叫做“仁”。政治上反对封建纲常名教，宣传变法革新。他用进化论观点批判封建顽固派守旧思想，提出“唯变法可以救民于倒悬”，变法则“民智”、“民富”、“国强”，指出封建纲常名教是“暴乱天理之法”，封建制度是“大盗”之政，君主是“独夫民贼”，主张“冲决”封建君主、常伦、礼教等“一切网罗”。《仁学》糅合了儒、释、道、墨各家思想和近代西方自然科学与社会政治学说。在维新自强思想的影响下，湖南资本主义经济有了初步的发展，出现了矿业、交通、机电、邮政等近代工业。戊戌维新时期，湖南的新化锡矿山锑矿、益阳板溪锑矿、常宁水口山铅锌矿、平江黄金洞金矿等，都是有全国影响的近代企业。但是，湖南维新运动伊始，就受到顽固保守势力的反对，随着戊戌政变的发生，湖南变法维新运动也中途夭折。

湖南维新运动宣传了新思想，一些维新志士从失败中吸取了教训，开始由改良转向革命。20世纪初，湖南教育开始由传统儒学教育向近代新式教育转换，长沙创办了省城大学堂，各府、州、县设立了中、小学堂。湖南出现了独步一时的“留日潮”，成千上万的湖湘学子，为振兴中华、建设家乡，赴日本、欧美留学，其中一大批人后来成为近代中国政治、经济、军事、文化、教育舞台上最活跃的人物。湖南著名的公立新式学堂和私立明德、楚怡、岳云、广益、周南等校，大都是留日归国学生所创办。杨毓麟的《新湖南》，陈天华的《猛回头》、《警世钟》等，宣传反帝爱国思想，为新的革命到来作了重要准备。

1904年初，黄兴、宋教仁等在长沙成立的华兴会，是中国内地最早的资产阶级革命团体，它策划的长沙起义虽事泄失败，但它是“中国内地革命之先声”。1905年，华兴会与孙中山领导的兴中会等组合，成立了中国资产阶级统一的革命政党——中国同盟会。1906年冬，同盟会第一次发动和领导了旨在推翻帝制、实现资产阶级民主共和理想的萍浏澧武装大起义。1909年发端的湖南保路运动和1910年的长沙抢米风潮，都带有明显的反帝反封建的性质。1911年10月，武昌起义爆发，湖南成为“首应之省”。长沙新军起义，成立了中华民国湖南军政府，宣告清王朝统治湖南的结束。湖南是辛亥革命的策源地之一，民主革命志士灿若群星，著名的有黄兴、宋教仁、蔡锷、陈天华、杨毓麟、谭人凤、刘揆一、宁调元、姚洪业、蒋翊武、焦达峰、禹之谟等。然而湖南革命党人刚刚到手的政权，却很快被立宪派夺去。谭延闿第一次督湘期间，在政治、经济、文化、教育方面实施了一些带有资本主义色彩的政策和措施，如推行三权分立的政治体制，革除封建陋习、惩治不法官吏，鼓励发展近代工商业，减轻农民负担，发展近代文化教育事业等。谭延闿政府的根基、能力脆弱，追求的目标过多过高，实施起来阻力和困难重重。1912年，袁世凯窃取辛亥革命成果，积极复辟封建帝制。1913年春，他在上海暗杀了中国近代杰出政治家、湖南人宋教仁。“宋案”发生和湖南反袁独立的失败，开始了南北军阀在湖南的黑暗统治。湖南人民继续举起“护国”旗帜，进行反袁驱汤（芗铭）和驱张（张敬尧）斗争。1916年7月，终于把在湖南残暴统治近三年的“汤屠”驱逐出去。

三

五四新文化运动作为一个历史时期，以1915年9月《青年杂志》（第2卷起改名《新青年》）创刊为起点，直到1921年7月中国共产党成立之前，简称五四时期。这几年中，湖南的思想文化界空前活跃，提倡民主和科学，宣传新思想、新文化的报章、杂志、学会和社团竞相涌现。《新青年》在湖南拥有很多读者。第一师范是传播新思想、新文化的重要阵地。《新青年》创刊不久，发表了长沙青年易白沙的《孔子评议》，第一次指名道姓对孔学维护封建专制统治秩序进行了较为系统的揭露和批判。1917年4月初，《新青年》发表了第一师范学生毛泽东的论文《体育之研究》，该文用新的观念，论述了体育可提高国力和强壮民族体质，身体是知识和道德的载体，体育有健筋骨、增知识、调感情、强意志的功能。与陈独秀在上海创刊《青年杂志》的同年同月，湖南人刘人熙、贝允昕、李抱一、龙兼公等创办的《大公报》在长沙面世了，它旗帜鲜明地反对帝制、拥护共和，立足湖南、注重实际，比较客观公正地宣传介绍近代思想和文化，在知识界很有群众基础。1918年4月成立的新民学会，发起人和组织者主要有毛泽东、蔡和森和萧子升。它的宗旨是“革新学术，砥砺品行，改良人心风俗”；规约是“不虚伪、不懒惰、不浪费、不赌博、不狎妓”；嗣后“改造中国与世界”的“共同目的”，是学会“宗旨”的提升和发展。新民学会成立的思想文化基础主要是以爱国主义为核心的民族精神、近代民主启蒙思潮以及第一师范民本主义的校园文化。它是五四时期著名新型社团之一，其成员是湖南新文化运动的骨干力量。以他们为核心成立了省学联，领导湖南学界爱国民主运动；主编《湘江评论》，宣传最新思想，研究学理和批评社会；组织湖南知识青年留法勤工俭学，寻找革命理论和方略，学习西方先进科学和技术；创办文化书社，以最迅速、最简便的方法，介绍中外各种最新书报杂志，为湖南人提供最新的学习研究资料，等等。健学会是五四时期湖南教育界著名文化教育团体，1919年6月，省教育会会长陈润霖，邀集省会文教界名人徐特立、朱剑凡、杨树达、何炳麟等10余人发起成立。它的宗旨是“输入世界新思潮，共同研究，择要传播”，内容涉及哲学、教育、政治、经济、社会、文学和美学等。健学会的活动，对湖南学术思想的更新和教育近代化，起过重要的作用。5月9日，长沙的报纸，冲破了湖南督军张敬尧的新闻封锁，报道了5月4日北京学生的爱国运动。28日，湖南学联成立。学联以“爱护国家，服务社会，研究学术，促进文明”为宗旨，推举新民学会会员、省立商专学生彭璜为会长。为支持北京学生的爱国斗争，6月3日，长沙20多所中学学生统一罢课，学生爱国运动随即在全省各县展开。五四运动是中华民族伟大复兴的新起点，是中国新民主主义革命的开端，它促进了湖南人民的新觉醒。12月初，省学联在教育坪举行焚烧日货示威大会，遭到张敬尧的武力镇压，激起了省会各界的愤怒，一场声势浩大的驱张运动从此开始。五四新文化运动使湖南思想文化界发生了深刻的变化，一大批先进知识青年接受了西方民主进步思想和马克思列宁主义，成长为中国最早一批共产主义者。1920年冬，毛泽东、何叔衡、彭璜等先后建立了长沙共产主义小组和湖南社会主义青年团。中共成立时全国57名党员中湘籍党员有20余名，中共“一大”13名代表湘籍有4人。湖南是中国共产主义者的摇篮。1922年5月中共湘区委员会成立，湖南人民革命进入一个新的历史时期。

北伐时期，湖南是国民革命最发达的省区之一。1924年1月的国民党“一大”，是首次国共合作正式形成的标志。4月1日，国共合作的国民党湖南临时省党部成立，共产党员何叔衡、夏曦、李维汉被推为党部常委。7月，黄埔军校第一期开学，在638名学员中湘籍学员有185人。湖南先后选派近100名中共党员、青年团员在广州农讲所学习。这为湖南迎接国民革命作了重要准备。北伐战争开始时，参加北伐的国民革命军共8个军，其中第二、六、八3个军由湖南军队改编而成，占总兵力的一半以上，是两湖和东南五省战场北伐作战的主力。北伐战争首先在湖南开始，重要战役有醴陵、平江战役。北伐时期湖南是全国工农运动的高潮区，1927年4月，省工会会员48万人（全国工会会员280万人）、农会会员600万人（全国农会会员1000万人），建立了工人纠察队和农民自卫军，为支援北伐，打击帝国主义、军阀、贪官污吏和维护社会治安等方面作出了重要贡献。以唐生智为首的湖南省政府，执行联俄、联共、扶助农工三大政策，为湖南国民革命的高涨提供了条件。国民革命时期，湖南教育得到很大发展，小学由1922年的11901所发展到1927年的17009所；中学由1921年的42所发展到1925年的83所；1926年2月成立了湖南大学。湖南的蓬勃发展，遭到了反动派的摧残和破坏。1927年5月，继四一二反革命政变之后，许克祥在长沙制造了马日事变。湖南国共合作被破坏，国民革命进入低潮。

国民革命失败后，何键在湖南建立了反动统治，血腥屠杀共产党人和革命群众。中共“八七”会议后，毛泽东以中共中央特派员身份回到湖南，和朱德、陈毅、彭德怀、贺龙等，先后在湖南境内发动和领导了秋收起义、湘南起义、平江起义和桑植起义，武装反抗国民党反动派的大屠杀，建立了中国工农红军，创建了井冈山、湘赣、湘鄂赣、湘鄂西等革命根据地，简称苏区，保存、积蓄、复兴和发展了革命力量，开辟了农村包围城市，武装夺取全国政权的革命道路。参加上述各次武装起义，1955年授予少将以上军衔的湘籍高级将领有68人，其中元帅3人，大将6人，上将19人。湖南是中国工农红军的故乡。1934年10月，中央红军长征，在湖南境内突破了敌人重点群集、精心构建的三道防线，在打破湘江防线时，红军付出了惨重的代价，但它粉碎了蒋介石企图将红军消灭于湘江以东的计划，保存了党和红军的精英，为长征胜利奠定了基础。1935年12月，任弼时、贺龙等率领的红二、六军团，在完成牵制敌人兵力、策应中央红军长征的战略任务后，突围离湘长征。为打破敌人的经济封锁，湖南苏区实行土地革命等新民主主义经济政策，农业、工商业得到了恢复和发展。苏区教育除发展普通中小学外，还建立了红军学校、党校和妇女学校。十年内战时期，湖南的现代经济，在外资压迫和清乡“剿共”的破坏下，发展曲折缓慢，新增的现代企业主要有湖南机械厂、湖南汽车修理总厂、湖南电器制造厂、湖南第一纺织厂、湖南造纸厂、衡阳电厂、常德鼎新电灯公司等；粤汉、湘黔两铁路在湖南境内全线通车，公路修建了湘赣、湘粤、湘川、湘黔、湘桂、湘鄂西等7条干线和长沙至宁乡、湘潭至邵阳等10多条支线。

九一八事变，日本帝国主义武装侵略中国东北，激起了湖南人民的爱国主义义愤。事变的消息传到湖南后的第3天，长沙各界200多个团体10多万人集会，声讨日本武装侵华的罪行，随即成立湖南人民反日救国会，广泛开展抗日救亡活动。一•二八淞沪抗战，湖南青年组织反日铁血团开赴淞沪前线，支援第19路军抗战。长城抗战爆发后，长沙湘雅医院院长王光宇率数十名医疗救护队队员奔赴华北战场；省公路局数百员工组成抗日运输队，冒着炮火轰炸，驱车运送弹药物资。在一•二九运动的影响下，1936年7月，湖南民族解放先锋队首先在长沙成立，接着诞生了湖南文化界抗日救国会，李仲融、萧敏颂、苏镜、曹国智等，是这些团体的发起者和领导人。

卢沟桥事变后，中国进入全面抗战时期，实现了第二次国共合作。1937年11月，湖南省政府改组，张治中出任省主席。同月，徐特立奉中共中央之命，在湖南建立八路军驻湘通讯处，开展抗日统战工作。12月，中共中央派高文华等来湘成立湖南省委，领导湖南军民抗战。张治中主湘期间，执行联共抗日政策，支持民众抗日，为国共在湖南合作创造了条件。抗战初期，平、津、沪、宁一些机关、学校内迁湖南，700多文化名人、教授、学者云集长沙，与湖南文教界联合，成立了以吕振羽、田汉、翦伯赞等为首的湖南文化界抗敌后援会（文抗会）和其他抗日群众团体，广泛开展抗日救亡运动，长沙成为全国闻名的抗日“文化城”。1938年9月，国共合作在邵阳创办塘田战时讲学院，培养抗日救亡基层干部，南京政府立法院副院长、国民党元老覃振（桃源人）任院长，吕振羽任副院长。10月，两党联合举办南岳游击干部训练班（简称“游干班”），培养抗日游击战基层骨干，蒋介石兼游干班主任，汤恩伯、叶剑英分别任正、副教育长。抗战进入相持阶段后，国民政府军事重心移到湖南，1938年11月至1944年2月，国民政府军委会先后在南岳召开4次军事会议，湖南成为正面战场的主要作战区。中日进行的13次比较大的会战，其中有6次是在湖南境内。第三次长沙会战，首创太平洋战争爆发以来盟军反法西斯战争的胜利纪录。湘西会战是中国抗日正面战场战略反攻的起点。抗战期间，湖南是沿海工业内迁的落脚点和中转站，有效地保存了中国的大工业。据统计：1938年至1940年，外地迁湘的公私企业461家，衡阳、湘潭、洪江、沅陵等城镇的经济出现过前所未有的短期繁荣。抗战时期，湖南为中国抗战输送兵员210万、提供军粮8000多万担、棉花56万担、布匹2400多万疋，是提供兵源、粮源最多的省份之一。日军侵湘期间，制造了洪山、营田、青山、厂窖等许多特大杀人惨案，血腥屠杀和平居民和已经放下武器的士兵。湖南军民直接被日军杀死的有57.7万余人。抗战时期湖南教育保持着发展的势头，抗战初期教育部在湖南创办了国立师范学院，到1945年，湖南有小学3.2万多所，中学394所，校数、学生数均居全国各省前茅。省立一中、岳云、明德、雅礼等一批中学的办学质量，誉满全国。

抗战胜利后，湖南社会百孔千疮，百业待举。人民渴望医治创伤，重建家园。蒋介石不顾人民的和平愿望，悍然发动反人民内战。国民党湖南省主席王东原紧随蒋介石，把三湘百姓推进了内战的深渊。内战全面爆发时，王东原召开省党政联席会议，宣布湖南转入内战轨道，随即恢复征兵。解放战争由防御转入进攻时，王东原又宣布，“戡乱”为全省施政中心，湖南田赋征实用作军粮，财政收入主要移作军费，在全省搜刮人力、物力和财力，大修军用公路和碉堡，将三湘人民进一步抛进内战的火海。繁重的战争负担，庞大的军费盘剥，造成湖南物资严重枯竭，通货恶性膨胀。1937年100元法币可买一头大水牛，到1948年却买不到一个小煤球；国民党强征壮丁民伕，青壮离乡远逃，农村田园荒芜，城市劳力短缺，工农业急剧衰落和凋弊，湖南经济面临全面崩溃。为了推翻国民党在湖南的反动统治，以周礼为书记的中共湖南省工委，遵照中共中央指示，在湖南开辟反对国民党统治的第二条战线，配合解放军的军事进攻。1947年6月，长沙大、中学校学生5000多人举行六二示威大游行，声援北平、南京学生爱国运动，高呼“反内战、反饥饿、反迫害”，“要和平、要温饱、要民主”。1949年4月，北平和谈破裂，内战重开，湖南各界民众成立自救委员会，推唐生智为主任委员，反对在湖南制造内战。6月，省会各界1万多人，公葬爱国学生领袖高继青烈士，控诉国民党特务的血腥暴行。在农村，省工委大力发展党员、建立农村游击武装，支持农民抗租、抗捐、抗税斗争。1948年7月，程潜回湘任国民党长沙绥靖公署主任兼湖南省政府主席。程潜是追随孙中山国民革命的元老，不满蒋介石的内战政策。省工委根据中共中央和毛泽东的指示，动用各种关系做争取程潜、陈明仁起义的统战工作。1949年6月，程潜在《致中共中央和毛泽东主席备忘录》中，明确表示反蒋、反桂系、反内战，决定以中共和谈八条二十四款的原则，谋湖南局部和平。7月，解放军第四野战军兵分三路南下湖南，策应程潜、陈明仁长沙起义。8月4日，程、陈等通电全国，宣布起义，脱离国民党政府，加入中共领导的人民民主专政，为建立新民主主义之中国而奋斗，同时发表《告湖南民众书》、《告全省官长书》，要求各级官长安守岗位；号召全省军民，一致反蒋驱桂，实现全国解放。唐生智、周震鳞、仇鳌、唐伯球、席楚霖、邓介松、邓飞黄、陈芸田、陈云章、黄雍等240多位社会名人、政府官员和军官，纷纷通电拥护起义，参加人民解放事业。5日，毛泽东、朱德复电赞扬程、陈“毅然脱离伪政府，参加人民解放事业，大义昭著，薄海同钦”。当晚，长沙数十万民众，热烈欢迎人民解放军先头部队入城，庆祝湖南和平解放。8月20日，经中共中央批准，新的中共湖南省委成立，黄克诚任书记，王首道、金明、高文华为副书记。24日，湖南省临时省政府成立，主席陈明仁，副主席袁任远。29日，湖南人民军政委员会成立，程潜为主任委员，黄克诚任副主任委员。30日，湖南军区成立，萧劲光为司令员，陈伯钧、陈明仁等为副司令员。省党、政、军最高领导机关的成立，标志着国民党在湖南统治的结束，湖南历史发展进入了一个新时期。

湖南历史图典(一)

第一章 三湘大地的原始社会
（公元前21世纪之前）

从非洲发现的最古老的打制石器算起，人类社会已经有260万年的历史。考古学家证实，中国大约在200万年以前已经出现了人类文化。三湘大地目前发现旧石器时代遗址和地点200多处。最早的旧石器时代地点是津市虎爪山，距今50万年甚至更为久远。与世界历史一样，湖南的旧石器时代是一个漫长的人类童年时代，远古人类依靠简单粗陋的打制石器进行生产，繁衍生息。

从约1.5万年前开始，在三湘大地上发生了旧石器文化向新石器文化转化的重大事件。道县玉蟾岩遗址出土了世界瞩目的古老的水稻和陶器；临澧竹马遗址发现了旧石器时代末期的台式房基。这都是远古社会最重要的创造之一，进而促成湖南地区在一万多年以前就较早地进入了具有原始农业的新石器时代。

在三湘大地广泛分布的1000余处史前遗址中，澧县八十垱的上万粒稻米、黔阳高庙的图案神秘诡谲并充满宗教色彩的艺术陶器、安乡汤家岗最为精彩的白陶、澧县城头山的中国最古老的城址及世界上最早的水稻田遗迹、孙家岗的极为精美的玉器等一系列重大发现，表明湖南在新石器时代是一个发达的原始农业社会，在中国文明的起源与发展中发挥着非常重要的作用，对中国五千年的文明史产生了深远影响。

华夏始祖之一的炎帝神农氏落脚酃县鹿原陂，教民五谷；舜帝有虞氏南巡，死于苍梧，葬于九疑。美好而又悲壮的古老传说回荡三湘大地数千年，辉映出湖南久远的原始农业文明。

第一节 湖南远古人类的生活环境

湖南境内发现了更新世（距今180万年至1万年）早、中、晚各个时期的哺乳动物化石。更新世早期以保靖县洞泡山动物群为代表，中期以芷江县桐树溪动物群为代表，晚期以石门县燕耳洞动物群为代表。据目前资料统计，哺乳动物化石种类达九目62属种，主要有猴、豪猪、獾、熊、大熊猫、豺、狼、貉、虎、豹、鬣狗、狸、灵猫、水獭、象、马、犀、貘、鹿、猪、牛、羊等。其中乳齿象、似锯齿嵌齿象、东方剑齿象、中国貘、巨貘、小猪、大熊猫武陵山亚种、中国犀等种类在全新世已经绝灭。这些

上新世(距今约530万年至180万年)至更新世（距今180万年至1万年）动物群示意图。

更新世动物群示意图。

哺乳动物是华南“大熊猫—剑齿象”动物群的常见种类，表明湖南地区在更新世时期处于热带—亚热带气候环境，为湖南旧石器时代人类繁衍生息、生产生活提供了赖以生存的背景。

全新世前期(距今1万年前)的动物群。

嵌齿象复原图。生活在中新世（距今约2330万年至530万年）早期至上新世早期。有四个门齿，下颌很长，以灌木叶或挖起水中植物为食。

乳齿象复原图

中国乳齿象生活在上新世到更新世，存活几百万年。因其牙齿上有成对的乳头状突起而命名。

乳齿象与现代人高度比较。

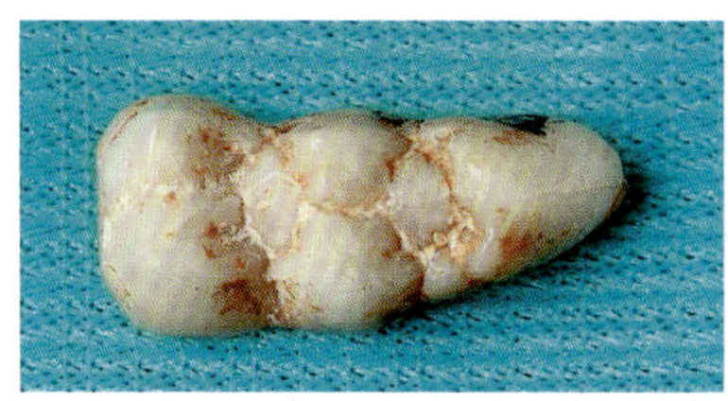

小猪右下第三臼齿，更新世早期，保靖洞泡山出土。

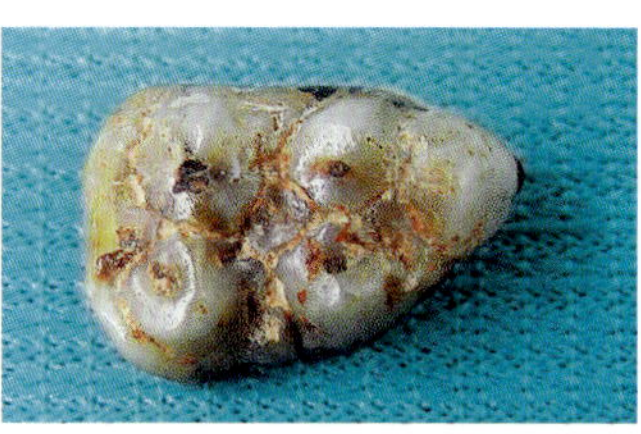

小猪右上第三臼齿。更新世早期，保靖洞泡山出土。

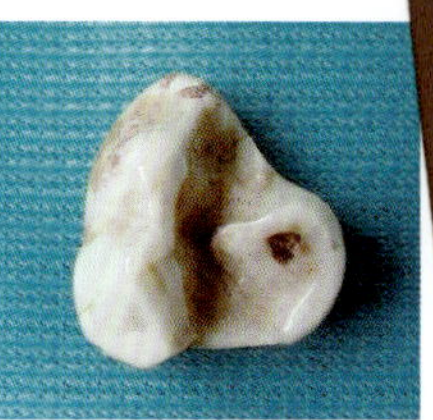

中国貘左上第一前臼齿。更新世早期，保靖洞泡山出土。

东方剑齿象右上臼齿，更新世中晚期，保靖塘口湾出土。

乳齿象左上第三臼齿，更新世早期，保靖洞泡山出土。

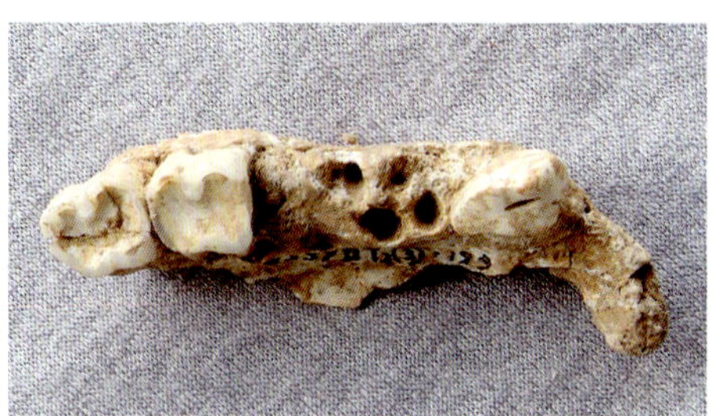

红面猴上颌，更新世晚期，石门燕耳洞出土。

似锯齿嵌齿象左上第三臼齿，更新世早期，保靖洞泡山出土。

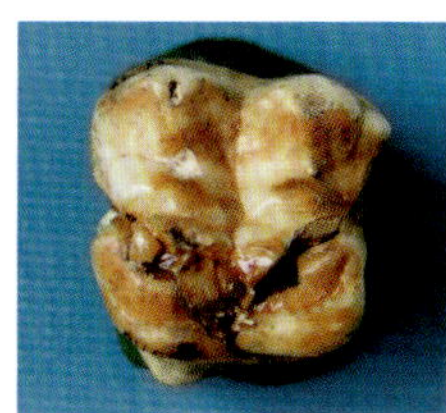

大熊猫武陵山亚种右下第二臼齿，更新世早期，保靖洞泡山出土。

剑齿象复原图。

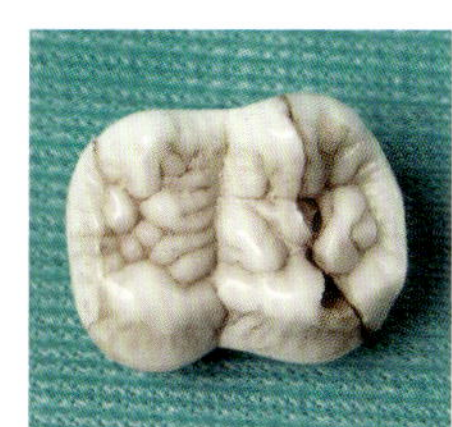

大熊猫武陵山亚种右下第二前臼齿，更新世早期，保靖洞泡山出土。

桑氏缟鬣狗复原图。四肢健壮，口大，牙齿结实，是出名的古缟鬣狗类。

原始马复原图。

斑鬣狗复原图。生活于更新世中晚期至晚期，分布于我国各地。

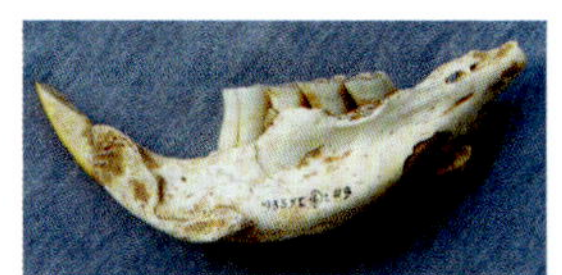

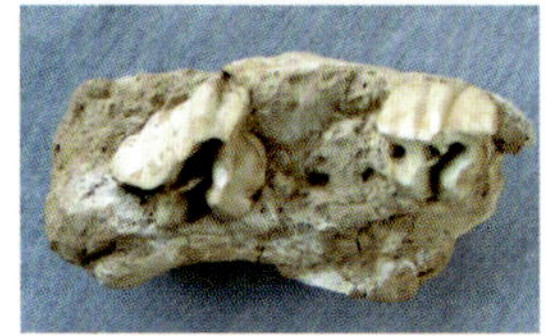

上：华南豪猪右侧下颌，石门燕耳洞出土。下：中国犀右上臼齿，石门燕耳洞出土。

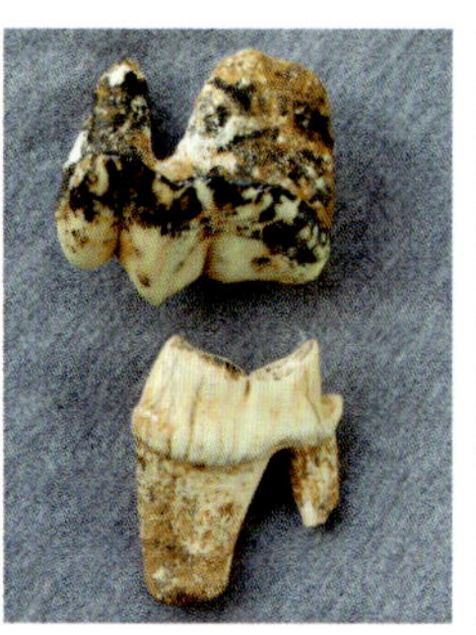

最后斑鬣狗右侧裂齿，更新世晚期，隆回六都寨出土。

熊犬齿，石门燕耳洞出土。

虎右侧裂齿，更新世晚期，石门燕耳洞出土。

第二节 湖南旧石器时代文化遗存

湖南旧石器文化，整体上表现为砾石石器传统。湖南目前发现的旧石器材料主要集中在西部的沅水和澧水流域。湖南西部旧石器存在两个具有独自特点的区域性文化，即“潕水文化类群”和“澧水文化类群”。潕水文化类群石制品以锐棱砸击石片、形式多变的砍斫器为特点。澧水文化类群文化序列有虎爪山文化遗存—鸡公垱文化—乌鸦山文化—十里岗文化，富有特色的石制品有厚大石片、各种形式的大尖状器、似手斧、石球、细小燧石器等。

5万年前，由于最后冰期的影响，湖南的旧石器文化随之进入到旧石器时代晚期的前一阶段。澧水文化类群旧石器出现小型化趋势，形成了砾石石器和石片石器相结合的乌鸦山文化。大约在距今2万－1.4万年前，最后冰期进入了最冷峰时期，湖南进入到旧石器时代晚期的后一阶段。澧水文化类群旧石器进一步小型化，出现十里岗文化（燕耳洞遗存）的细小石器

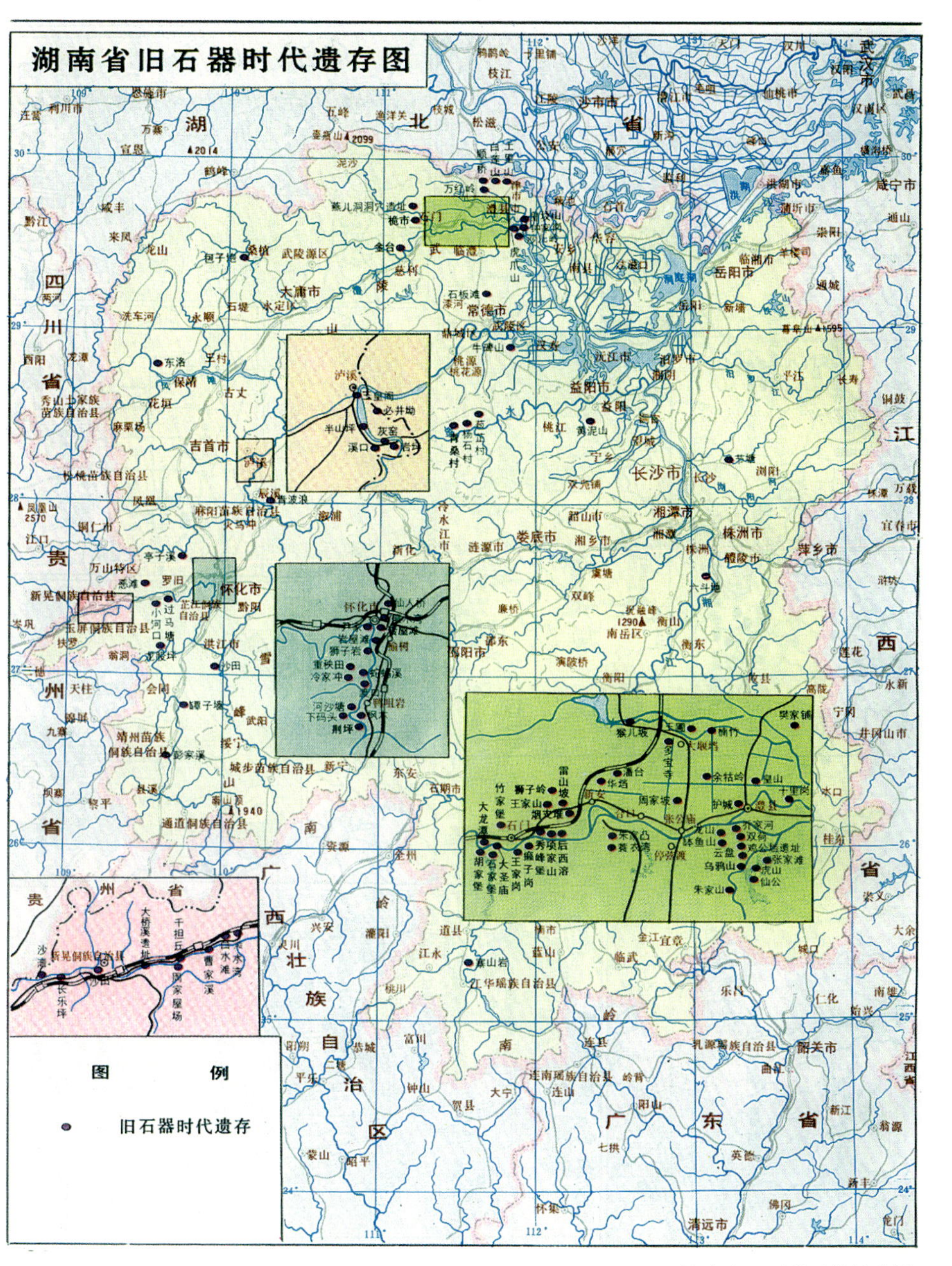

湖南省旧石器时代遗存图。

工业。但临近南岭纬度较低的潕水文化类群，没有出现由大型砾石石器工业向小型石片石器工业转化的现象。

大约从15000年前开始，湖南旧石器文化向新石器文化转化，出现最原始陶器、原始建筑和原始农业的萌芽。

一、旧石器时代原始人类生活复原图

原始人生活示意图之一。

原始人生活示意图之二。

原始人狩猎示意图。

钻木取火复原图。

制作石器图。

二、虎爪山遗存——旧石器时代早期（距今约50万年以上）

虎爪山遗址，津市。

虎爪山旧石器出土现场。

石片砍斫器，虎爪山出土。

左起：手镐、石球、双椎体石片砍斫器，虎爪山出土。

三、鸡公垱文化——旧石器时代中期（距今约15—5万年）

澧县鸡公垱遗址发掘现场。

砾石三棱尖状器，澧县鸡公垱出土。

左起：石球，澧县鸡公垱出土；似手斧，石门大圣庙出土；手斧，临澧六家岭出土。

四、潕水文化类群——旧石器时代中晚期

石片切割器。1987年湖南境内首次从网纹红土中发现的旧石器，旧石器时代中期，新晃大桥溪出土。

双刃砍斫器，旧石器时代中期，新晃长乐坪出土。

侧身长刃砍斫器，旧石器时代中期，怀化岩屋滩出土。

高背尖状器，旧石器时代中期，新晃出土。

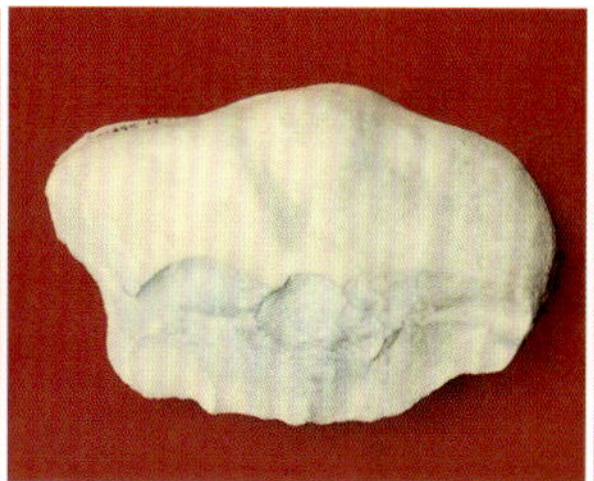

侧刃砍斫器，旧石器时代晚期 ，新晃长乐坪出土。

弧刃砍斫器，旧石器时代晚期，新晃出土。

五、乌鸦山文化——旧石器时代晚期前段（距今5—2万年）

澧县乌鸦山遗址远景。

左起：乌鸦山遗址地层断面、长石片刮削器、双锥体石片，澧县。

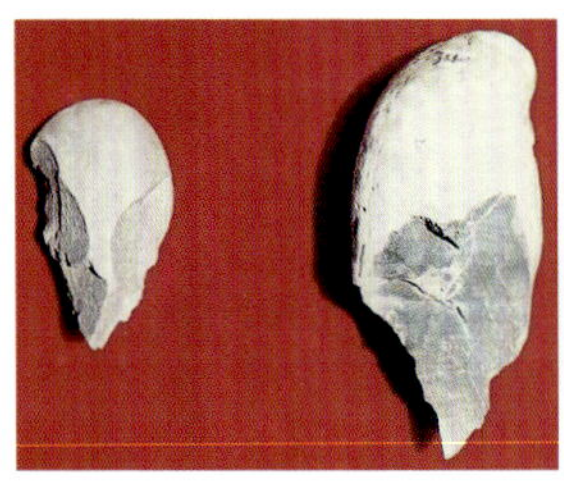

左起：手镐、长石片刮削器、石英刮削器、刮削器，澧县。

六、十里岗文化——旧石器时代晚期后段（距今2—1.5万年）

十里岗遗址地层，澧县。

黑色燧石细小石器，燕耳洞出土。

两极石片和尖状器，十里岗出土。

燕耳洞，石门县。

人股骨化石。湖南境内首次发现的人类化石，燕耳洞出土。

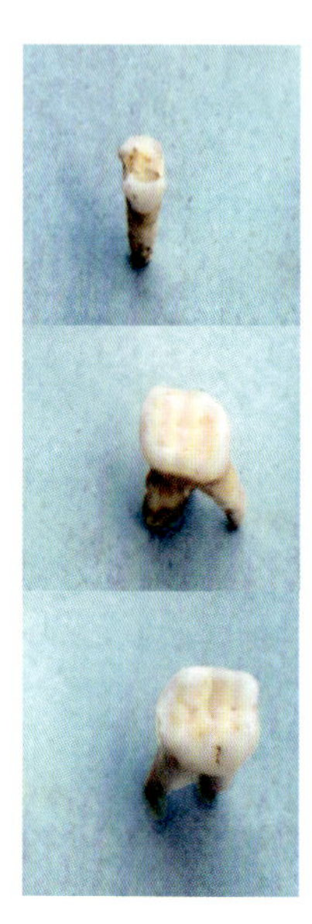

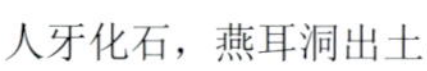

人牙化石，燕耳洞出土。

石英刮削器，十里岗出土。

七、玉蟾岩文化遗存（距今约1.8-1.3万年）

玉蟾岩洞穴遗址，道县。

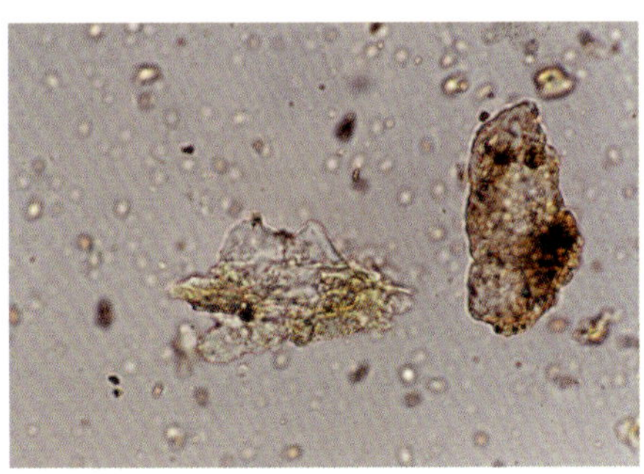

水稻硅质体，玉蟾岩土样。

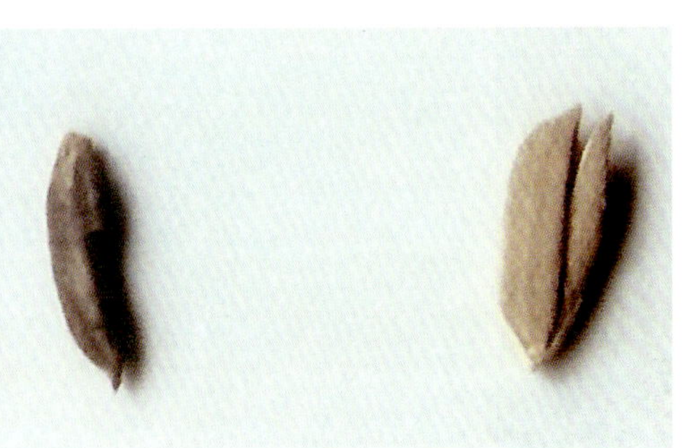

水稻壳。世界范围内发现最古老的稻米之一，玉蟾岩出土。

釜形器。世界范围内发现最古老的陶器之一，玉蟾岩出土。

朴树子，玉蟾岩出土。

野葡萄，玉蟾岩出土。

骨、牙装饰品，玉蟾岩出土。

鱼类化石，玉蟾岩出土。

人牙及上颌化石，玉蟾岩出土。

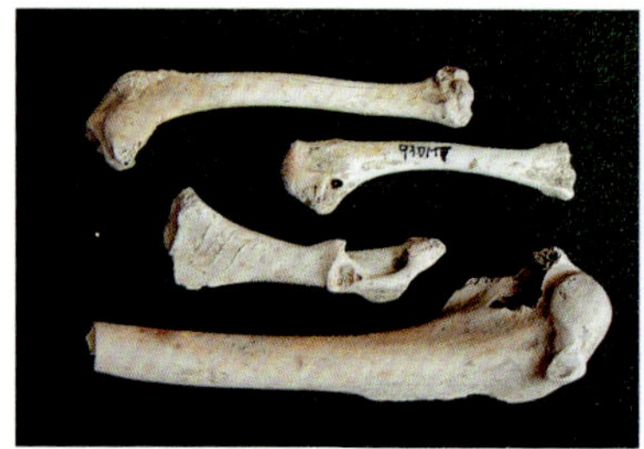
鸟禽类化石，玉蟾岩出土。

猕猴桃。世界范围内发现最古老的标本，玉蟾岩出土。

梅。世界范围内发现最古老的标本，玉蟾岩出土。

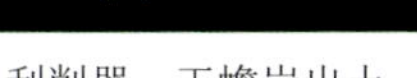
刮削器，玉蟾岩出土。

尖头器。

砾石、石砧，玉蟾岩出土。

八、竹马遗址——旧石器时代末期

台基式房屋建筑遗迹，临澧县。

第三节 新石器时代

新石器时代是中华民族多元一体格局形成的关键时期。地处长江中游的三湘大地在中华文明形成和发展的过程中创造了灿烂的史前文化。

大约从1.5万年前开始，湖南旧石器文化向新石器文化转变，出现最原始陶器、原始建筑和原始农业的萌芽。从9000年前开始直至2100年前，洞庭湖平原依次形成了彭头山文化—皂市下层文化—汤家岗文化—大溪文化—屈家岭文化—石家河文化新石器时代文化序列。沅水、资水、湘江流域也形成相应的考古学文化或文化类型，其中高庙文化以其强劲之势影响了南方广大地区。湖南丰富多彩的史前稻作农业的遗迹遗物，诡谲发达的兽面、祥鸟、太阳装饰陶纹，星罗棋布的原始聚落和古老城墙，奠定了湖南史前文化在中

原始村落示意图。

用火煮食示意图。

母系社会示意图。

国稻作农业、中国文明的起源与发展研究中举足轻重的地位。

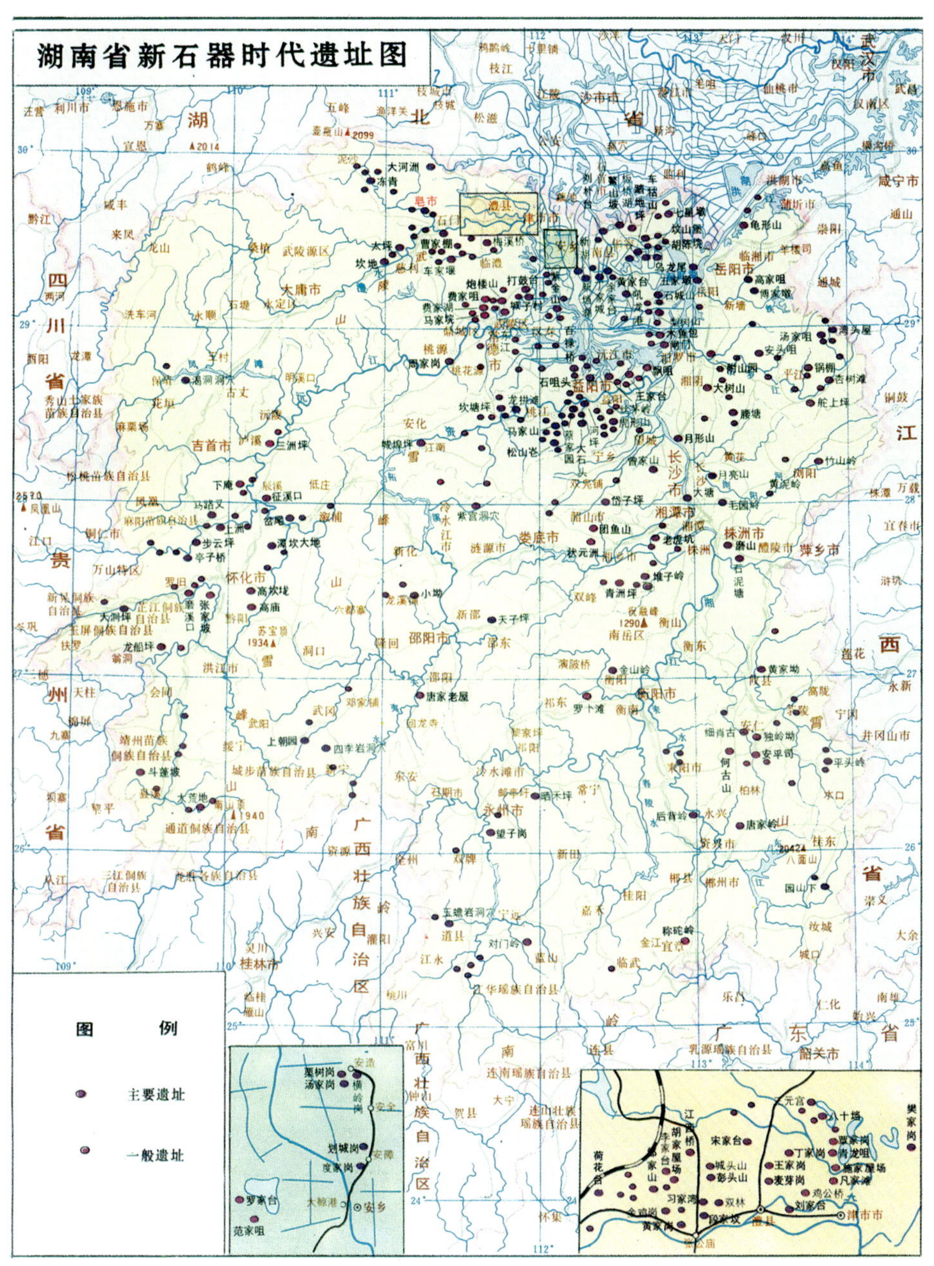

湖南省新石器时代遗址图。

一、彭头山文化时期（距今9000–8000年）

彭头山文化以澧县大坪乡彭头山遗址的发掘而命名，为澧阳平原迄今发现年代最早的新石器时期文化，距今9000—8000年。这类遗址共发现20余处，除彭头山遗址外，主要还有八十垱遗址。

彭头山遗址出土的陶器主要有深腹罐、双耳高颈罐、盘、钵、釜、支座、碗、盆等，纹饰有绳纹、戳印纹、捺压纹、刻划纹、锯齿纹、镂孔等，体现了陶器制作上的多样化。彭头山文化出土的石器，具有澧阳平原过渡时期细小石器的特征。

彭头山文化时期已进入了较稳定的定居阶段。八十垱遗址发现了土垣和围壕，有多种建筑形式并存。经济形态为稻作农业兼采集和渔猎经济。彭头山文化时期大量栽培稻标本的发现，对于稻作农业起源的研究具有重要的意义。

澧县八十垱遗址全景。

陶罐，澧县八十垱遗址出土。

陶罐，澧县八十垱遗址出土。

陶釜，澧县八十垱遗址出土。

陶支座，澧县八十垱遗址出土。

陶罐，澧县彭头山遗址出土。

陶釜，澧县彭头山遗址出土。

二、皂市下层文化时期（距今8000–7000年）

皂市下层文化以石门皂市遗址的发掘而命名，年代为距今8000—7000年。这一时期的文化在我省境内发现近百处，遍布湘、资、沅、澧四水流域，其中重要的遗址如临澧县胡家屋场遗址、坟山堡遗址、涂家台遗址等。皂市下层文化的一些陶器，如高颈罐、双耳罐等显然脱胎于彭头山文化，但一部分陶器如折沿罐、敛口罐、筒形器、折壁盆、折腹钵等，则显示出一种全新的文化特质。这一时期的聚落大体继承了彭山头文化的特点，并发现了专门的墓地。

沅水中上游同时期的重要文化是黔阳高庙文化，高庙文化陶器以圆底釜、罐和圈足盘最具特色，尤以其繁缛的纹饰著称。凤鸟纹、兽面纹等图

陶盘，临澧胡家屋场遗址出土，皂市下层文化。

陶罐，临澧胡家屋场遗址出土，皂市下层文化。

白陶盘，黔阳高庙遗址出土。

陶罐，黔阳高庙遗址出土。

案是古代先民原始宗教的生动体现。其大型的祭祀遗存及其在文明进程中的意义，越来越受到人们的瞩目。

兽面纹图案，黔阳高庙遗址出土。

凤鸟纹图案，黔阳高庙遗址出土。

石斧，黔阳高庙遗址出土。

石凿，黔阳高庙遗址出土。

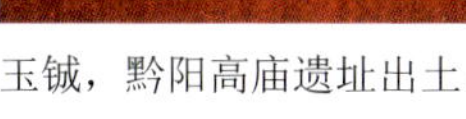

玉钺，黔阳高庙遗址出土。

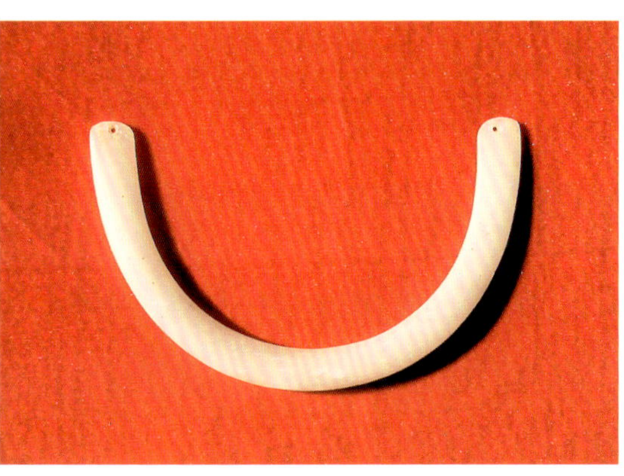

玉璜，黔阳高庙遗址出土。

三、汤家岗文化时期（距今7000—6500年）

汤家岗文化以安乡县安全乡汤家岗遗址的发掘而命名，年代距今7000—6500年，分布地区主要在洞庭湖区及澧水、沅水下游。汤家岗遗址中已发现了壕沟和墙垣，在城头山遗址的汤家岗文化时期的遗存中，发现了水稻田以及用于灌溉的沟渠和蓄水坑。这一时期完整的墓地也被发现。汤家岗文化的白陶及印纹圈足盘、篦点纹碗是最具特征性的陶器。与此同时期的文化，在湘江中下游及资水下游，以“大塘文化”为代表，在沅水中上游，则以“松溪口文化”为代表。

陶釜，安乡汤家岗遗址出土。

白陶盘，安乡汤家岗遗址出土。

白陶盘，安乡汤家岗遗址出土。

四、大溪文化时期（距今6500—5300年）

大溪文化以四川巫山大溪遗址的发掘而命名。在我省主要分布在洞庭湖及相邻地区，具有与江汉平原和鄂西峡江地区不同的文化面貌，被称为“大溪文化三元宫类型”。圆底釜、罐、钵、碗、盘和彩陶是其最有代表性的器物。主要遗址有澧县丁家岗、三元宫，安乡汤家岗、划城岗，华容车轱山、刘卜台等，年代为距今6500—6300年。

澧县城头山城址是这一时期中心聚落的典型代表，城内发现了6000年前的大型夯筑城垣，城址内有功能明确的居住区、作坊区、墓葬区，还发现了大型的祭坛和众多祭坛遗址。这些发现大大推进了我国文明起源的研究。

陶釜，澧县三元宫遗址出土，大溪文化。

彩陶瓶，安乡划城岗遗址出土，大溪文化。

澧县城头山遗址全景。

澧县城头山遗址，房屋遗迹。

祭坛及祭坛坑，澧县城头山遗址。

墓葬，澧县城头山遗址。

稻米，澧县城头山遗址出土。

陶盘，澧县城头山遗址出土。

陶盘，澧县城头山遗址出土。

陶豆，澧县城头山遗址出土。

陶碗，澧县城头山遗址出土。

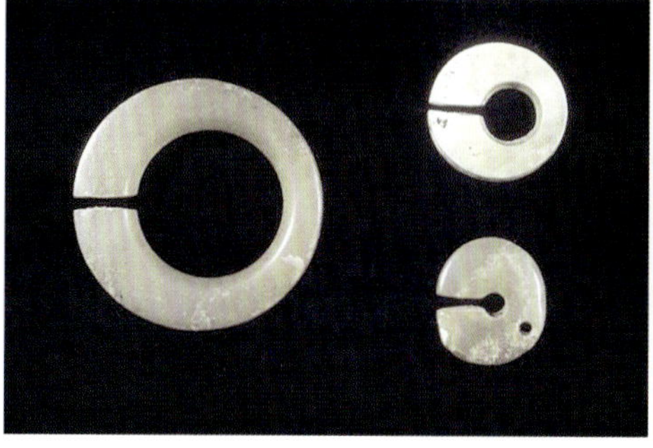

玉玦 ，澧县城头山遗址出土。

玉璜，澧县城头山遗址出土。

五、屈家岭文化时期（距今5300—4500年）

屈家岭文化以湖北京山屈家岭遗址的发掘而命名。在我省有广泛的分布，典型遗址如澧县丁家岗、三元宫、城头山、宋家台，安乡划城岗，怀化高坎垅等。年代为距今5300—4500年。黑陶、以鼎为主的三足器、双腹器、壶形器、扁平穿孔石铲，都是屈家岭文化的代表性器物。这时的建筑形态和稻作农业，都呈现出非常成熟的形态。

穿孔石铲，安乡划城岗遗址出土。

怀化高坎垅遗址的发掘表明，屈家岭文化的南界已突破洞庭湖西北缘，深入到沅水流域的中上游。遗址的文化内涵与洞庭湖区甚至鄂西地区的屈家岭文化是大体一致的。

屈家岭文化时期是原始社会发展史上的一个重要时期。这一时期贫富分化的加剧，众多城址的出现，标志着社会组织所经历的重要变革。

黑陶壶（三只），澧县三元宫遗址出土。

房屋建筑遗址，澧县宋家台遗址。

陶器三件，怀化高坎垅遗址出土。

石铲，怀化高坎垅遗址出土。

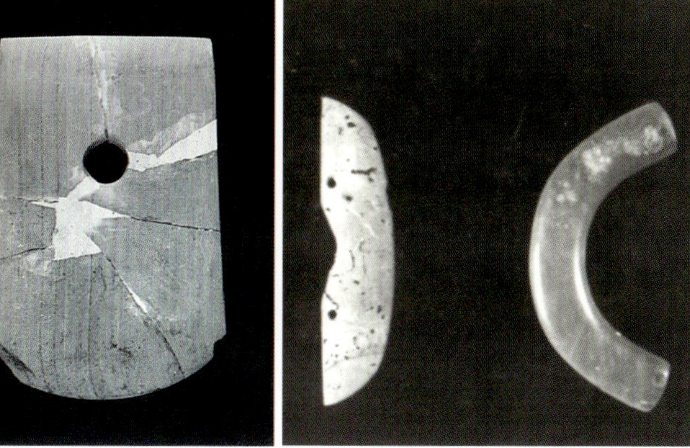

石璜、玉璜，怀化高坎垅遗址出土。

陶纺轮，怀化高坎垅遗址出土。

石锛、石凿，怀化高坎垅遗址出土。

六、石家河文化时期（距今4500–4000年）

石家河文化以湖北天门石家河遗址的发掘而命名，亦即长江中游龙山时期的文化。在我省，除了湘江上游、沅水的怀化以南部分和资水中上游外，几乎皆为石家河文化的分布范围。年代为距今4500—4000年。石家河文化中的部分陶器与屈家岭文化具有承袭关系，但宽扁足鼎、鬶、釜、缸、罐等器物，表现出一种全新的文化特征。石家河文化时期已进入了铜石并用时代，社会分化进一步加剧，大量玉礼器反映出社会上特殊身份阶层和政治实体的存在。

沅水上游与此同时期的重要遗址是靖县斗篷坡遗址。遗址发掘面积达3000多平方米，清理房基50余座、墓葬470余座，年代为新石器时代晚期至商代。其文化特征与相邻的珠江三角洲地区有许多相似之处，对于探讨沅水流域与珠江流域两大水系之间的文化关系，具有重要的意义。

陶豆，益阳伍家墩遗址出土。

陶鬶，益阳漉湖石城山遗址出土。

人面雕像，澧县宋家台遗址出土。

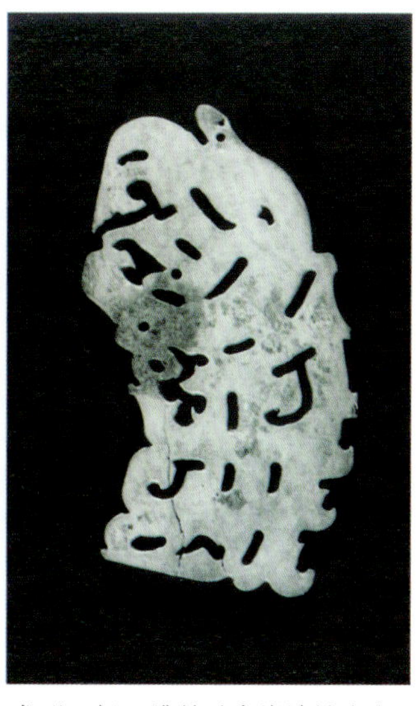

龙形玉佩，澧县孙家岗遗址出土。

陶鼎足，株洲磨山遗址出土。

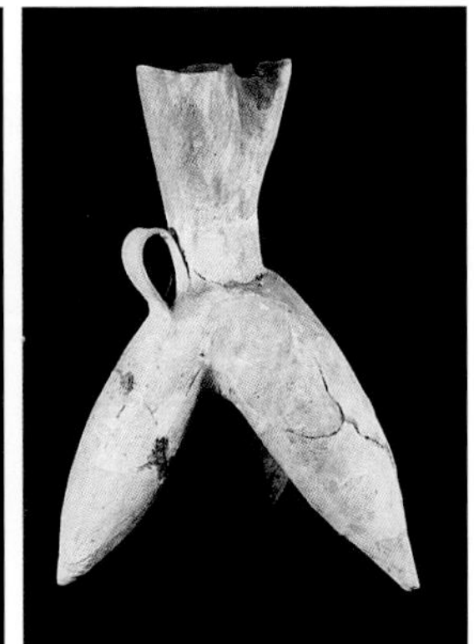

陶鬶，平江舵上坪遗址出土。

靖县斗篷坡遗址发掘现场。

靖县斗篷坡遗址墓地全景。

靖县斗篷坡遗址出土石斧。

靖县斗篷坡遗址出土陶器。

第四节 远古的传说及遗迹

早在200多万年前，就有原始人类在中国大地繁衍生息，但有文字记载的历史仅五六千年。在此之前的漫长岁月，除了考古遗存外，只有丰富而神秘的传说。对于史前传说，当然不能全盘接受，但它或是以某种史实为原型，或是从某个角度反映了历史的影子，尤其关于新石器时代人类始祖的传说，为当时代代口耳相传，且离文字的产生已不甚远，在早期的史书中亦作了记载，有的还可与考古发现相印证，有的则在民间形成相关风俗流传。因此，其基本轮廓的可信程度自然较高。在我国远古的传说中，有不少与湖南有关，或是发生在湖南，因此，将其记载研究，对于探求湖南的远古历史，理清发展脉络，具有重要的价值。有关湖南的远古传说主要有：炎帝崩葬"长沙茶乡之尾"，蚩尤九黎南迁，祝融葬于"衡山之阳"，三苗与驩兜，舜帝南巡，禹至衡湘等等。这些传说大都反映了距今5000年前后炎黄尧舜时代北方部落的后裔（部落首领和部落群体）辗转来到湖南的故事。在此之前，湖南境内早已居住着土著部族，如盘瓠、百濮、武陵蛮、百越各族、僚人、莫傜等，并且，道县玉蟾岩的考古发现说明，大约在距今至少1.3万年以前，生活在湖南地区的人类，就有了原始农业和原始陶器制作，只是他们的故事很少流传下来。炎黄之后，经过南北各部族的融合与文化的交融，也就产生了湖湘文化的源头。

一、炎帝崩葬"长沙茶乡之尾"

炎帝神农氏为我国远古时代的部落首领，史载他始制耒耜、教民农耕，治麻为布、制作衣裳，陶冶器物、以储民用，遍尝百草、发明医药，日中为市、以利民生，剡木为矢、以安民居，削桐为琴、以怡

炎帝画像。

民情，开创了我国农耕文明，与黄帝轩辕氏一道被尊为华夏始祖。

据史书记载，炎帝晚年南巡到湖南，因尝百草，中毒而亡，“葬于长沙茶乡之尾”，即今炎陵县唐田鹿原陂。宋罗泌《路史》：“帝崩于长沙茶乡之尾，是曰茶陵。”《舆地纪胜》：“炎帝墓在茶陵县南一百里唐乐乡白鹿原。乾德五年（967）访得”，宋太祖建庙奉祀。后屡经修建，现存的建筑按清道光十七年（1837）所建修复，规模宏大，是重要的中华民族始祖纪念地。

东汉武梁祠炎帝神农氏石刻像

山东嘉祥县武宅村武梁祠是东汉晚期武氏家族墓地祠堂之一，建于桓帝元嘉元年（151），单开间悬山顶石结构，刻有人类始祖、先贤帝王、孝子烈女、刺客义士、车马出行和东王公、西王母及仙庭等图。

汉代神农画像石

上刻神农左手执耒耜，右手牵一长尾大鸟，右边月亮中有玉兔蟾蜍。下刻一肩生羽翼嘴含草的药兽，表示神农是农耕与医药的创始人。

炎陵县齐天鼻祖炎帝塑像。

炎黄结盟示意图。

炎帝神农氏墓。

炎帝陵

位于今炎陵县鹿原镇炎陵村鹿原陂。据当地史志称，西汉时此处即有陵，并立有铜碑。西汉末，邑人为防兵乱挖掘而夷为平地。唐代于陵前建唐兴寺，“时有奉祀”。宋乾德五年（967）太祖赵匡胤诏令“立庙陵前，肖像而祀”，诏禁樵采，置守陵户。清雍正十一年（1733）按清廷颁布的古帝王陵殿统一格式重建。自宋初至1949年，陵殿较大修葺17次。1954年因香客祭祀失火遭焚，1986年后按清原貌修复。

炎帝陵侧乾隆时“邑有圣陵”石刻。

炎帝陵侧乾隆时“鹿原陂”石刻。

历代祭祀炎帝陵御碑。

今株洲市炎帝广场炎帝塑像。

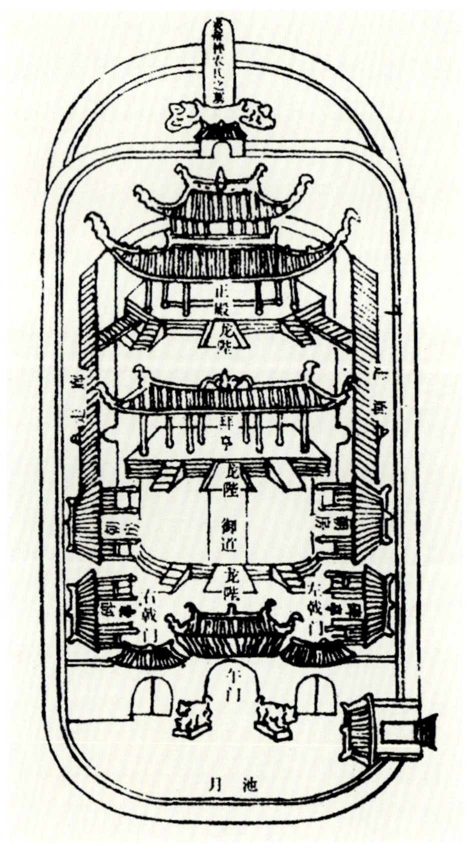

道光十八年炎帝陵图。

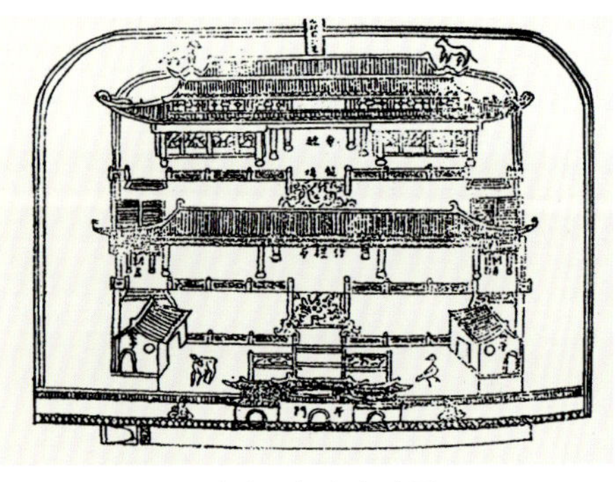

同治十二年炎帝陵图。

二、蚩尤、驩兜、盘瓠

蚩尤是与炎、黄同时代的“九黎”部落联盟的首领。《龙鱼河图》载：“黄帝摄政，有蚩尤兄弟八十一人，并兽身人语，铜头铁额，食沙石子，造五兵，依仗刀戟大弩，威震天下。”[①]可见这个部落联盟已开始进入金属时代，生产力和社会发展水平较炎黄集团高。蚩尤九黎居住在黄河下游之南和长江中下游一带。曾一度北上，与炎帝部落先是和平相处，后争战于涿鹿，炎帝大败。又与由河、洛一带东下的黄帝部落接触，黄帝“使之主兵，以制四方”。后起争战，《史记•五帝本纪》载：“轩辕之时……蚩尤作乱，不用帝命，于是黄帝乃征师诸侯，与蚩尤战于涿鹿之野，遂禽擒杀蚩尤。”蚩尤九黎部落联盟被打败后，大部分成员向南流徙，形成新的部落集团。至今在各地苗族中，保留了不少有关蚩尤的传说、古歌和习俗；到尧、舜、禹时期，成为“三苗”。《尚书正义》卷十九云：“苗民即九黎之后。”《通典•州郡十三》：“潭州（今长沙）古三苗之地”，“岳州在苍梧之野，亦三苗国之地。”《名义考》：“三苗建国在长沙，而所治则江南荆、扬

汉代蚩尤画像石。兽首、人身、鸟足，头顶弓箭，手持刀剑。

古蚩尤铜镜。

东汉武梁祠石刻《黄帝蚩尤之战图》。

今花垣县的蚩尤铸像。

注：①转引自《史记 • 五帝本记》唐张守节《正义》。

东汉武梁祠轩辕黄帝像。

黄帝战蚩尤示意图。

也。”包括今湖南、湖北、江西及安徽、浙江和江苏的一部分。

驩兜部落为黄帝一支系。《山海经·大荒北经》云：“颛顼生驩头，驩头生苗民。”指三苗部落部分成员来自驩兜族。三苗与驩兜反对尧将帝位传让给舜，发起战争，结果失败。《史记·五帝本纪》载：“三苗在江淮、荆州数为乱，于是舜归而言于帝，请流共工于幽陵，以变北狄；放驩兜于崇山，以变南蛮；迁三苗于三危，以变西戎；殛鲧于羽山，以变东夷。四罪而天下咸服。”“流”、“放”、“殛”都是迁的意思。驩兜族人被迫往南流徙。明万历《慈利县志》卷十二记载：“驩兜墓在崇山，舜放驩兜于此，后死，遂葬于山下。”清同治《直隶澧州志·陵墓》有：“崇山绝顶有巨垄，相传为驩兜冢。”今张家界市“崇山”有不少关于驩兜的传说，古曾建“驩兜庙”。花垣县也有崇山，明代曾设崇山卫。今湘西苗族中有一支“观”系

天一閣藏明代方志選刊

慈利縣志

其塋內地故也容齋續筆云其中藏古器物甚多理或有之

驩兜墓在崇山舜放驩兜於此後死遂塟於山下

論曰展季之墓秦人愛之而樵採者為之厲禁焉誠知夫丘壠之所在而致式也先猷既沒荒土頹壠荊棘蒙翳若不為之表録使登者或歌安能已夫趙文子雍門華之感嘆悲哀耶

叢祠

鐵佛寺原在舊縣治東西向世傳有鐵佛一尊嘗基

明万历《慈利县志》卷十二载：“驩兜墓在崇山，舜放驩兜于此，后死，遂葬于山下。”

《水经注》驩兜画像。

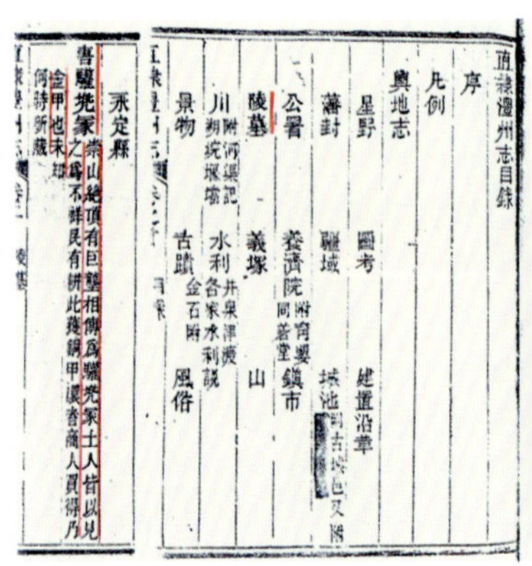

直隸澧州志目錄

序

凡例

輿地志

星野　圖考　建置沿革

藩封　疆域　城池附古城邑又附

公署　養濟院附育嬰同善堂　鎮市

陵墓　義塚　山

川附河渠記堤垸堰塘　水利各家水利說井泉津渡

景物　古蹟金石附　風俗

永定縣

舊驩兜冢　崇山絕頂有巨塋相傳爲驩兜冢土人皆以見之爲不祥民有耕此塋鋤得甲澴者商人買得乃金甲也未知何時所藏

清同治《直隶澧州志•陵墓》载：“崇山绝顶有巨垄，相传为驩兜冢。”

张家界崇山。

张家界崇山上传说中的驩兜墓遗址。

张家界崇山上传说中的驩兜屋场。

族系，奉驩兜为祖先。

盘瓠为高辛氏时南方民族。《后汉书·南蛮西南夷列传》曰：“昔高辛氏有犬戎之寇。帝患其侵暴，而征伐不克，乃访募天下有能得犬戎之将吴将军头者，购黄金千镒，邑万家，又妻以少女。时帝有畜狗，其毛五彩，名曰盘瓠。下令之后，盘瓠遂衔人头造阙下。群臣怪而诊之，乃吴将军首也……帝不得已乃以女配瓠。盘瓠得女，负而走入南山……经三年，生子一十二人，六男六女。盘瓠死后，因自相夫妻……其后滋蔓，号曰蛮夷。”“今长沙武陵蛮是也”，又称五溪蛮。后大部迁至今湘西、湘南、闽南一带。至今瑶、苗、畲族中还有大量盘瓠遗迹、遗风。

今湘西盘瓠皇塑像。

盘瓠氏与伏羲氏图。（采自《天地人鬼神图鉴》中国对外翻译出版公司1997年2月版）

江华盘王殿。

盘瓠大王牌位。

盘瓠图腾雕刻。

民间盘瓠揭榜图

建于清同治年间的资兴罗仙岭上的盘王庙。

麻阳县漫水苗族文化村盘王庙。

三、祝融葬于“衡山之阳”

祝融部落源自西北黄土高原。《管子•五行》载：“黄帝得祝融而辨南方。”令其居火正，管理南方。《路史•后纪四》云：“祝融为黄帝司徒，徙居江水。”当炎帝部落南迁时，祝融部落的部分成员也南下至湖南，在湖南留下不少传说和遗迹。《史记•楚世家》载：祝融后裔有八姓，“或在中国，或在蛮夷”。进入湖南的祝融部落成员融入南方“蛮夷”族群。祝融被奉为南方火神，与炎帝相配。故宋初建炎帝庙时，“以祝融配食”。衡山的主峰岣嵝峰又叫祝融峰。《路史·前纪八》云：因祝融“葬衡山之阳，是以谓祝融峰也。”《大清一统志》卷二八一载：“祝融墓在衡山县祝融峰上。”

祝融古画像。

民间火神像。

《山海经》火神祝融图。

祝融峰。

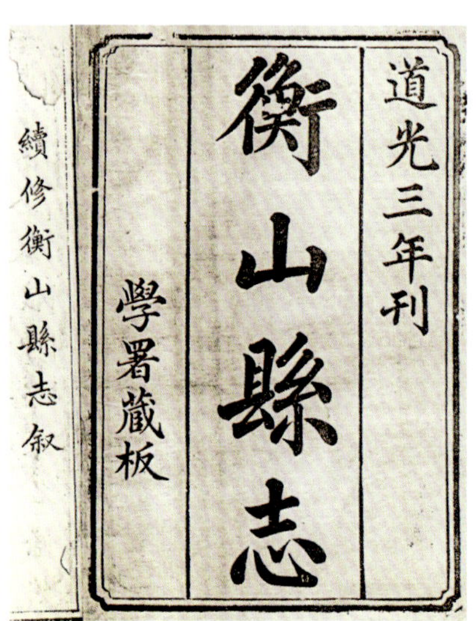
道光三年刊
衡山縣志
學署藏板
續修衡山縣志叙

道光三年刻《衡山县志》。

衡山縣志卷四十七
陵墓志
祝融墓在衡山之陽水經注昫嶁南有祝融冢羅
泌路史祝融氏以火施化號赤帝梁祠畫像記祝
融葬於衡山故南嶽有赤帝峰嶽志周靈王時昫
嶁山崩毀祝融墳得營丘九頭圖
赫胥氏墓在南嶽朝陽峰衡嶽志赫胥氏厭紀禪
通始於潛山路史潛山即衡嶽天柱峰仙傳拾遺
赫胥氏尊民而重事其卒也葬於衡山之朝陽峰

衡山縣志　卷之四十七　陵墓　一

《衡山县志》卷四十七《陵墓志》所载“祝融墓在衡山之阳。”

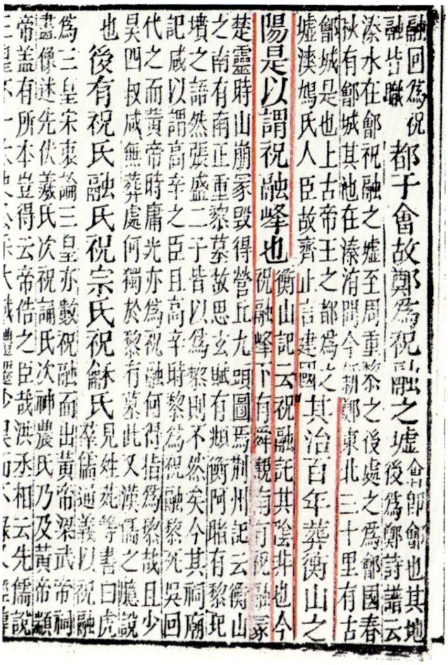

《路史》第八卷载：“祝融其治百年，葬衡山之阳，是以谓祝融峰也。”

舜古画像。

四、舜帝南巡

舜帝南巡，死于苍梧，葬于九疑。传说他的两个妃子娥皇、女英追随来到洞庭湖畔，面对茫茫湖水，眼泪洒在竹子上，形成“斑竹”。《史记·五帝本纪》：“舜践帝位三十九年，南巡狩，崩于苍梧之野，葬于江南九疑，是为零陵。”《水经注·湘水》：“苍梧之野，峰秀数郡之间，罗岩九举，各导一溪。岫壑负阻，异岭同势。游者疑焉，故曰九疑山。大舜窆其阳……山南有舜庙。”《太平御览》四十一引《郡国志》：“九疑山有九峰：一曰丹朱峰；二曰石城峰；三曰楼溪峰，形如楼；四曰娥皇峰，峰下有舜池……五曰舜源峰，此峰最高，上多紫兰；六曰女英峰，舜墓于此峰下；七曰箫韶峰，峰下即象耕鸟耘之处；八曰纪峰……九曰纪林峰……有九水，七则流归岭北，二则翻注广南。”《楚辞·九歌》中有咏湘君与湘夫人二歌，《湘夫人》首句云：“帝子降兮北渚。”王逸注云：“帝子谓尧女子。……言尧二女娥皇、女英随舜不返，殁于湘水之渚，因为湘夫人。”《史记·秦始皇本纪》：“浮湘，至湘山祠，逢大风，几不得渡。上问博士曰：湘君何神？博士对曰：闻之，尧女，舜之妻，而葬此。”刘向《烈女传》亦云：“舜为天子，娥皇为后，女英为妃。舜陟方，死于苍梧，二妃死于湘江之间，俗谓之湘君。”九疑山位于宁远县南30公里处。马王堆汉墓出土的《长沙国南部地形图》中有九个整齐排列的柱状物，旁注“帝舜”二字，推测为最早的舜庙。21世纪初考古发现16个柱间距约1.1米的椭圆形柱坑，为大型建筑遗迹，时代上限为东汉早期，推测当是东汉增建而附属于汉末舜祠的陵阙建筑。而考古发掘中大规模

宁远舜帝陵舜帝有虞氏塑像。

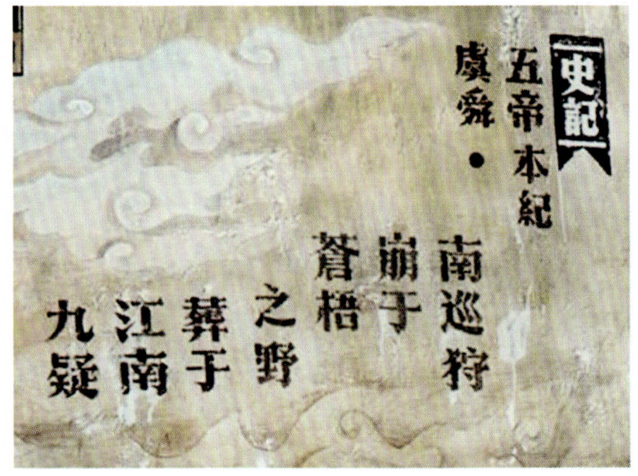

《史记·五帝本纪》载舜南巡狩，崩于苍梧之野，葬于江南九疑。

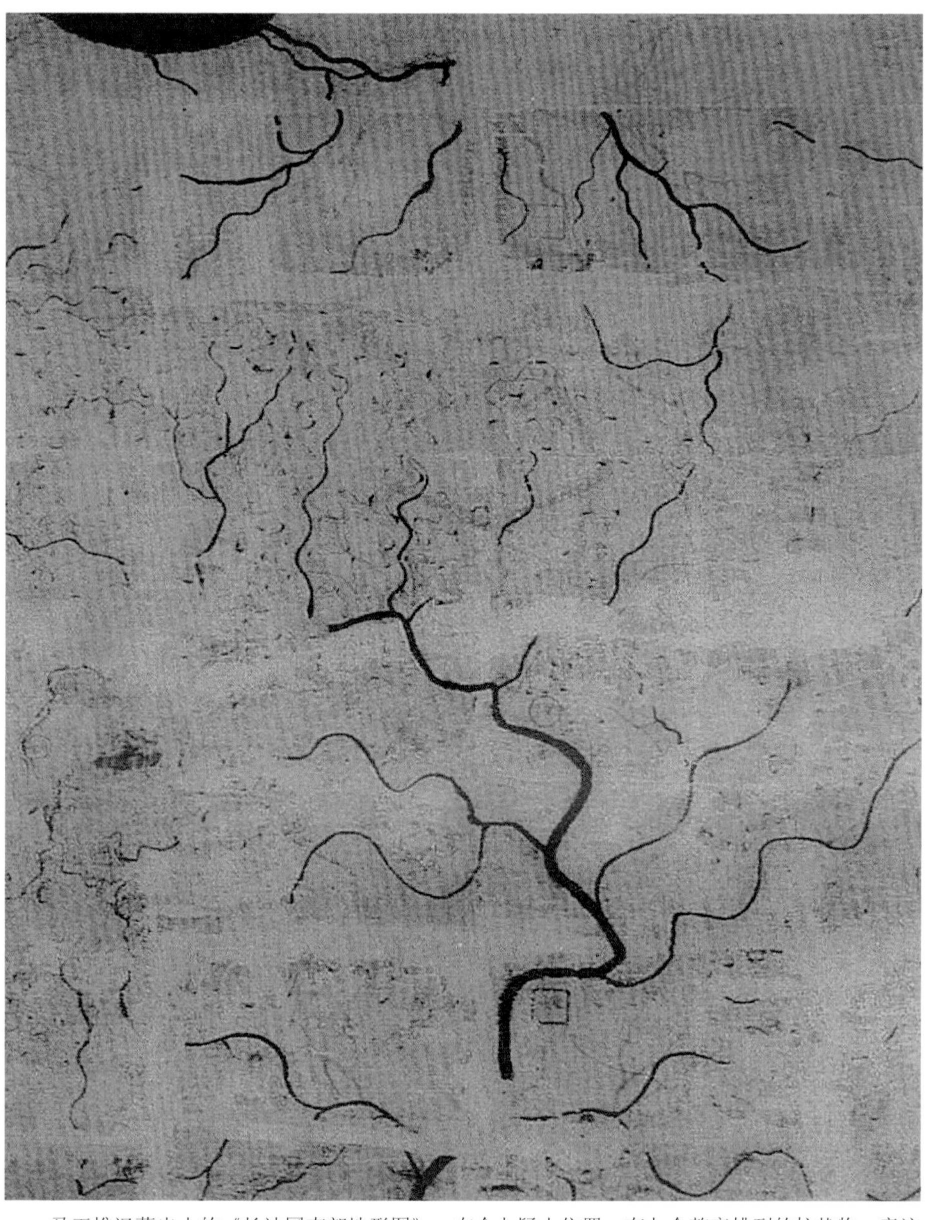

马王堆汉墓出土的《长沙国南部地形图》。在今九疑山位置，有九个整齐排列的柱状物，旁注“帝舜”二字。

《娥皇女英图》。

九疑山下舜帝有虞氏陵碑。

衡山縣志卷十三

古蹟志

舜廟舜溪舜洞皆在安上峰邑舊志舜南巡曾駐蹕於此

禹祭天處在白馬峰山海經禹巡狩至此殺白馬祭天今名殺馬冲

禹祭舜處在巾紫峰邑舊志峰有紫巾臺禹南巡登此望九疑以祭舜 紫巾一作紫金

岣嶁玉牒湘中記云岣嶁山有玉牒禹按之以治

舜帝南巡在湖南留下许多遗迹。《衡山县志》卷十三〈古迹志〉载：“舜庙、舜溪、舜洞皆在安上峰。邑旧志：舜南巡曾驻跸于此。”

宁远县玉琯岩前古舜帝庙遗址挖掘现场

遗址规模宏大，有16个柱间距约1.1米的椭圆形柱坑，为大型建筑遗址，推测当是东汉增建而附属于汉末舜祠的陵阙建筑，包含了晚唐、北宋、南宋三个前后延续的建筑时期。

古舜帝庙遗址。

今舜帝陵全景

据清吴祖传《九疑山志》载："舜庙在大阳溪白鹤观前（今天堂镇大阳洞村至岭脚村之间），盖三代时祀于此，土人呼为大庙，土坛犹存。秦时迁入九疑山中，立于玉琯岩前百步。"明洪武四年迁建于现址。

九疑山下今舜帝广场。

韶峰。相传舜帝南巡至此，命奏乐引凤凰来仪，音召凤至，是为“韶乐”。

洞庭湖君山湘妃墓。

洞庭湖君山湘妃祠。

出土的建筑遗迹，包含了晚唐、北宋、南宋三个前后延续的建筑时期。

明洪武年间，早期的舜帝陵庙因交通不便，迁建于今九溪乡的平峒之中，背倚箫韶峰，呈坐南朝北格局，沿用至今。

五、禹至衡湘

禹姒姓，名文命，受封夏伯，故称夏后氏，又称夏禹。尧时，其父鲧奉命治水，九载无功，被诛。舜摄位，举禹治水，经13年，疏导制服洪水，划定九州，立大功。后继舜位，都阳翟（今河南禹县）。禹继舜之后，再次南征，战胜三苗。《吕氏春秋·恃君览·知分》载："禹南省，方济乎江。"清光绪《衡山县志》卷四二《古迹》："禹南巡登此（巾紫峰），望九疑以祭舜。"《吴越春秋·越王无余外传》："禹济江南，省水理……南夏到计于苍梧。"夏禹治理洪水和南征时到衡阳、九疑山，所以湖南留下许多有关夏禹的遗迹和传说。

大禹古画像。

大禹治水画像石刻。

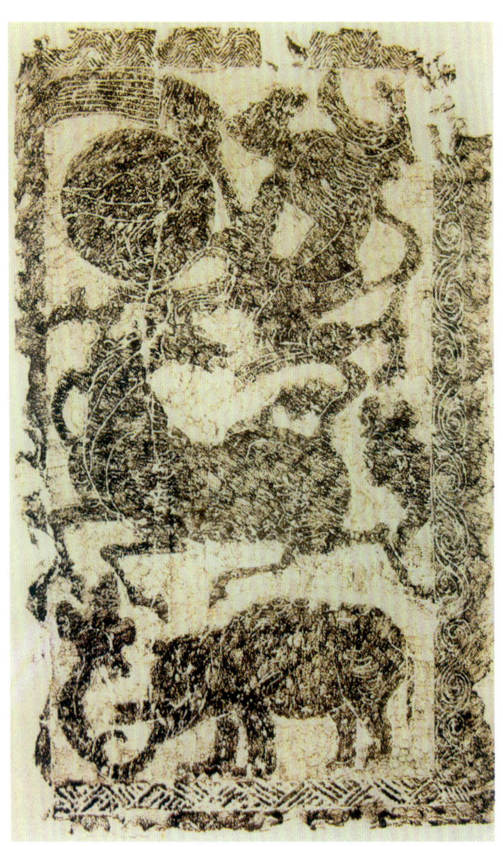

东汉大禹石刻

江苏铜山县出土。上刻日轮，内有金乌，右刻一兽首蛙足人身的怪物，怀抱太阳，口中喷出巨水遮盖日光，似为洪水滔天。中刻一惊恐奔马，应为鲧被帝令祝融杀于羽郊。下刻一豚，口衔明珠，助禹治水成功。

衡山縣志卷十三

古蹟志

舜廟、舜溪、舜洞，皆在安上峰。邑舊志舜南巡曾駐蹕於此。

禹祭天處在白馬峰。山海經禹巡狩至此，殺白馬祭天，今名殺馬冲。

禹祭舜處在巾紫峰。邑舊志峰有紫巾臺，禹南巡登此，望九嶷以祭舜。紫巾一作紫金。

岣嶁玉牒　湘中記云岣嶁山有玉牒，禹拔之[illegible]治

衡山縣志　卷之十三　古蹟　一

《衡山县志》卷十三关于禹祭天处、祭舜处的记载。

右帝禹刻

禹碑又称岣嵝碑，俗称禹王碑，在南岳衡山岣嵝峰。相传是记叙大禹受命治水，日夜奔波于三山五岳，疏浚大川河流，治平洪水的功劳。现代学者考证称为战国时期越文字，系后人伪造。对碑之文字亦有数种解释。

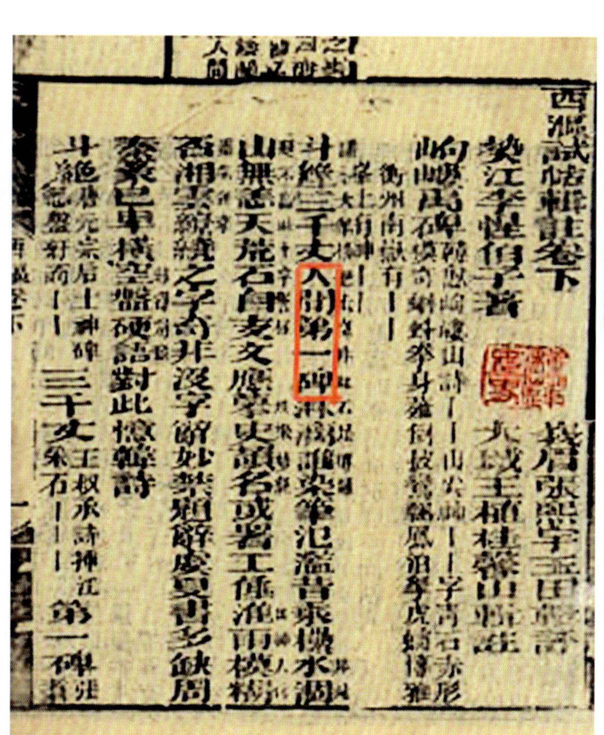

古对衡山禹碑的记载。

岳麓山禹碑。

第二章 夏商周时期的湖南

(公元前21世纪至221年)

文献记载的中国王朝始于夏代，历经商、周直到公元前221年秦帝国的建立，前后将近两千年。在这不算短暂的岁月里，湖南的历史大致经历了以下两个重要的发展时期。

一是从夏代到西周晚期。这一时期的湖南历史，文献记述寥寥无几，只能从零星的传说材料和出土文物资料中窥其概貌。据《禹贡》的记载，今湖南的大部分版图当时称为“荆州之域”，其原居先民被称为“三苗”或“苗蛮”，但主体民族是越民族，今湘、渝交界地带则可能是巴濮系先民与越人的杂处区。商代早期，中原商文化曾一度跨越长江渗入洞庭湖东岸和西岸偏北的地域。约在商末周初，商人再次南来，在湘江下游的宁乡一带与当地越人一起建立起方国一级的地方政权，并已铸造出本地的青铜器。

另一时期是从两周之际到公元前223年秦始皇灭楚之前，是楚国势力逐步延伸并统治湖南的时期。约在西周中晚期，楚族先民已开始在湖南的部分地区活动并逐渐定居下来。文献称楚文王（前689—前677年）曾将罗子国（楚的附庸国）从枝江迁至今岳阳市的汨罗县，随后被迁来岳阳的还有麇子国，楚人的政治势力可能在迁罗以前的春秋初年就已推进到了邻近江陵的湘西北与洞庭湖东岸地区。随着楚国的日益强大，更是步步推进，陆

战国时期湖南全图。（采自谭其骧主编《中国历史地图集》图版45-46，地图出版社，1985年）

续将一些王室贵族分封到湘北一带。约在战国早期偏晚的楚悼王时代（前401—前381），楚占领了洞庭湖以南至南岭以北的广大地区，旋即又占领了湘西地区，相继设立洞庭、苍梧、黔中三郡，分别管辖湘江中游和资水中下游、湘江上游和湘桂接壤地区、洞庭湖西岸汉寿至雪峰以西的沅水流域，至此，湖南已成为楚国与秦国争霸天下的大后方。秦国于公元前280年、前277年两度夺取楚的黔中郡等地，并设立秦黔中郡，以构成对楚都郢（今江陵纪南城）的威胁。双方为此展开了长达5年的拉锯战，最后以秦主力需北上伐魏而收兵，江南三郡重新归楚，直到楚亡。纪郢沦陷后，不少楚贵族逃到江南定居下来，诗圣屈原就是在对楚政治前途的绝望与失意中南历沅湘的，他在途中写就了诸多盖世遗篇，最后投江汨罗。在楚国统治湖南时期，今长沙、湘乡、益阳、常德、沅陵、溆浦等地发展成为区域性的政治文化中心和军事重镇，当地经济和文化得到了前所未有的发展，冶铁和铜矿的开采与冶铸代表了当时最先进的生产力，湖南原有土著民族与其文化虽在湘南、湘西等区域仍有部分延续，但在绝大部分地区已逐步与楚民族和楚文化融合。

第一节 先楚时期的湖南

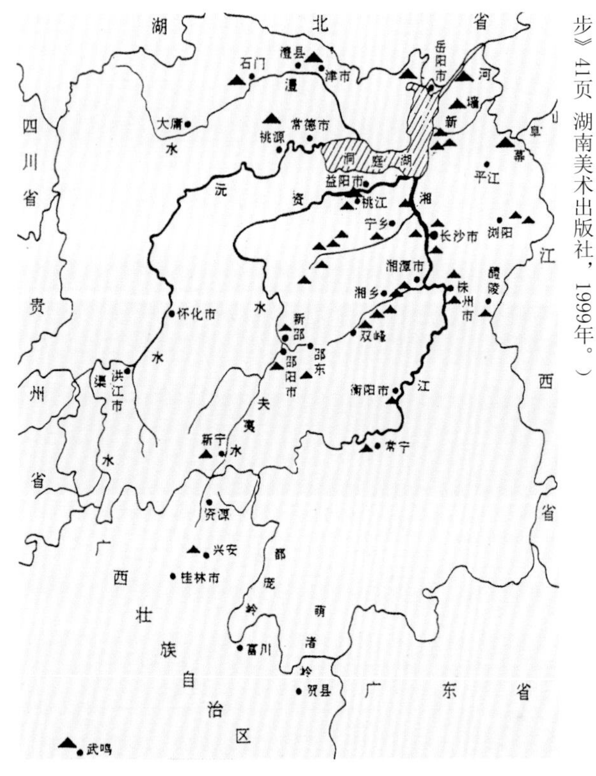

湖南出土商代青铜器分布图。（采自湖南省文物考古研究所编《湖南考古漫步》41页 湖南美术出版社，1999年。）

湖南在楚人较大规模进入以前的时期，称为先楚时期，相对年代在公元前2000—前770年左右，与之相对应的朝代是夏、商和西周王朝。

先楚时期湖南的主体民族是古越族，正史与野史中均未见有政治实体的记述。与中原和邻近中原的地区相较而言，当地的生产力和经济明显落后，中原地区高度

石门县皂市遗址发掘照。

发达的宗法制度和礼制在这里的绝大部分地区尚无明显反映。与本地史前社会相较而言，最大的进步是出现了印纹硬陶的烧造，并在商文化的影响下，约在商代早期开始模仿青铜器的铸造（石门县皂市遗址中见有熔铜炉遗迹和石范）。约在商末周初，南下的殷商遗民进入湘江下游，不仅带来了中原的青铜器精品，且带来了先进的青铜铸造工艺和技术以及政权组织的理念，他们以当地越人为依托，在宁乡一带共同建立起一个前所未有的方国，其势力范围可能已达于湘江中游和资水中下游。湖南本地青铜器的铸造就是在这样的基础上产生的。先楚时期湖南历史的斑斑印迹在出土文物中历历在目。

一、史迹觅踪

迄今为止，湖南境内经调查发现的商代至西周时期的文物点已达数百处，并在多个地点作了发掘或试掘，如石门县皂市商代遗址、望城县高砂脊西周遗址以及宁乡县炭河里商周遗址等，其中炭河里遗址的规模较大，且出土有宫殿基址和城墙，以及贵族的墓葬，城址周围的诸多地点曾出土过大量精美青铜器，这里有可能是商末周初建立起来的一个方国之所在。

石门县皂市商代遗址外景。

宁乡县老粮仓商周青铜器窖藏山头远眺。

老粮仓出土商周铜铙窖藏点近照。

宁乡县炭河里遗址商周城墙剖面。

宁乡县炭河里遗址西周时期宫殿基址。

宁乡炭河里商周遗址外景。

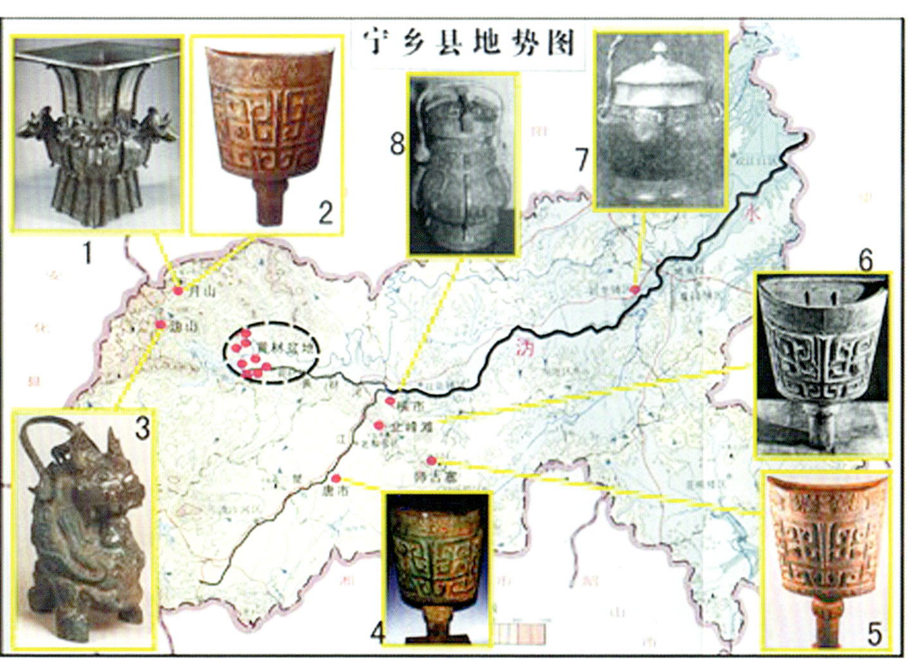

宁乡县出土商周青铜器的重要地点

图注：1.四羊方尊（月山）　2.铙（月山）　3.虎食人卣（沩山）　4.铙（唐市）　5.铙（师古寨）6.铙（白凤滩）　7.提梁卣（回龙铺）　8.提梁卣（横市）。

望城县高砂脊西周遗址出土墓葬。

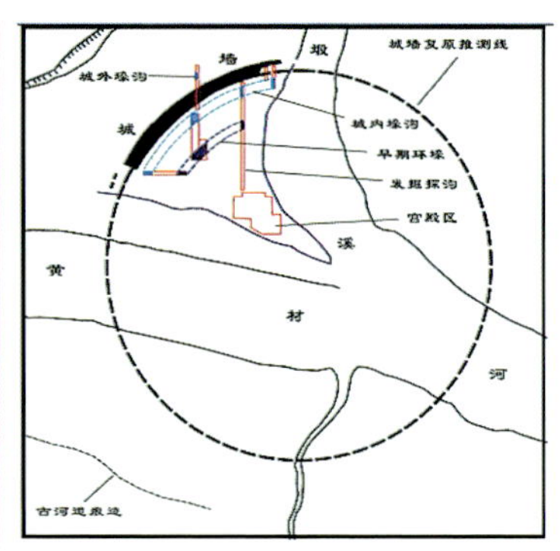

宁乡县炭河里遗址商周城址规模复原示意图。

二、生产活动与经济生活

湖南在先楚时期的总体生产力仍很落后，直到商代晚期以前，绝大部分地区尚处于石器时代的水平，石质的斧、锛、刀、凿等仍是最主要的生产工具，在传入中原青铜冶铸技术后，才开始铸造和使用青铜斧、铲、

农具（铜铲），商周，宁乡县炭河里出土。

炊具（陶釜），商代，石门县皂市遗址出土。

炊具（陶釜），商代，岳阳县老鸹洲遗址出土。

炊具（陶鼎），商代，岳阳县老鸹洲遗址出土。

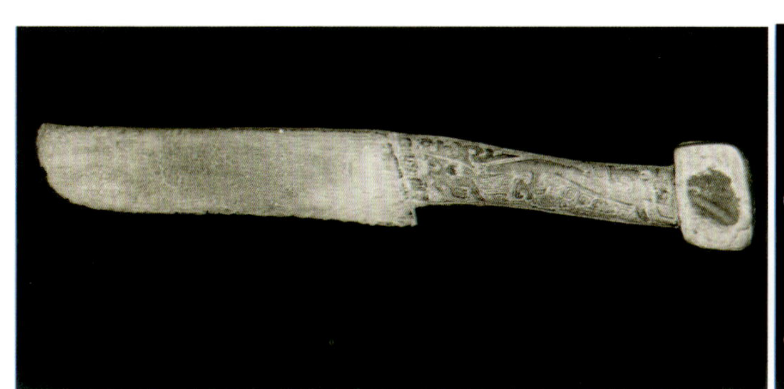
农具（铜刀），商代，临湘县出土。

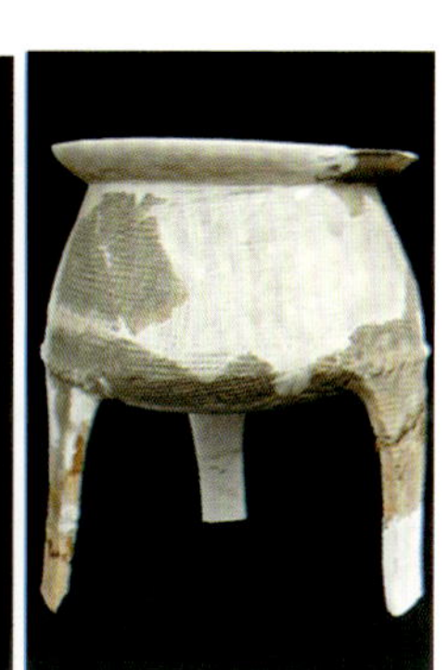
炊具（陶鼎），商代，岳阳市费家河遗址出土。

炊具（陶鼎），西周，望城县高砂脊遗址出土。

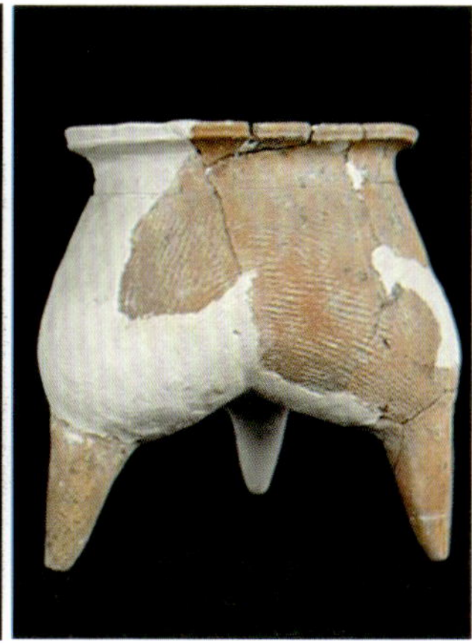
炊具（陶鬲），商代，石门县皂市遗址出土。

从左至右：炊具（陶甑底部），商代，石门县皂市遗址出土；炊具（陶甗形器），商代，岳阳县老鸹洲遗址出土；贮藏器（陶罐），商代，石门县皂市遗址出土。

左：贮藏器（陶罐），西周，宁乡县炭河里遗址出土。

右：贮藏器（陶罐），西周，望城县高砂脊遗址出土。

盛食器（陶碗），西周，宁乡县炭河里遗址出土。

贮藏器（陶大口缸），商代，岳阳县老鸹洲遗址出土。

盛食器（陶豆），商代，岳阳县老鸹洲遗址出土。

盛食器（陶簋），商代，岳阳市铜鼓山遗址出土。

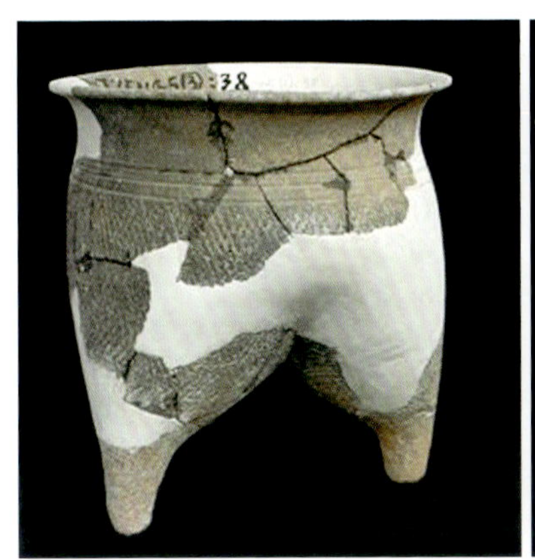

炊具（陶鬲），西周，宁乡县炭河里遗址出土。

炊具（陶甑），商代，石门县皂市遗址出土。

贮藏器（陶大口缸），商代，石门县皂市遗址出土。

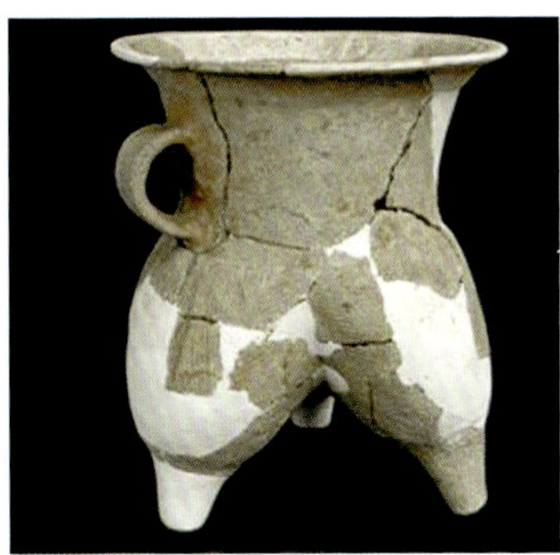

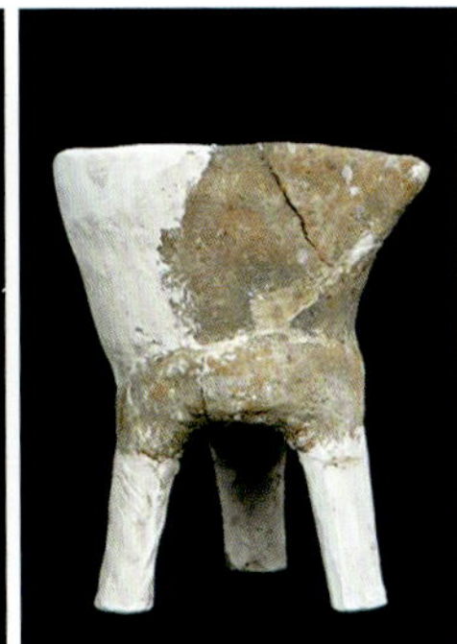

从左至右：盛酒器（陶斝），商代，岳阳市铜鼓山遗址出土；盛酒器（陶爵），商代，石门县皂市遗址出土；佩饰（玉玦），西周，宁乡县炭河里遗址出土。

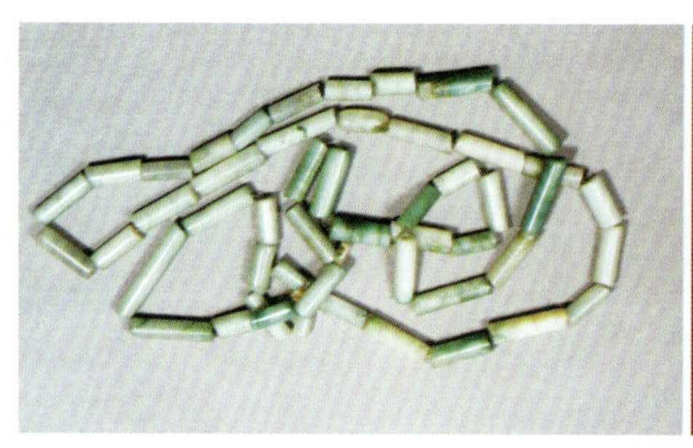

佩饰（玉管），商代，宁乡县出土。

佩饰（玉管），西周，宁乡县炭河里遗址出土。

刀、鱼钩等生产工具。稻作农业已成为此时最主要的经济方式。陶器是通行的炊食用具，但已出现火候更高的印纹硬陶。饮酒已在祭祀和日常生活中出现。原始的纺织业继续发展。贵重的玉佩饰已用于富人们着装的点缀。

三、青铜器所反映的礼制和音乐

盛食器（人面方鼎），商代，宁乡县出土。

盛食器（立耳柱足鼎），西周，湖南省博物馆征集品。

盛食器（鼎），西周，望城县高砂脊遗址出土。

湖南迄今出土的先楚时期青铜器，其所铸年代绝大部分都在晚商以后，总体风格均系中原遗韵，多为用于朝觐和庙堂之上的礼器，或称之为

盛食器（鬲），西周，湖南省博物馆征集品。

盛食器（乳钉纹簋），商代，湖南省博物馆征集品。

盛食器（马簋），西周，桃江县出土。

盛酒器（铭文“旅父甲”尊），商周之际，湘潭市出土。

盛酒器（四羊方尊），商代，宁乡县出土。

盛酒器（牺首兽面纹尊），商代，湘潭市出土。

盛酒器（猪尊），商代，湘潭市出土。

盛酒器（象尊），商代，醴陵市出土。

盛酒器（牛尊），商代，衡阳市出土。

盛酒器（铭文“戈”卣），商代，宁乡县出土。

从左至右：盛酒器（牺首瓿），商代，宁乡县出土；盛酒器（罍），西周，湘乡县出土；盛酒器（虎食人卣），商代，出自宁乡县与安化县交界处的沩山，现藏日本泉屋博古馆。

盛酒器（铭文“癸举”卣），商代，宁乡县出土。

盛酒器（斝），商代，湖南省博物馆征集品。

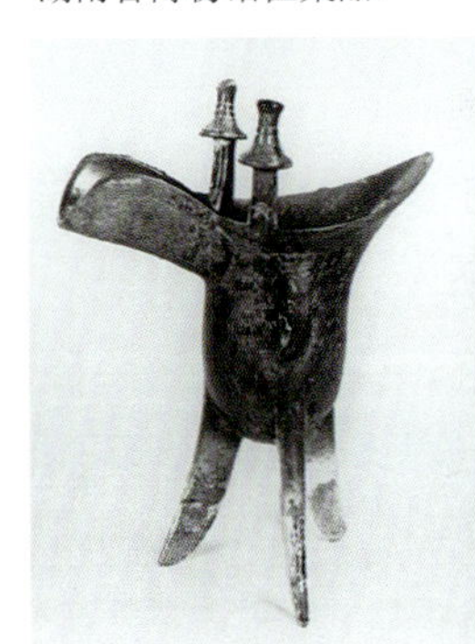

饮酒器（铭文“冈”爵），商周之际，湘潭市出土。

乐器（虎纹铙），商代，宁乡县出土。

乐器（铭文“士父”甬钟），西周，湖南省博物馆征集品。

乐器（四虎纹镈），商周之际，邵东县出土。

彝器，可分为食器和酒器两大类，出土地点最为集中的是湘、资二水的中下游地区。约在商周之际，湖南本土开始出现具有地方特色的铙、镈和甬钟等打击乐器，它们既是音乐用具，也兼具礼器的功能，与当时的礼仪和祭祀活动密不可分。过去在宁乡黄材镇周围的山岗河川屡出商周铜器窖藏，很可能与方国王室祭祀山川之神有关。

四、军事和民族的迁徙与融合

文献称禹征三苗，这个传说是否属实尚不得而知，湖南夏时期的文化遗存目下仍未能确指。《诗经•商颂•殷武》称“挞彼殷武，奋伐荆楚”，商王武丁是不是一举打到了长江以南，没有更多文献可佐证。西周王朝的兵锋所及，也没有达于湖南的记述。不过，考古发现含有不同文化因素的文物遗存，倒是反映了商周时期长江以北不同族群势力在湖南地区的扩张情况。商代早期，湘西北和洞庭湖东岸地区同时出现了典型商文化因素的陶器。约商末周初，洞庭湖南岸湘、资二水的中下游地区也出土了不少具商文化和周文化特征的陶器和青铜重器，宁乡炭河里还发现了相当于方国级的城址，特别是部分青铜器上刻有“戈”、“冈”等具族徽意义的铭文，显然与商民族中这两个支系部分成员的南迁以及宁乡一带出现方国一级的政治实体有关。至

兵器（铜戈），商代，湖南省博物馆征集品。

兵器（铜钺），商代，湖南省博物馆征集品。

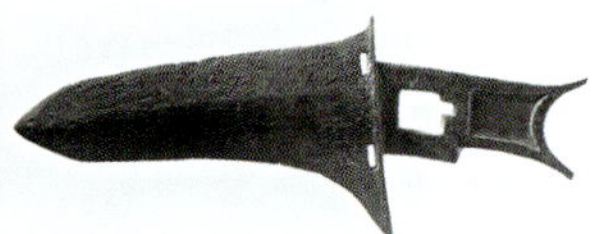
兵器（铜戈），西周，湖南省博物馆征集器。

兵器（铜矛），西周，宁乡县炭河里遗址出土。

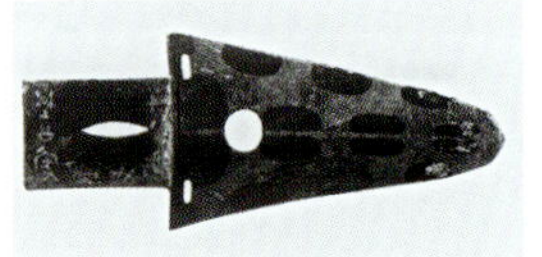
兵器（铭文“楚公豪戈”），西周，湖南省博物馆征集品。

西周中晚期，湘西北和洞庭湖东岸地区同时出现了早期楚文化的因素。这些不同文化因素在上述地区的先后出现，当与战争、民族的迁徙和融合密切相关，地下出土文物中的外来兵器显然是最好的物证。

第二节 楚国时期的湖南

楚人较大规模进入湖南以后至公元前223年秦国灭楚，前后约640年，是楚国逐步向湖南扩张并最终统治湖南的时期，它正是中国历史上的春秋战国时代（或称东周）。

楚国势力进入湖南以后，一方面陆续建立了地方政权，并在与秦巴郡接壤的黔中郡重兵把守，以此与北面的汉中形成拒秦的犄角之势。另一方面着力发展地方经济和文化艺术，其中最为突出的是铜矿的开采（麻阳的铜矿遗址至今仍存）以及青铜和铁器的冶铸，并创造了先进的块炼铁和浸碳钢技术，铜镜的铸造和琉璃器的烧制在列国中处于领先地位，丝织业和漆器工艺不逊于吴、蜀，绘画艺术和音乐文学并驾齐驱，稻作农业和货币流通尤为发达。由于楚国对今湖南地区的扩张和开发，带来了发源于中原文明社会的整套礼仪制度，将当地原来松散的社群引入楚国文明社会的发展轨道，促进了楚越民族的融合，使其社会发展的整体进程跟上了时代的步伐。正因为如此，在楚国与强秦争霸天下的数百年间，湖南既是秦楚兵争的战略要地，同时又成为楚国兵源与军需物资供应的稳固后方。地下出土东周时代的诸多文化遗存，真实地反映了这段历史的风貌。

一、史迹概观

楚国的政治势力进入湖南以后，便在这里留下了诸多历史遗迹。罗子国城、麇子国城、长沙城、庞城、复龝、竞泽陵、黄楚城、张若城、司马错

罗子国城

相传为楚文王时（前689—前677）所筑。城址位于汨罗市城区西北约4公里处，平面呈长方形，东西长590米、南北宽400米，残存夯土城墙墙基宽14米，高3米，城周护城河宽8米左右。该城址已作试掘，出土文物的时代特征与文献记载的筑成年代大致相符。

罗子国城护城河局部。

黄楚城

又名采菱城，相传为楚平王时（前528—前516）所筑。城址位于桃源县城东约4公里的白洋河与沅水交界处，平面呈长方形，东西宽约600米、南北长约830米，城墙顶部残宽7—9米，残高3—7米。发掘出土文物的时代特征与城址的所筑年代相符。

里耶古城

位于龙山县里耶镇酉水西北岸。城址平面呈长方形，南北长210.4米东西残宽103—107米，其南、西、北面环绕城壕。城址始筑于战国早中期之际，沿用至秦代和西汉，城内古井所出木牍载其为秦迁陵县署，推测其前身可能是楚黔中郡治下的迁陵县城，为楚黔中郡西部与秦属巴郡交界的军事重镇。

里耶古城考古发掘现场。

里耶古城附近麦茶战国墓发掘清理。

里耶古城东北2公里处的麦茶战国墓地。出土墓葬近300座。

楚国封君级墓葬远眺

分布在临澧县九里乡。封土堆底部直径近60米，远望形如山丘。

楚国封君级墓葬发掘现场

1987年临澧县九里1号墓，封土堆底径43米，高7.2米，墓口东西长31.2，南北宽27米，深10.7米，东侧墓道长22.5米。墓口以下设三级台阶。外椁四周以巨型鹅卵石砌筑成类似题凑的墓室。此墓早年被盗，棺椁皆被火烧无存，墓主人名不明。在该墓的外围附设有陪葬的车马坑。

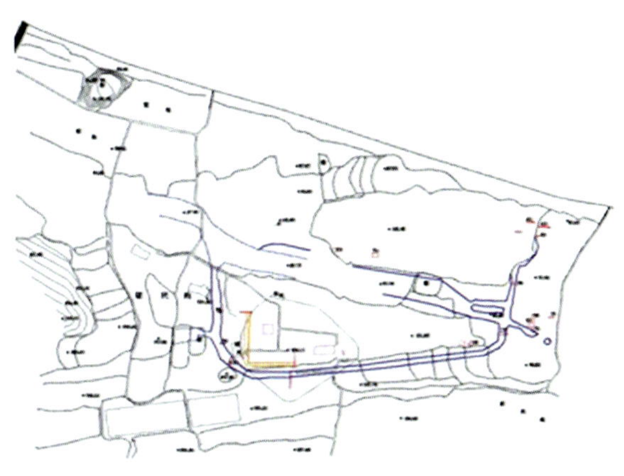

楚黔中郡城址

位于沅陵县城西约10公里的太常乡窑头村沅水南岸。平面呈长方形，东西长约200米，南北残宽约150米，南侧城墙已被毁。东西南三面开凿有宽5米左右的护城河，其中南侧长230米，西侧残长150米，东侧残长115米。经考古试掘，该城始建年代约在战国中期前后。

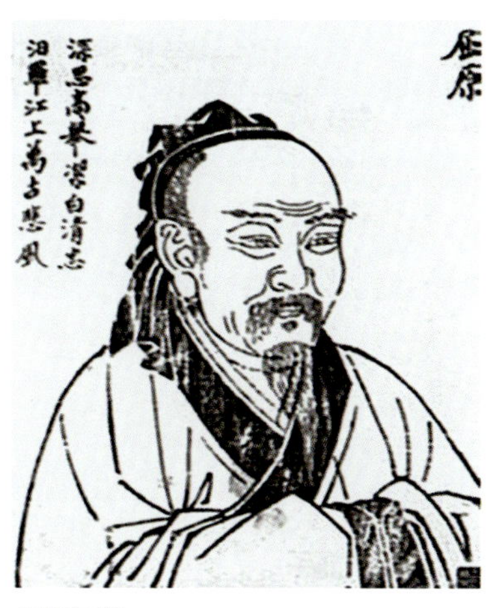

屈原画像

屈原为楚国政治家、诗人，官至左徒（三闾大夫）。因不满同僚谄上祸国而遭谄害谪贬，流放沅湘，最后自沉于汨罗江。此像见于明弘治戊午年（1498）刻《历代名人像赞本》，是现今能见到的最早的屈原像刻本。像上的两行字，为明朱天然所题，朱系明宗室。

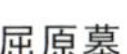

屈原墓

位于汨罗县城北3公里的楚塘乡楚南村烈女岭，岭上有同等大小的封土堆（底径40米左右）11座。清同治六年和光绪二十八年，分别为各墓立“故楚三闾大夫之墓”及“三闾大夫之墓”石碑。这些墓相传为屈原疑冢。

屈子祠

又名屈子庙。位于汨罗县楚塘乡玉笥山上。现祠建于清乾隆二十一年，砖木结构，由前、中、后厅和厢房组成，大门为砖石牌楼式。

城、申鸣城、宋玉城、白公城和黔中郡城等是当时的重要城址，这些古城故址虽然有的仍无从指实，但其中的大部分已可确认，且残垣仍存。今临澧县分布的楚国封君级墓葬，其封土堆状若山陵。湖南境内发掘出土的东周墓葬数以万计。诗人屈原南历沅湘留下的故迹仍存，为历代文人骚客所瞻仰。

二、军事撷要

湖南在东周时期发生的战事主要为两大主线：一是楚国从春秋早期至战国早中期之际向湖南的扩张与军事占领，楚在洞庭湖东岸扶植了罗子国和麇子国这两个附庸小国，后来在湘水和沅水流域相继设立了洞庭、苍梧、黔中三郡。另一主线是湖南在被楚国统治后与秦国发生的两次大的战

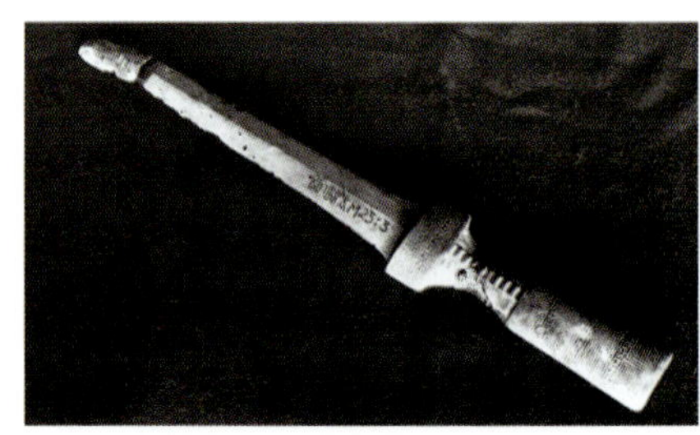

兵器（濮系民族铜剑），战国，临澧县出土。

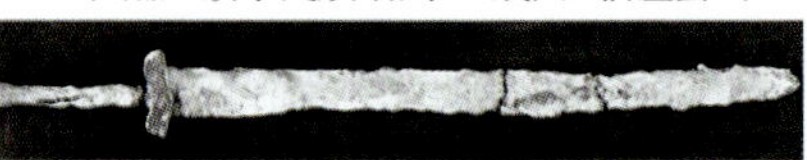

兵器（铜格钢剑），春秋晚期，长沙市出土。

兵器（铜剑与剑鞘），战国，长沙市出土。

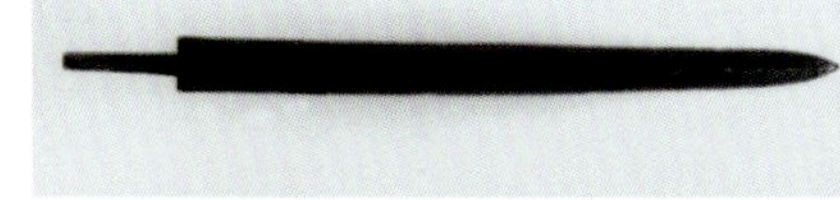

兵器（铜剑），战国，长沙市出土。

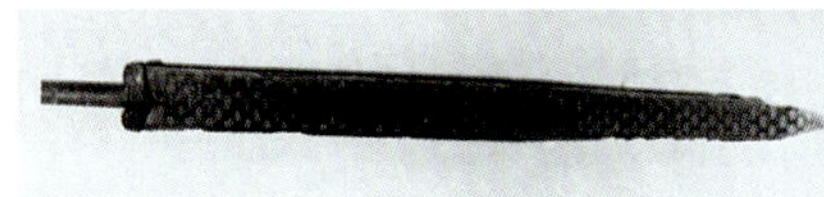

兵器（越王州句铜剑），战国，益阳市出土。

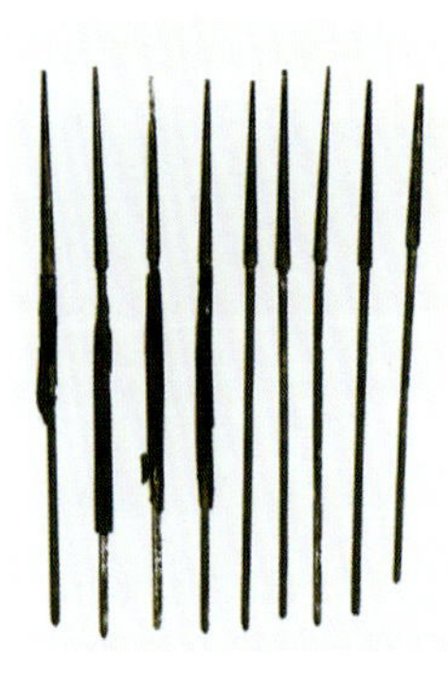

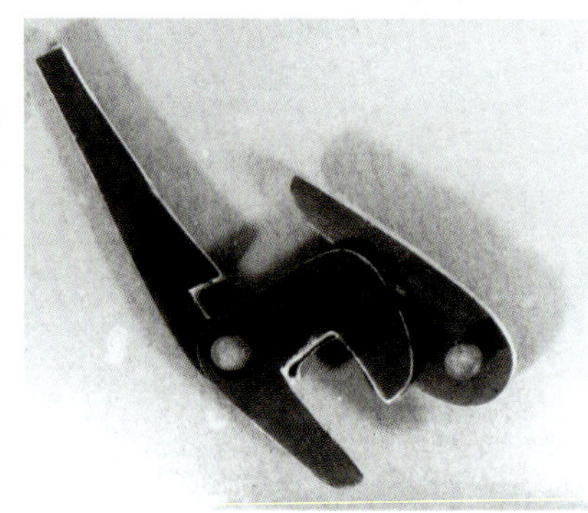

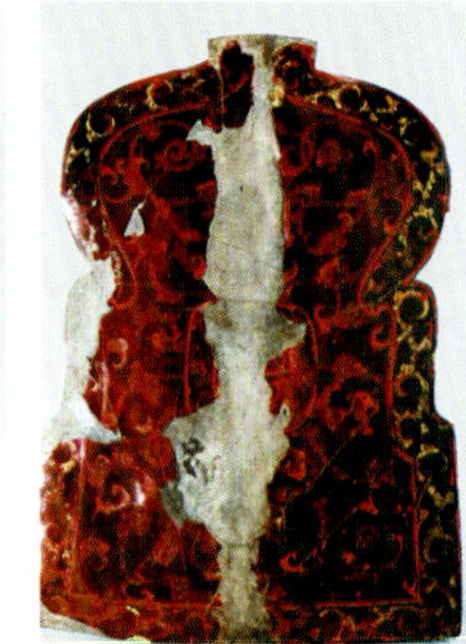

从左至右：兵器（铜箭镞），战国，湖南省博物馆征集品；兵器（弩机），战国，长沙市出土；兵器（龙凤纹漆盾牌），战国，长沙市出土。

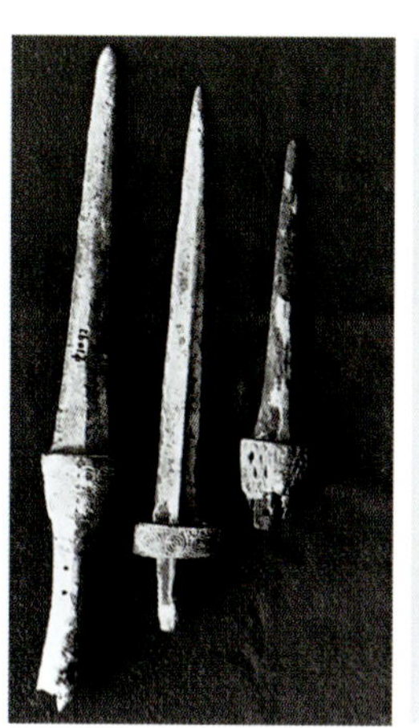

从左至右：兵器（濮系民族铜剑），战国，保靖县出土；兵器（铜铩）、兵器（铜矛）、兵器（越式人形柄铜匕首）、兵器（铜戈），战国，长沙市出土。

役：第一次是公元前280年至前276年秦、楚二国为争夺楚黔中郡而展开的拉锯战，秦曾二度占领楚的黔中郡（第二次还占领了洞庭郡），但都被楚国重新夺了回来；第二次战役则是公元前223年，秦国在东线作战中彻底打败楚王室主力后一并将湖南略为秦地，最终灭了楚国。湖南地下出土的各类兵器（未注明族别者为楚式）反映了当年战争的血腥与残酷。

三、礼制

楚国政治势力伸入湖南后，一并带来了一整套礼仪制度，而楚国的

从左至右：青铜礼器（子母口鼎）、青铜礼器（折沿鼎），战国，长沙市出土；青铜礼器（盆形鼎），战国，资兴县出土。

从左至右：青铜礼器 （鼎，越式），春秋，湘乡县出土；青铜礼器（蚕桑纹尊，越式），春秋，益阳市出土。

从左至右：青铜礼器（盏），春秋，岳阳市出土；青铜礼器（蚕桑纹尊，越式），春秋，益阳市出土；青铜礼器（铺首壶），战国，长沙市出土。

从左至右：青铜礼器（鉴），战国，征集品；仿铜陶礼器（鼎），战国，长沙市出土；仿铜陶礼器（敦），战国，长沙市出土。

青铜礼器（提梁壶），战国，长沙市出土。

青铜礼器（盉），战国，湖南省博物馆征集品。

青铜礼器（匜），战国，湖南省博物馆征集品。

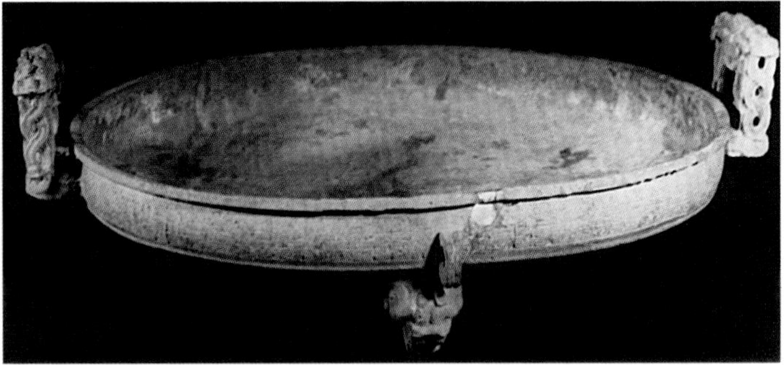

青铜礼器（盘），战国，湖南省博物馆征集品。

从左至右：青铜礼器（簠），春秋，益阳市出土；青铜礼器（敦），春秋，湘乡县出土；青铜礼器（豆），春秋，湘乡县出土。

礼制是源自周礼的。周礼是一套序等第、别贵贱、示尊卑的等级制度，不同职位的贵族与平民，其生前死后所享受的礼遇是受这套制度约束的。反映最为明显的是葬礼，如不同身份的人死后，其用棺木层数（天子五，诸侯四，大夫三，士二，平民一）、随葬的铜鼎数（天子九，诸侯七，大夫五，士三，平民不能用铜礼器，或随葬仿铜陶礼器），以及墓上封土堆的大小等都是有严格规定的。湖南出土的封君级贵族墓几全被盗，保存较好的大夫级墓也为数不多，但墓葬的规模和各地出土的青铜礼器（未注明族别者为楚式）等均反映了楚国礼制已成为这里的社会成规。

仿铜陶礼器（壶），战国，长沙市出土。

四、生产与经济生活

楚人统治湖南以后，带来了先进的生产技术，其中以铜矿的开采（麻阳铜矿遗址仍存）和青铜与铁器的铸造最为显著，并创造了先进的块炼铁和浸碳钢技术。铁农具已被广泛应用，并出现了铁兵器

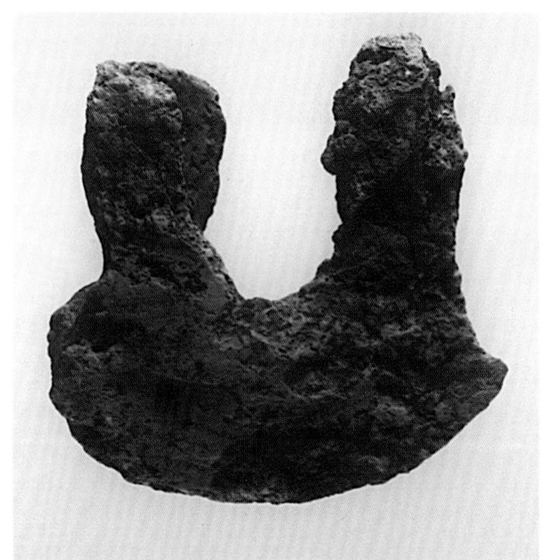

铁农具（锄）、铁工具（锤），战国，长沙市出土。

从左至右：青铜农具（靴形铜斧），春秋，衡山县出土；青铜农具（斧），战国，资兴县出土；青铜工具（环首刀），战国，湖南省博物馆征集品。

生活用具（青铜鬲），春秋，征集品。

铁炊具（鼎），战国，长沙市出土。

生活用具（陶鬲），战国，长沙市出土。

从左至右：生活用具（陶鬲），战国，长沙市出土；生活用具（陶钵），春秋战国之际，长沙市出土；生活用具（陶壶），春秋战国之际，长沙市出土；生活用具（陶壶），战国，长沙市出土。

从左至右：生活用具（釉陶罐，越式），战国，长沙市出土；生活用具（陶豆），春秋战国之际，长沙市出土；生活用具（漆几），战国，长沙市出土。

从左至右：生活用具（漆盘）、生活用具（漆樽）、生活用具（漆樽盖）、家奴偶人（木侍俑），战国，长沙市出土。

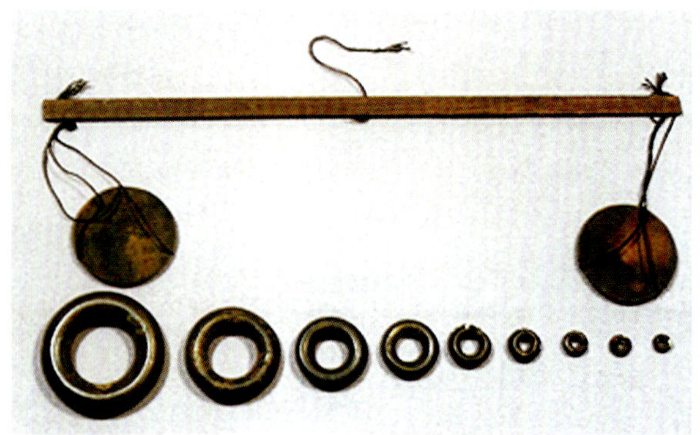

衡具（天平与铜砝码），战国，长沙市出土。

照容器具（镂空纽龙纹铜镜），战国，长沙市出土。

货币 （蚁鼻钱），战国，长沙市出土。

照容器具（四山纹铜镜），战国，长沙市出土。

梳妆用具（木梳），战国，长沙市出土。

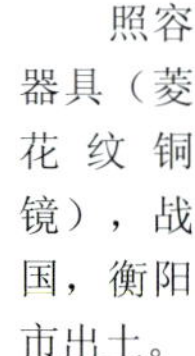

照容器具（菱花纹铜镜），战国，衡阳市出土。

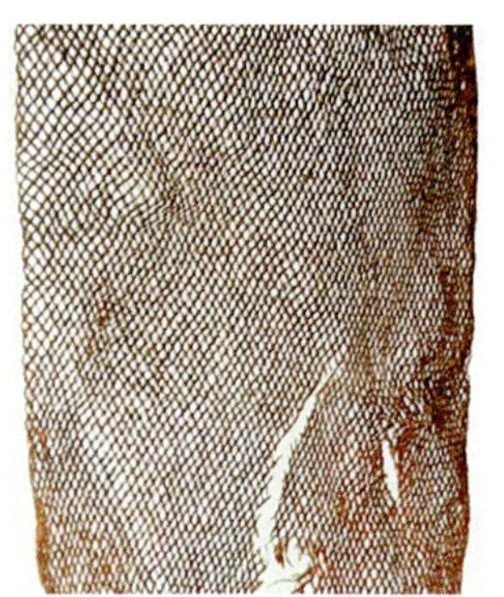

双色方格纹锦，战国，长沙市出土。

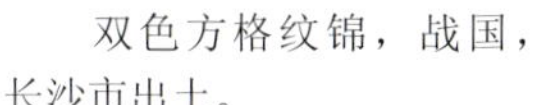

素纱，战国，长沙市出土。

编织组带，战国，长沙市出土。

和铁炊具。铜镜铸造、丝织业和漆器工艺技术在列国中均处于领先地位。稻作农业是其主体经济，货币流通甚为发达。今长沙、湘乡、岳阳、益阳和常德等地皆已发展成为繁华的城市，官吏富贾已养有家奴。

五、音乐、文化艺术与精神生活

东周时期，楚人带来的政治理念、礼制和先进的生产技术，不仅改变了湖南原有社群的政治结构，使当地经济发生了前所未有的巨变，而且，这里的文化艺术、音乐、绘画和精神生活也得到了空前的发展。湖南楚墓中出土的楚简、帛书、帛画、乐器和各类精美配饰等，真实地再现了那个时代湖南先民的文化艺术涵养和审美观、宇宙观、价值观，在中国文化艺术发展史上留下了光彩夺目的篇章。

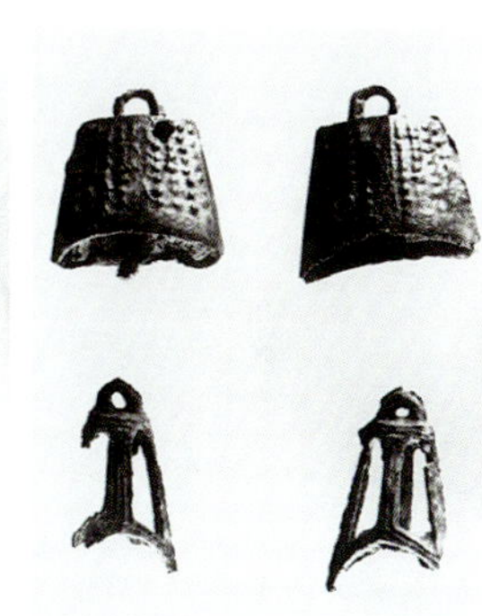

从左至右：乐器（铜组钟），战国，湖南省博物馆征集品；乐器（铜钲），战国，湖南省博物馆征集品；乐器（铜錞于），战国，湖南省博物馆征集品；乐器（小铜铃），战国，长沙市出土。

《人物龙凤帛画》

战国，长沙市出土。帛画用毛笔细描，意指墓主人（女）借龙凤的神力引魂升天。此物为丧葬用的幡。

《人物御龙帛画》

战国，长沙市出土。帛画用毛笔细描，墓主人（男）脚踏龙舟，头顶华盖，龙舟尾立一鸟（凤），舟前方左侧有一游鱼。其用意与《人物龙凤帛画》相同。此物为丧葬用的幡。

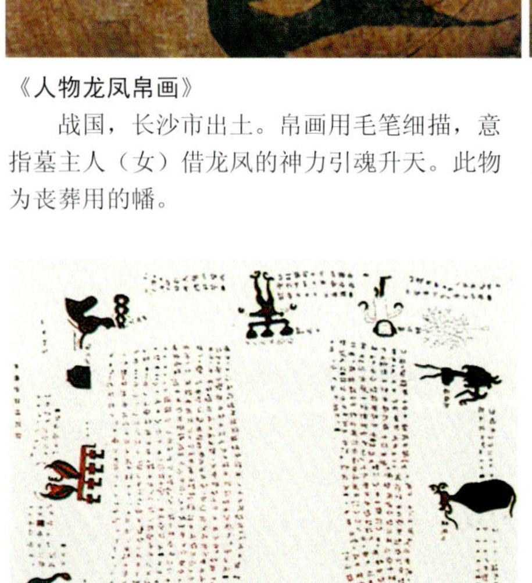

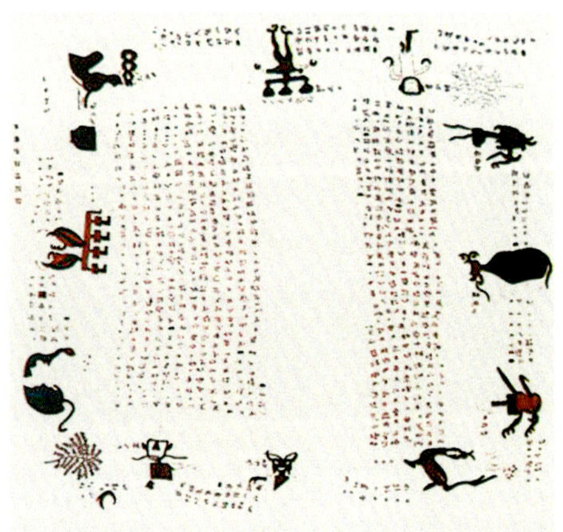

帛书（摹本）

战国，长沙市出土。帛书为一方形丝织品上墨书文字并绘有怪兽和植物的图像。中部两段方向互异的文字分甲、乙篇，周边呈旋转状的12小段文字为丙篇，分别附有相应的图像。帛书的整体内容属于阴阳术数，其中甲篇反映四时与昼夜形成的神话传说，乙篇记述天象、灾异与祀神祈福等事，丙篇讲十二月月令和各月的宜忌与神名、神像等。

从上至下：乐器（木鼓），乐器（鼓槌），毛笔和笔筒，战国，长沙市出土。

从左至右：木镇墓兽，战国，长沙市出土；龙形玉佩、凤形玉佩，战国，临澧县出土。

双龙玉璜，战国，临澧县出土。

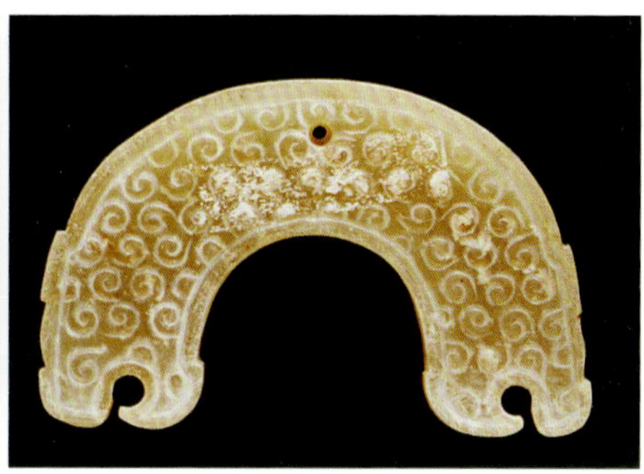

玉璜，战国，临澧县出土。

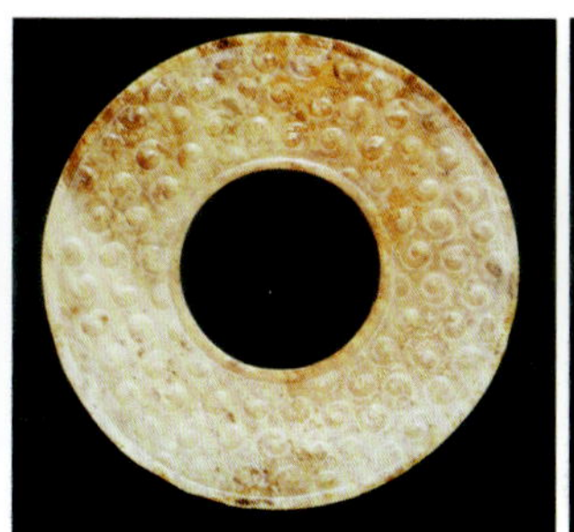

玉璧，战国，临澧县出土。

玉瑗，战国，临澧县出土。

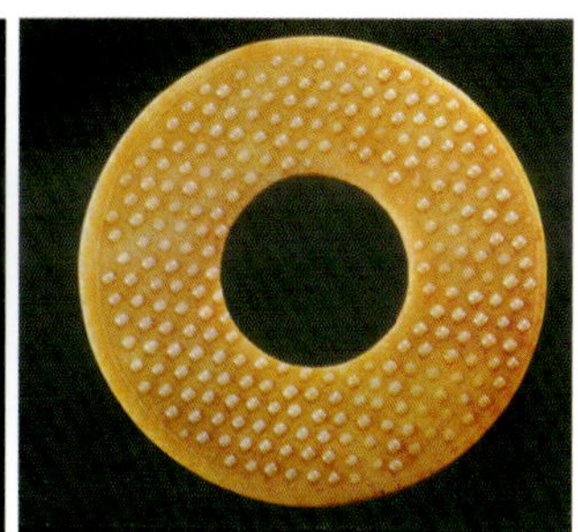

琉（玻）璃璧，战国，长沙市出土。

蜻蜓眼式琉（玻）璃珠、管，战国，长沙市出土。

第三章 秦汉至南北朝时期的湖南

（公元前221年至公元589年）

公元前221年，秦始皇统一中国。秦灭亡后，相继崛起了西汉和东汉王朝。秦汉统治的400年，是我国封建社会第一次实现大一统和国力强盛、建树良多的时期。政治上，开创和发展了统一的局面，确立和初步完善了以郡县为基础的专制主义的中央集权制度；其封建经济、文化和科技等，也都有了长足的进步；各族人民经过长久的交流和融合，开始结成统一的国家。作为中华民族主体的汉族，其形成和得名，也与汉王朝的富强和长久统治密不可分。

公元220年，魏、蜀、吴三国鼎立。从这一时起直到公元589年隋朝重新统一全国，史称魏晋南北朝时期。在魏晋南北朝近370年的历史中，国家陷入长期分裂割据的局面，社会动荡不安，战乱频繁，经济残破，而北方和中原地区受害尤甚。这时期北方少数民族纷纷南下，引起全国性的民族大迁徙和大融合，以汉族为主体的中华民族日益发展壮大。在生活艰难的情况下，各族人民经过顽强努力，经济、文化和科技等仍有新的发展。

第一节　秦汉时期的湖南

秦汉时期，三湘地区已成为统一多民族国家的重要组成部分。当时郡县所在的城镇及邻近的平原，大多是汉人居住，不过，直到东汉，少数民族在湖南境内的分布还是相当广阔的。各族人民艰苦创业，使湖南的政治、经济、文化稳步提升，接近或达到中原地区的水平。

一、秦汉时期湖南的政治

秦始皇统一中国后，实行了郡县制，分全国为36郡（后续有增置）。湖南先置黔中郡，后又析置长沙郡。为了征服岭南地区的人民，秦王朝曾在湘南等地屯驻重兵，并开凿了一条连接湘、漓二水的古运河——灵渠。

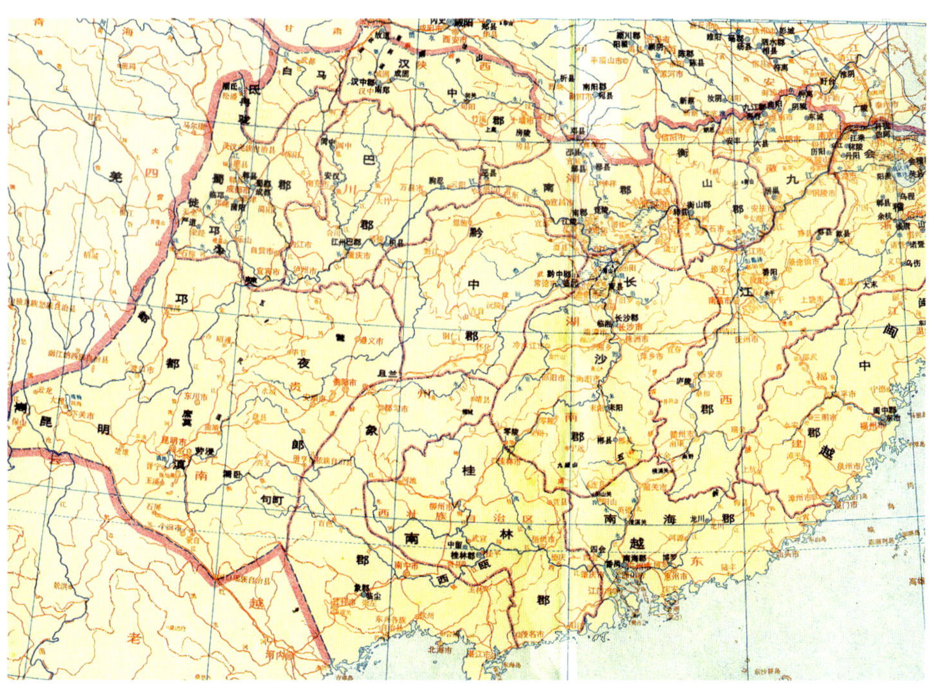

秦代淮汉以南诸郡地图。当时湖南主要分属长沙、黔中两郡。

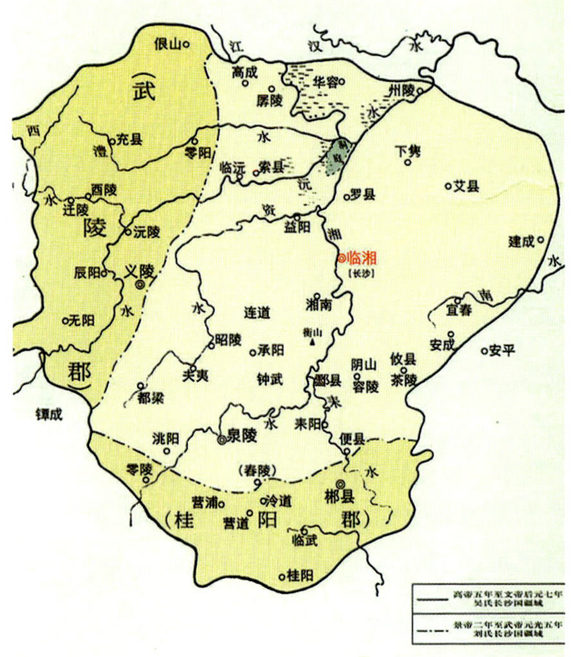

长沙国疆域变迁示意图。

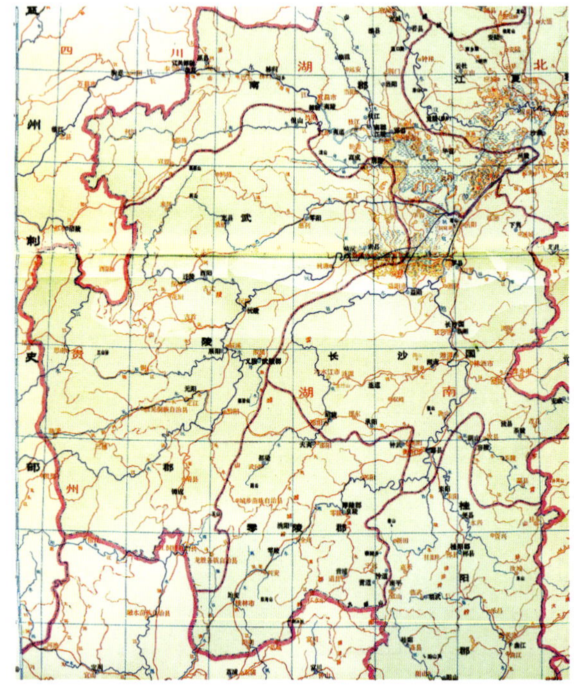

西汉荆州刺史部（湖南部分）地图

大致相当于刘氏长沙国时期。当时，湖南地区属荆州刺史部，共置一国（长沙）、三郡（桂阳、武陵、零陵），另有苍梧郡错入。

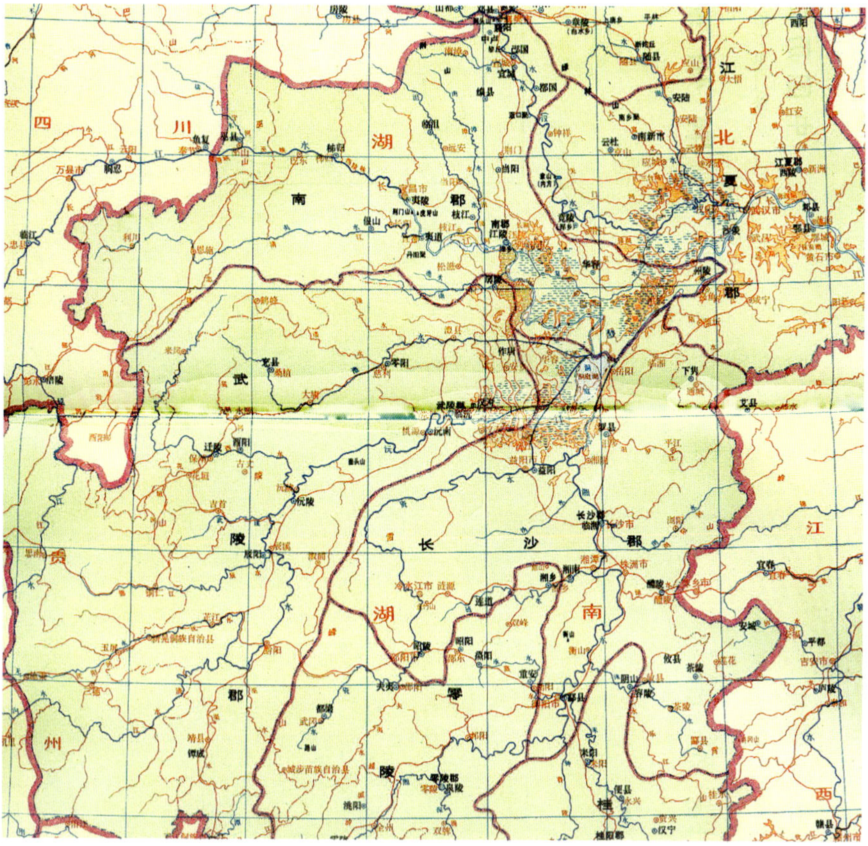

东汉荆州刺史部（湖南部分）地图

当时湖南主要分属长沙、武陵、零陵、桂阳四郡。

秦铭文铜矛、铜戈

矛、戈上分别铸刻有“上郡”、“廿年相邦……”、“蜀西工”等文字，表明是秦陕西、四川生产的兵器。这些兵器是秦统一湖南的遗物。湖南省博物馆藏。

秦铁鍠

铁质，秦代的仪仗用具。湖南省博物馆藏。

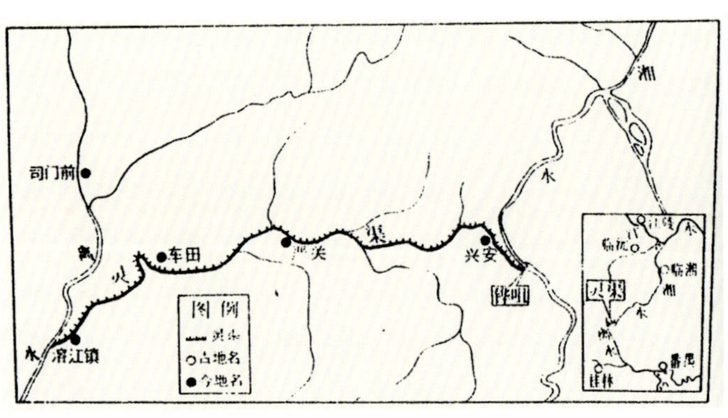

灵渠

位于秦长沙郡西南部，今广西兴安县境内。它是秦始皇时开凿的沟通湘、漓二江，连接长江和珠江两大水系的古运河。

秦始皇画像（采自中国历史博物馆编：《简明中国历史图册》第四册页5，天津人民美术出版社。）

灵渠铧嘴，广西兴安县境内。

沅陵窑头古城遗址，或认为它是秦黔中郡故城。

鸟瞰洞庭湖中的君山

秦始皇为了加强对各地的控制，曾多次外出巡视。公元前219年，秦始皇“浮江，至湘山祠”。湘山即今岳阳君山。

义帝陵

位于郴州市文化路，楚怀王孙熊心之墓。公元前206年，项羽自立为西楚霸王，尊熊心为义帝，次年将他暗杀。

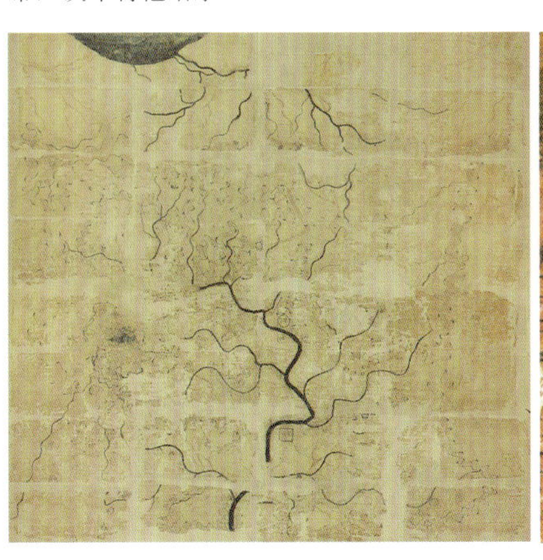

地形图

马王堆三号汉墓出土，世界现存最古老的地图之一。其方位上南下北，主区比例尺约为1：180000，大致包括当时长沙国南部深水（今潇水）流域，相当于今天湘、粤、桂三省交界处。它以相当高的测绘水平描绘了地貌、水系、居民点、交通网，是利苍之子生前用于对南越国作战的重要军事地图。

吴著墓黄肠题凑葬具

吴著为第五代长沙王，其陵墓位于长沙市湘江西岸的王陵公园。“黄肠题凑”是汉代王公贵族的一种葬制，即在外椁四周以柏木木枋垒砌，反映了当时王室贵族的等级制度及厚葬奢侈之风。

吴著王陵全景。

吴著画像（？—前157年）

吴著王陵出土的透雕玉饰。

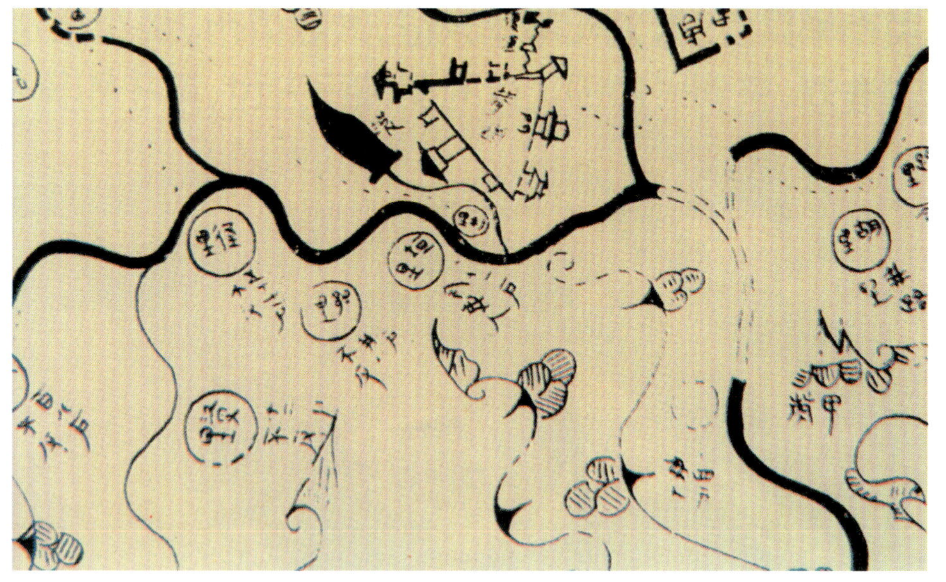

长沙国抗御南越之“驻军图”（局部）

吴著在位时，长沙国处于与今两广地区之南越国相抗衡形势下，西汉朝廷和长沙国都派军驻长沙国南境。这是马王堆三号汉墓出土的驻军图，主区在九疑山与南岭之间。

长沙王后“渔阳”墓黄肠题凑葬具

1992年长沙市望城坡发掘出土。

"曹娱"玉印、"妾娱"玛瑙印

长沙市咸嘉湖曹娱墓出土。该墓位于长沙市湘江西岸陡壁山顶，墓主人曹娱为吴氏长沙王王后。

西汉吴氏长沙王承传世系表

代	姓名	谥号	在位时间
第一代	吴芮	文王	高祖五年—高祖六年（前202—前201）
第二代	吴臣	成王	高祖六年—惠帝元年（前201—前194）
第三代	吴回	哀王	惠帝二年—高后元年（前193—前187）
第四代	吴右	恭王	高后二年—文帝二年（前186—前178）
第五代	吴著	靖王	文帝三年—文帝后七年（前177—前157）

汉高祖末年，各异姓王先后被剪除，唯长沙王因忠于汉室和具有安抚"百越（今两广地区）"的作用，故保留下来。吴氏长沙王共五代五传46年。吴著无子，国除。

贾谊像及贾谊故宅

贾谊（前200—前168），河南洛阳人，西汉杰出的政治家、文学家，著名政论文《过秦论》的作者。汉文帝四年（前176），他出任长沙国靖王吴著太傅，在长沙居住三年多。2000多年来，虽然长沙城历经沧桑，但位于太平街的贾谊故宅却屡废屡修，一直保存原址，供人凭吊。

马王堆汉墓外景

举世闻名的马王堆汉墓位于长沙市东部，这是其发掘前的外景照。它是吴氏长沙国丞相第一代轪侯利苍（二号墓）和夫人辛追（一号墓）及其儿子（三号墓）的家族墓地。1972年—1974年发掘，出土了3000多件珍贵文物，再现了西汉文明。

“长沙丞相”铜印、“轪侯之印”铜印、“利苍”玉印

马王堆二号汉墓出土，分别为该墓主人长沙国丞相第一代轪侯利苍的官印、爵印和私印。利苍（？—前186年）参加过秦末农民起义，楚汉之争立过战功。汉初任长沙国丞相，是汉中央政府在长沙国的代理人。

《车马仪仗图》（局部）

马王堆三号汉墓棺室西壁彩绘帛画。由车骑、武卒、随从、乐队构成了一个壮阔雄伟的场面。该画所表现的是墓主人举行的一次盛大的仪式。

利苍之子像

马王堆三号汉墓出土了一幅T形帛（古代丝织品的泛称）画，画中部有一戴长冠、佩长剑的男子，即为该墓主人——利苍之子。他是第二代轪侯利豨或利豨的兄弟，参与指挥过长沙国对南越国的战争。根据墓中木牍记载，他死于文帝十二年（前168），时年30岁左右。

驻军图

马王堆三号汉墓出土。它所包括的范围相当于“地形图”的东南部，其主区位于今江华瑶族自治县沱江流域一带，主区比例尺约为1∶80000—1∶100000，比“地形图”放大了一倍。图中不仅标绘了山脉、河流等地物要素，而且用深色将驻军营垒、防区界线、军工设施、障塞、烽火台等军事内容突出表现，是利苍之子生前用于对南越国作战的重要军事地图。

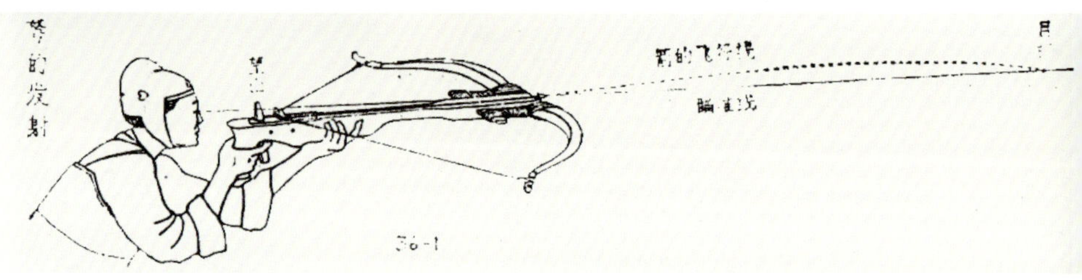

彩绘漆弩及错金铜弩机

马王堆二、三号汉墓出土。弩为古代一种远射武器，射程可达270余米。弩、弩机、弓组成一个整体，强弩劲弓，杀伤率高。这类武器为当时战争所常用。

弓、箭

马王堆三号汉墓出土。是当时一种远射武器。

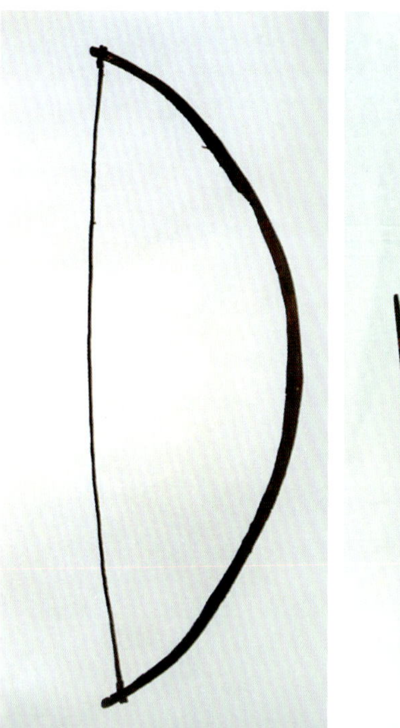

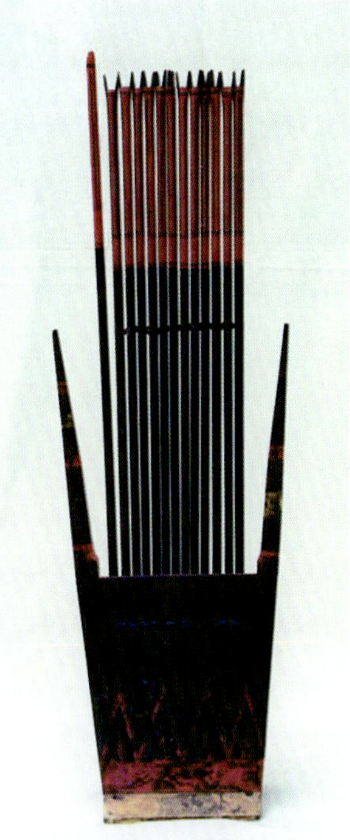

彩绘木俑

马王堆一号汉墓出土。轪侯夫人生前享尽人间荣华，奴仆成群。死后其家人以象征奴仆的各类木俑陪葬，供其“使役”。

西汉湖南封国和郡县

国、郡名	都治所在地	所辖县
长　沙　国（刘氏）	临湘（今长沙市）	领县13，属地在湖南境内者12，即：临湘（今长沙市区及望城、浏阳、宁乡、醴陵等市县）；罗（今湘阴、汨罗、平江等市县）；连道（今涟源市）；益阳（今益阳市区及桃江、沅江、安化、新化等县）；攸（今攸县）；下隽（今岳阳市区及南县、沅江、临湘等市县）；承阳（今衡阳市区和衡阳县）；酃（今衡阳市区及衡南县）；昭陵（今邵阳市区及邵阳、邵东、新邵、隆回、涟源等市县）；容陵（今攸县）；茶陵（今茶陵、炎陵县）；湘南（今湘潭市区及湘潭、湘乡、双峰、涟源、衡山、衡东等市县）。
桂阳郡	郴(今郴州市)	领县11，属地在湖南境内者5，即：郴（今郴州市区及宜章、资兴、桂阳、汝城、桂东等县市）；临武（今临武、嘉禾县）；便（今永兴县）；耒阳（今耒阳市、常宁县）；南平（今蓝山县）。
武陵郡	义陵（今溆浦县）	领县13，属地在湖南境内者12，即：孱陵（今津市、澧、安乡、南、岳阳、华容等市县）；索（今汉寿县）；临沅（今常德市区和桃源县）；沅陵（今沅陵、泸溪、麻阳、吉首等市县）；镡城（今怀化市区和洪江、靖州、会同、通道、绥宁等市县）；无阳（今芷江、新晃县）；迁陵（今保靖县）；酉阳（今永顺、龙山、古丈县）；辰阳（今辰溪、麻阳、花垣、凤凰县及怀化市区）；义陵（今溆浦县）；零阳（今慈利、石门、澧、临澧县及津市）；充（今张家界市区及桑植、慈利县）。
零陵郡	泉陵（今零陵县北）	领县10，属地在湖南境内者7，即：营道（今宁远县）；营浦（今道县和江永县）；泠道（今宁远、新田县）；泉陵（今永州市区、双牌、祁阳、东安县）；钟武（今衡阳县）；夫夷（侯国，今新宁县）；都梁（侯国，今武冈、城步、洞口、隆回、绥宁县）。

景帝前元元年（前156），复置长沙国，封其子刘发为长沙王。当时湖南共置一国三郡，国、郡下有36个县。

西汉刘氏长沙王承传世系表

代	姓名	谥号	在位时间
第一代	刘发	定王	景帝二年—武帝元朔二年 （前155—前127）
第二代	刘庸	康王	武帝元朔二年—武帝太初四年 （前127—前101）
第三代	刘鲋鮈	顷王	武帝天汉元年—昭帝始元三年 （前100—前84）
第四代	刘建德	剌王	昭帝始元四年—宣帝甘露四年 （前83—前50）
第五代	刘旦	炀王	宣帝黄龙元年—元帝初元二年 （前49—前47）
	刘宗	孝王	元帝初元四年—元帝永光元年 （前45—前43）
第六代	刘鲁人	缪王	元帝永光二年——孺子婴居摄元年 （前42—6）
第七代	刘舜		孺子婴居摄二年——王莽建国元年 （7—9）

刘氏长沙王历七代八传164年，其中绝嗣2年，至王莽篡汉，国始除。

春陵侯城遗址

汉武帝元朔五年（前124），分泠道县境春陵乡置春陵侯国，属零陵郡，封给长沙定王之子刘买。该城址位于今宁远县柏家坪镇，为土筑方城，东西向，城墙周边长约720米，四角有高隆外突的城堡，城外四周有护城河。

昭阳侯城遗址

西汉平帝元始五年（5）封长沙刺王之子赏为昭阳侯，属零陵郡。该城址位于邵东县黄陂桥乡，呈长方形，城墙东西宽250米，南北长350米，四周保存有夯土城墙，四角有城楼台基。

北津城遗址

位于长沙市三汊矶，西北和西南有一道土筑城墙，长约100米，西傍谷山，东临湘江，以水为防。整个城址平面呈三角形，面积约50万平方米。它是西汉时期一处古城遗址。

泠道县古城遗址

座落在宁远县东城乡，西汉零陵郡泠道县古城。呈长方形，城墙周边长约580米，四角高隆，类似城堡。

"长沙元年"铜鼎

1949年长沙市桂花园出土。其腹上部铸有铭文："敕庙铜鼎一，容斗五升，有盖，并重十五斤六两。长沙元年造，第三。"据铭文可知，它为刘氏长沙国元年制造，是长沙王宗庙所用礼器。

铜牛灯

1949年长沙市桂花园出土。它以牛为座，牛腹空，可盛水。灯上有烟管，灯燃时能将烟导入牛腹，溶于水中，使室内减少烟臭而保持清洁。牛腹右部有铭文："敕庙牛灯四，礼乐长监治。"由此可知，其为长沙王宗庙所用礼器。

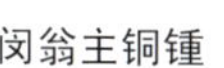

闵翁主铜锺

新中国成立前长沙出土。锺是古代盛酒等食品用的圆壶形器物。翁主，汉代指诸侯王之女。该器颈部有铭文"闵翁主铜锺，容五斗"，可知为长沙王室用器。

杨主家漆盘

长沙西汉墓出土。上有金黄色漆书“杨主家般（同盘）”，在汉代只有列侯以上官吏的居所才可称家，杨主家指一位杨姓长沙王后家。该器为王室贵族用器。

豆柄形器底部朱书

永州市泉陵侯刘庆夫妇墓出土。其底部朱书：“泉陵家官第三河平二年八月工张山彭兄缮。”是了解西汉泉陵国历史的珍贵史料。

铁戟、铁矛

益阳、长沙西汉墓出土。为当时常用的武器。这类武器在我省各地西汉墓均有出土，说明当时铁制武器已普遍使用。

滑石官印

长沙西汉墓出土，有“官丞之印”、“长沙顷庙”、“长沙仆”、“临湘令印”、“长沙司空”等。虽为陪葬临时镌刻，但可从中窥测湖南西汉官制的演变。

马援

马援（前24-后49）东汉名将，晚年曾率军镇压湘西少数民族起义，病死于军中。（选自苏州大学图书馆编著：《中国历代名人图鉴》页132，上海书画出版社，1987年）

马援石室 在桃源县凌津滩乡。

汉代虎纽铜錞于（2件）

当时湖南少数民族使用的乐器之一。秦汉时期，湖南少数民族主要聚居于湘西、湘西南、湘南及湘中的部分山区，史称“长沙蛮”、“武陵蛮”、“零陵蛮”等。

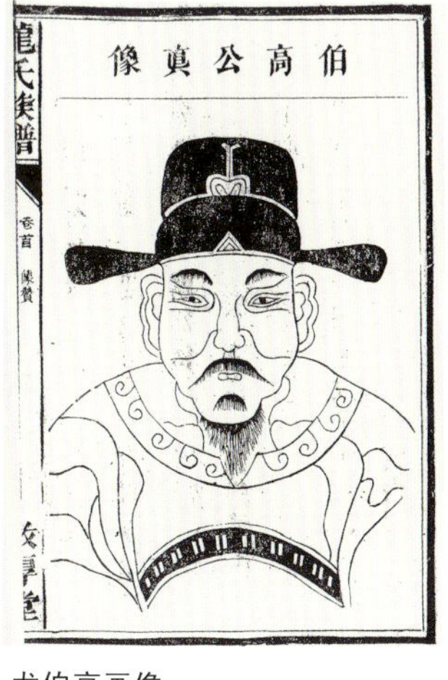

龙伯高画像。

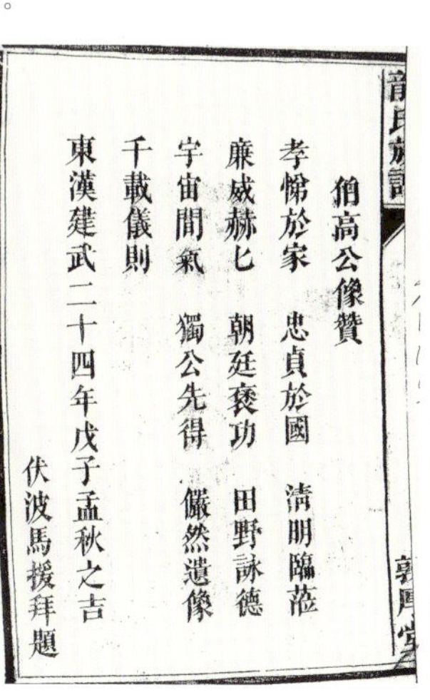

龍氏族譜

伯高公像贊

孝悌於家 忠貞於國 清明臨蒞

廉威赫乜 朝廷褒功 田野詠德

宇宙間氣 獨公先得 儼然遺像

千載儀則

東漢建武二十四年戊子孟秋之吉

伏波馬援拜題

敦厚堂

龙伯高画像赞。

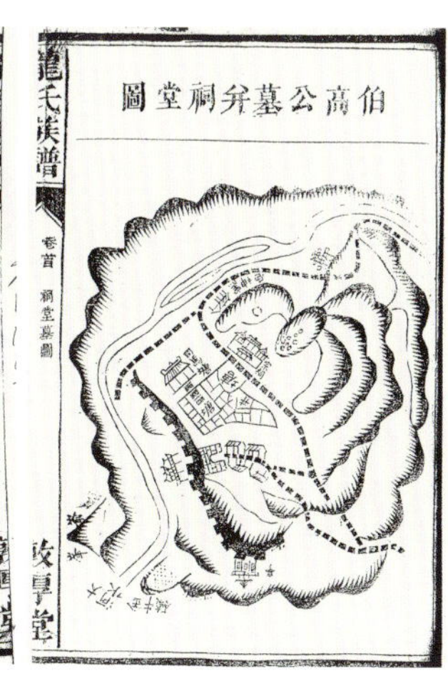

龙伯高墓祠图。

汉代铜扁钟（3件）

湖南省博物馆藏。当时湖南少数民族使用的乐器之一。

龙伯高万历墓碑

位于永州市城北司马塘。龙伯高，建武年间（25—55）任零陵太守，在位四年，颇有政绩。

龙伯高光绪墓碑

二、秦汉时期湖南的经济

秦汉时期，湖南人口大幅度增长，无论是自然增殖还是人口迁入，都在一定程度上反映了湖南经济的迅速发展。自秦初至汉末，湖南出土的铁制生产工具在数量、种类、分布面上都呈上升趋势。铁制工具的逐步普及，对农业生产无疑起了推动作用。两汉粮仓模型的大量出土，说明囤储粮食成了普遍现象；各地普遍出土的猪圈、鸡舍等模型，是家庭饲养业发达的真实写照；铸造精良的青铜器、精美轻巧的漆木器、绚丽多彩的丝织品、日趋成熟的青瓷器等，是湖南手工业发达的重要物证；秦汉货币、古城址、车船模型的发现，为我们描绘了当时商品经济繁荣、水陆交通发达的实况。

西汉湖南人口统计表

郡、国名	户数	人数
桂阳郡	28119	156488
武陵郡	34177	185758
零陵郡	21092	139378
长沙国	43470	235825
合计	126858	717449

《汉书·地理志》载西汉平帝元始二年（2）湖南郡、国的户口和人数。

东汉湖南人口统计表

郡名	户数	人数
零陵郡	212284	1000578
桂阳郡	135029	501403
武陵郡	46672	250913
长沙郡	255854	1059372
苍梧郡	——	——
合计	649839	2813266

注：东汉所置零陵、桂阳、武陵、长沙郡均有小部分地区属今邻省，又苍梧郡仅有两县错入湖南境，户口不详。

新化紫鹊界秦人梯田

位于新化县水车镇，梯田始垦于秦汉，至今已有2000多年历史。

铁庙冶炼遗址

西汉冶铁遗址。坐落在永州市郝皮桥乡，面积约7200平方米，文化堆积层1—3米，采集有生铁块、矿渣等。

铁夯锤、铁斧

我国冶铁技术在汉代日臻成熟。我省各地西汉墓出土铁兵器、铁生产工具为数众多，说明此时铁器在湖南使用很普及。这是长沙西汉墓出土的铁夯锤和铁斧。

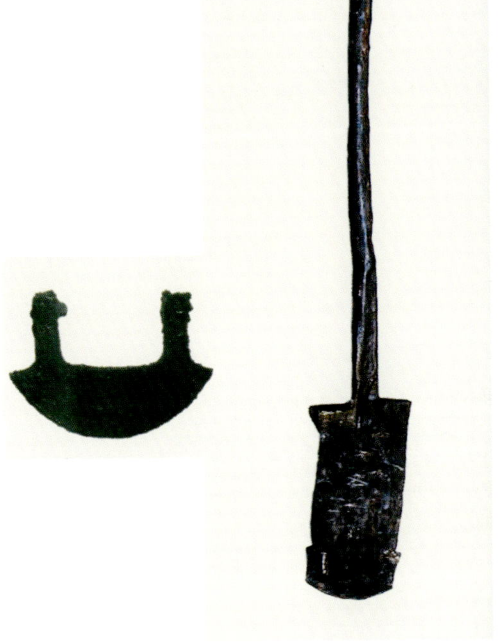

铁臿、木柄铁臿

马王堆三号汉墓及长沙西汉墓出土。《汉书•沟洫志》载“举臿为云，决渠为雨”，说明臿是一种掘土的农具。

铁斧、铁刀

长沙东汉墓出土。

铁环首刀、铁锯

长沙西汉墓出土。环首刀在汉墓中常见，铁锯为罕见的珍品。

东汉铜马及牵马俑

衡阳县道子坪一号墓出土。铜马及牵马俑造型优美、生动，是东汉青铜雕塑的代表作。

东汉人形铜吊灯

20世纪60年代在长沙征集。此灯由灯盘、储液箱和悬链组成，造型独特、巧妙，是汉代灯具中的珍品。

东汉造像纹铜镜、龙虎纹铜镜

湖南省博物馆藏。

东汉帆船纹铜镜

湖南省博物馆藏。镜背边沿上所铸的帆船纹，是现存最早的帆船图像。

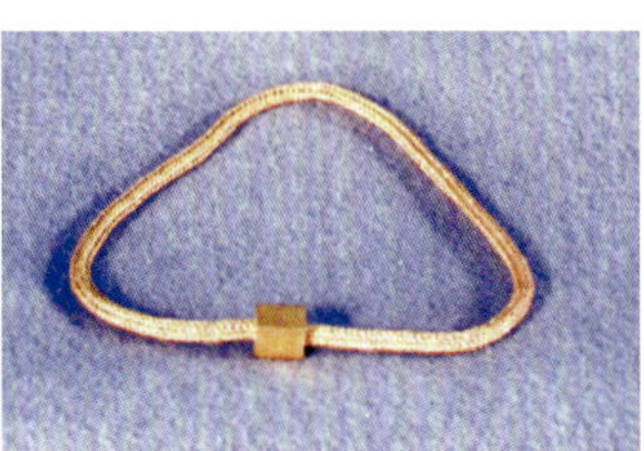

东汉绹纹金镯、镂空金珠

长沙五里牌李家老屋出土。金镯、金珠制作精细，是东汉黄金首饰制作工艺的代表作。

木椁

马王堆一号汉墓出土。椁指棺外的套椁，因形状像一口井，故称“井椁”。它全用粗大木板制成，共用木板70块，约合成材50多立方米。最大的一块椁板长4.88米，宽1.52米，厚0.26米，重1500公斤，估算原木直径在2米以上。木椁上下严密平整，全用扣接、套榫与栓钉结合而成，没用一根金属嵌钉，真可谓鬼斧神工。它是迄今所见最大最完整的汉代“井椁”实物。

三套棺

马王堆一号汉墓出土。该墓一椁四棺，棺层层相套，这是其中的三套棺：黑地彩绘棺、朱地彩绘棺、锦饰内棺。黑地彩绘棺外以黑漆为地，彩绘出流动奔放的云气及各种神怪禽兽，构成一个奇幻的世界；朱地彩绘棺绘制仙人、鹿雀、龙虎等图案，表现吉祥升仙的主题；锦饰内棺则外贴丝织品，轪侯利苍夫人辛追的遗体出土时就置于其内。

云纹漆鼎、漆卮

马王堆汉墓出土。马王堆一、三号汉墓出土数以百计的漆器，工艺精湛，纹饰华美。鼎为古代常见的礼器，卮是汉代常见的饮器。两器均为黑地上朱绘翻腾云纹。

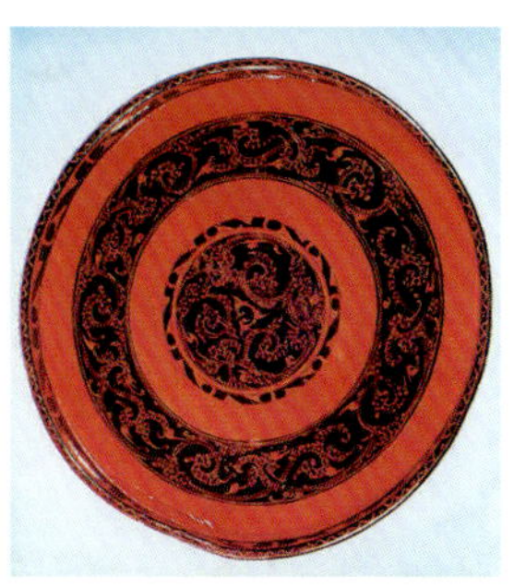

漆案、“君幸酒”漆耳杯、大漆平盘

马王堆一号汉墓出土。漆案出土时放着5个盛有食物的小漆盘、2个酒卮、1个酒杯，杯上有一双竹筷，汉代的用餐制度由此可见一斑。“君幸酒”漆耳杯底有“君幸酒”三字，意即请君喝酒。大漆平盘黑地朱绘云龙纹，盘径53.6厘米，是马王堆汉墓出土最大的漆盘之一。

粉彩漆奁、粉彩漆圆盒

马王堆三号汉墓出土。两器均采用堆漆画法，先用凸起的线条勾画出飞动的云纹，再以黄、蓝、红三色粉彩填充像彩霞一样绚丽的图案。

金箔贴花

长沙西汉墓出土。是当时漆器上的一种装饰品，以人物（驾车、骑马、负弩、舞蹈、奏乐、杂技）和动物（虎、鹿、猪、羊、兔、鸟）为主，形象栩栩如生。

印花敷彩纱丝绵袍

马王堆一号汉墓出土。该袍以印花敷彩纱做面料。印花敷彩纱图纹为藤本植物，是以印花和彩绘相结合加工而成的，这在印染技术上是一大革新。此类衣物的出土，使古代文献中有关“画衣”的记载得到证实。

素纱禅衣

马王堆一号汉墓出土。纱是一种方孔平纹丝织物。这件素纱禅衣仅重49克，如果除去缘边，更轻。根据测算，其蚕丝纤度只有10.5—11.3但尼尔，每平方厘米衣料仅重12—13克，真可谓“薄如蝉翼，轻若烟雾”，反映出西汉高超的纺织工艺。

漆缅纱冠

马王堆三号汉墓出土，是一种武冠。它以孔眼稀疏的纱加工制成，加涂一层厚厚的黑漆，故名。俗称乌纱帽。

朱色菱纹罗

马王堆一号汉墓出土。罗是采用绞经组织织成的透孔丝织物。这种菱纹罗以粗、细线条构成明暗相间的两种菱形花纹，因类似当时的日常用品羽觞（耳杯），故又叫杯纹。其织造工艺复杂，需要有互相配合的提花装置和绞经装置，由二人协同操作才能织成。

泥金银火焰纹印花纱

马王堆一号汉墓出土。这种印花纱使用三个木刻的凸纹版，在深灰色的方孔纱上套印出均匀、纤细的银色线条和金色小点，好似燃烧的火焰和四溅的火星。这是目前所见世界上最早的彩色套印丝织物，在科技史、印染工艺史及雕版印刷史上，都是光辉的创举。

绒圈锦

马王堆一号汉墓出土。锦是古代多彩提花丝织物的泛称。绒圈锦是一种大小绒圈在织物表面形成浮雕状凸起花纹、具有立体效果的织锦，真正达到了锦上添花的效果。如果将绒圈割开，就相当于提花丝绒，可以说是后世天鹅绒的前身。它是目前所见世界上最早的起绒织物。

白麻布

马王堆一号汉墓出土。其幅宽51厘米，经纬密度每平方厘米36或30根，相当细密，比现代细麻布还细，表明当时麻纺织技术的高超。

长寿绣

马王堆一号汉墓出土。其绣纹为翻卷的流云中露出头部的龙，龙是长生不老的象征，故名。马王堆汉墓出土绣品丰富，可见中国四大名绣之一的湘绣源远流长。

彩绘陶熏炉

马王堆一号汉墓出土。熏炉为古代室内消毒、清洁、净化空气用。该熏炉出土时内装有高良姜和辛夷等香料。此熏炉与下图彩绘陶钫制的陶技术和彩绘工艺均巧妙融合，同是西汉陶艺水平的代表作。

彩绘陶钫

马王堆一号汉墓出土。钫即方壶，方口大腹，是古代一种酒器。

东汉青瓷四系罐

1960年出土于长沙市东汉墓。此罐火候好，玻璃质感强，造型匀称，是我国成熟青瓷中最好的实物之一。

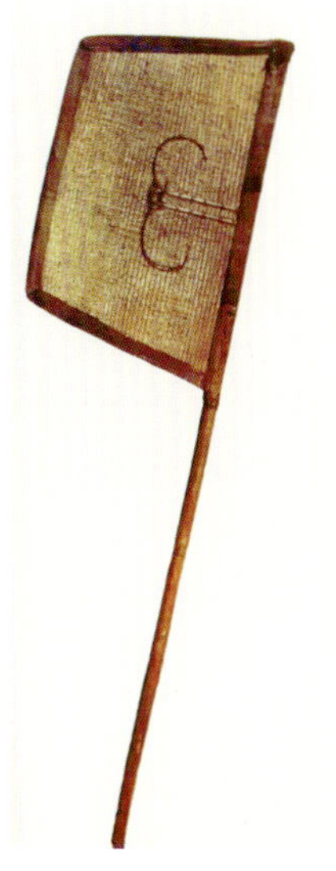

长柄竹扇、竹笥

马王堆一号汉墓出土。是西汉竹编珍品。竹扇以细篾编成，边缘包缝素绢；竹笥采用人字形编织法编成。马王堆汉墓出土竹笥98个，出土时装有衣物、食品、中草药等，犹如现在的箱一样。马王堆汉墓大量的竹编织物的出土，说明湖南竹编工艺源远流长。

东汉白釉瓷豆

1955年出土于长沙市丝茅冲军营墓地。此豆保存完整，颜色明亮，是东汉早期瓷器的代表作之一。

东汉白釉瓷鍑

长沙东汉墓出土。此鍑釉质莹润灰白，火候较好，是东汉白釉陶瓷的代表作之一。

蟠龙纹玉佩、龙纹玉佩

长沙曹𡞐墓出土。我国琢玉工艺历史悠久，这两件玉器均透雕龙纹，雕工精细、形象生动，是西汉玉雕工艺的代表作。

东汉蟠龙纹鸡心玉佩

衡阳市蒋家山四号墓出土。玉佩造型新颖，琢磨精细，具有较高的艺术价值。

玻璃矛

长沙西汉墓出土。我省出土了不少战国时代的玻璃器，说明我省玻璃生产历史悠久。这件玻璃矛属铅钡玻璃制品，制造精良，是汉代玻璃器中的精品。

农产品

马王堆一号汉墓出土。该墓出土了大量农、畜、禽、鱼产品，这是其中的稻谷、甜瓜子、梨、杨梅等农产品，是西汉农业文明的重要物证。

万石仓

长沙西汉墓出土。粮仓模型。其正面是可以开启的仓门，门框上刻有“万石仓”三字。这种大型粮仓的出现，说明当时湖南农业相当发达。

东汉绿釉陶仓

1956年长沙电影学校出土。陶仓系粮仓的模型器，门作长方形，其左右两侧设圆形通风窗。仓体悬空、通风，以防潮湿。

东汉曲尺形陶屋

长沙市近郊东汉墓出土。陶屋系模型器，屋前有长方形大门，门内有三人从事劳作。屋后左侧有方形猪圈，内有大猪和猪仔数只。

东汉绿釉陶猪圈

长沙东汉墓出土。随葬用的模型器，猪圈内存一猪，墙边一侧上有厕所，有一楼梯上下相通，是当时饲养家畜的写照。

东汉陶鸡、猪、狗（一组）

湖南东汉墓出土。

东汉绿釉陶井

模型器，长沙东汉墓出土。

东汉绿釉陶灶

模型器，长沙东汉墓出土。

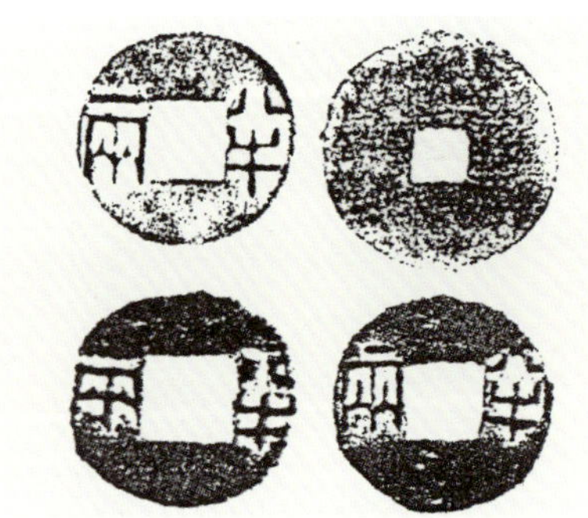

秦半两铜钱

秦统一中国后，将货币分为两等：以黄金为上币，用镒（二十两）作单位；以铜质圆钱为下币，用半两作单位，“重如其文”。

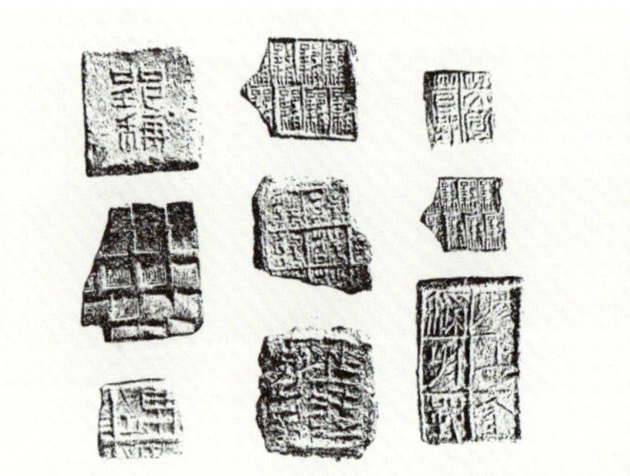

泥郢称

长沙西汉墓出土。湖南西汉初期墓葬经常出随葬用冥钱泥郢称，上印有“郢称”、“郢爰”等，反映了汉初我省仍铸造和使用战国时代楚国的旧币。

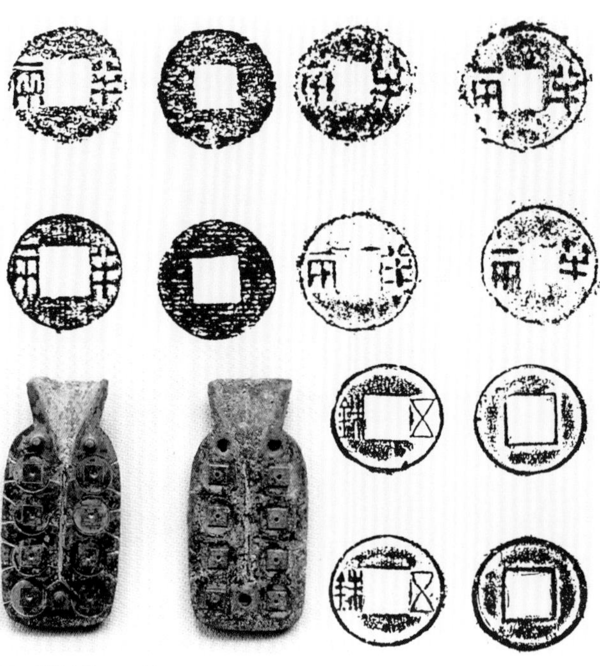

铜半两、铁半两

长沙、衡阳等地西汉墓出土。西汉初年，继承了秦朝币制，仍铸“半两”钱，诸侯王、工商主可自行铸钱，说明当时湖南的商业繁荣。

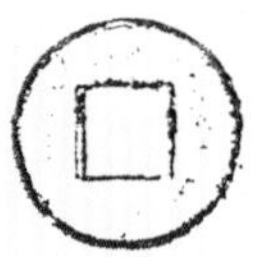

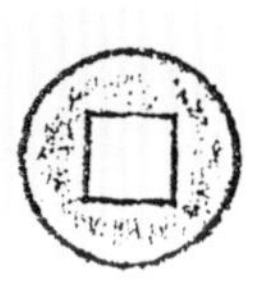

新莽货币（一组）

衡阳县赤石新莽墓出土。

上：大泉五十

居摄二年（7）始铸。

下：货泉

天凤元年（14）始铸。

铜五铢钱范（一付）

攸县出土，范上有“五铢”模子8枚。汉武帝元鼎四年（前113）实行货币专铸，把由中央政府统一铸造的“五铢”钱，作为统一的货币通行天下；明令销毁各种旧币，禁止郡国和私人铸钱。我省西汉墓出土“五铢”钱实物不少，说明当时商业繁荣。右上为“五铢”钱实物拓片。

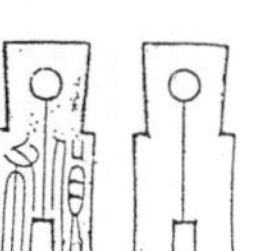

新莽货币（一组）

衡阳县赤石新莽墓出土。

上：大黄布千

始建国二年（10）始铸。

下：货布

天凤元年（14）始铸。

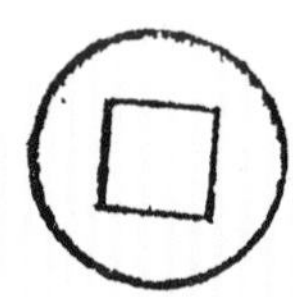

东汉五铢，始铸于建武十六年（40）

磨郭五铢之二

磨郭五铢之一

四出五铢，始铸于中平三年（186）

东汉五铢（一组）　湖南东汉墓出土

“始建国元年”铜盘

1973年常德东江公社兴安大队一号墓出土。底部铭文为：“律石衡兰承水盘，容六升，始建国元年正月癸酉朔日制。”是新莽时标准容器之一。

东汉鸟兽纹铜尺

1957年长沙市小林子冲一号墓出土。铜尺正背两面等分十寸，长23.63厘米。

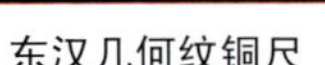

东汉几何纹铜尺

1956年出土于长沙雷家嘴东汉墓。此尺保存完好，正背两面等分十寸，长23.2厘米，与汉代尺度相符，是汉代度量衡的标准器之一。

轺车

上图为根据长沙西汉墓出土车器模型零件复原的轺车。这种车在当时叫轺车，是古代一马驾驶的轻便车。下图为汉代画像砖上的轺车图像。

栈车

根据长沙市西汉墓出土车器模型复原。这种车在当时叫做栈车，是一种载人兼载物之车。轺车、栈车的出土，说明我省当时陆路交通的发达。

木船

根据长沙西汉墓出土木船模型复原。该船两侧各有棹8支，有舱房3个，船尾有舱，制造相当科学，说明湖南当时水上运输也很发达。

三、秦汉时期湖南的文化科技

秦汉时期，湖南的文化、科技取得了光彩夺目的成就。天文知识在湖南得到应用和推广，马王堆三号汉墓出土了两部我国迄今所见最早的天文学专著。医药学的研究与运用也相当进步，马王堆三号汉墓出土的医书和医简是迄今世界上最早的医学文献；东汉医学家张仲景结合在湖南的医疗实践，完成医学巨著《伤寒杂病论》，为中医学奠定了基础。而马王堆汉墓出土的完好女尸，体现了当时防腐技术的成就。东汉耒阳人蔡伦，改进造纸术，对我国文化发展所起的巨大推动作用更是举世瞩目。帛书、帛画等既是杰出的艺术作品，更是汉代思想文化的宝库。

龙山里耶古城遗址一号井

此井出土秦代简牍36000余枚，字数达10余万字。

里耶古城遗址一号井出土秦代乘法口诀牍（左，正面；右，背面）

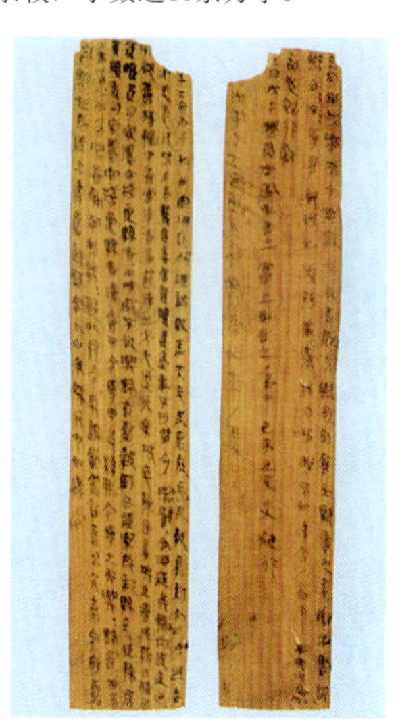

里耶古城遗址一号井出土秦代文书牍（左，正面；右，背面）

内容为阳陵官员向来自阳陵的迁陵戍卒追讨赀赎钱之事。

二酉藏书洞

位于沅陵县二酉山。相传秦始皇焚书坑儒，咸阳二儒生将所藏书简辗转移藏于此。所谓“学富五车，书通二酉”中的“二酉”即指此。

“古藏书处”碑

这是清代立于二酉藏书洞旁边的石碑。

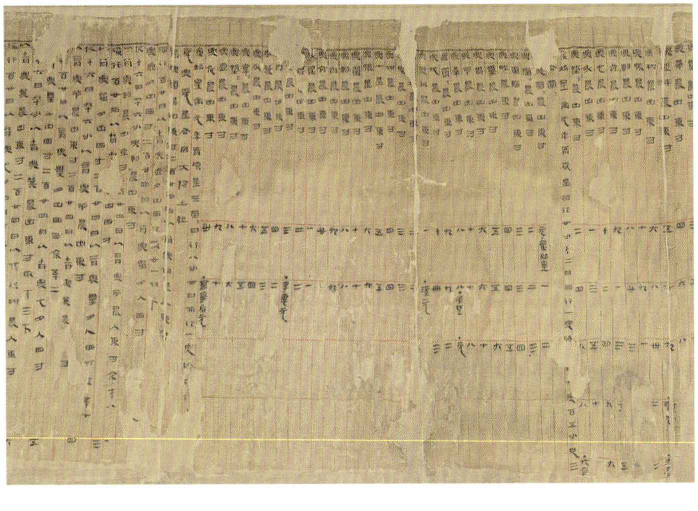

帛书《五星占》

马王堆三号汉墓出土的帛书《五星占》，记载了五大行星的运行，列出了公元前246年至公元前177年70年间木星、土星和金星的运行位置，是世界上现存最早的天文学著作，也是中国历法中“步五星”的最早记载。

帛书《天文气象杂占》（局部）

这是以彗星、云气占验吉凶的书。书中的29幅彗星图，除最后一个，其余都是头朝下，尾朝上，完全符合彗尾总是背着太阳这一科学规律，是世界上现存最早的彗星图。

《天文气象杂占》（局部）摹本。

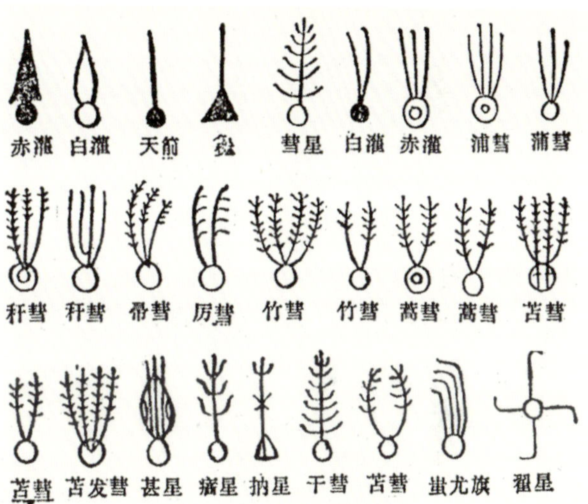

东汉铜齿轮构件

衡阳县道子坪一号墓出土。齿轮基本完整，系传动装置，代表了东汉精密仪器的制作水平。

中草药

马王堆一号汉墓出土，是现存最早的中草药实物标本。图中有辛夷、佩兰、茅香、花椒、桂皮、杜衡。

蔡伦画像

蔡伦（? -121），东汉耒阳人。和帝时，曾任主管制造御用器物的尚方令。安帝时被封为龙亭侯。他总结西汉以来用麻质纤维造纸的经验，改进造纸术，采用树皮、麻头、破布、旧渔网为原料造纸，时有“蔡侯纸”之称。后世传为我国造纸术的发明人。

蔡伦和工匠进行造纸实验图。

蔡伦墓

位于耒阳城关镇蔡侯祠后面。

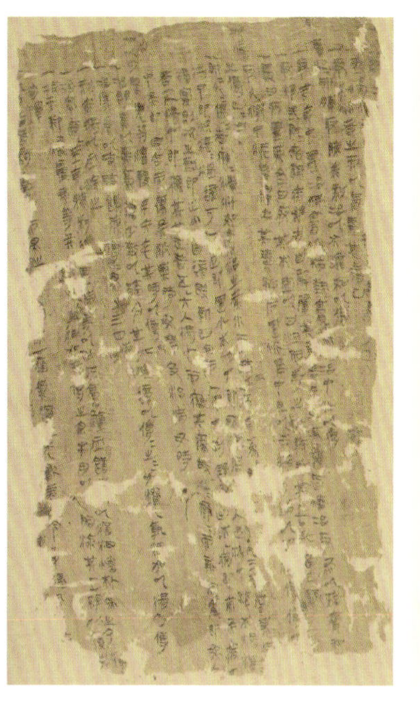

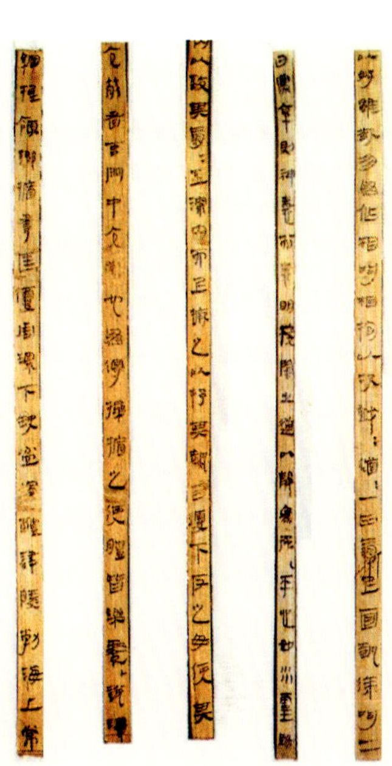

左：帛书《五十二病方》

马王堆三号汉墓出土，是中国现存最早的医方书。全书1万余字，存有52种疾病的医方，在医学史上有着重要的价值。

右：医简

马王堆三号汉墓出土医简200支，包括《十问》、《合阴阳》、《天下至道谈》、《杂禁方》等，内容是关于性生活及性保健的论述。这是世界上迄今所见研究性医学最早的专科文献。这五支医简选自《合阴阳》。

导引图及复原图

马王堆三号汉墓出土。“导引”是中国古代的一种医疗体育运动。此图原无总名，今根据图像称为“导引图”，是现存最早的健身图谱。

右：张仲景画像

张仲景（约150—219），河南南阳人，汉献帝建安年间，曾任长沙太守。其所著《伤寒杂病论》一书，不仅集前代医学之大成，而且又有许多新发明、新创造，将我国医学提升到一个新水平。

T形帛画

马王堆一号汉墓出土。它是我国目前发现的古代帛画中画面最大、内容最丰富、艺术性最高的汉代绘画作品。

女尸

马王堆一号汉墓出土的轪侯利苍夫人辛追的遗体，是一具不同于木乃伊、尸蜡和泥炭鞣尸等特殊类型的软体尸体，在世界尸体保存记录中十分罕见。它反映了汉初防腐学所达到的高度水平。

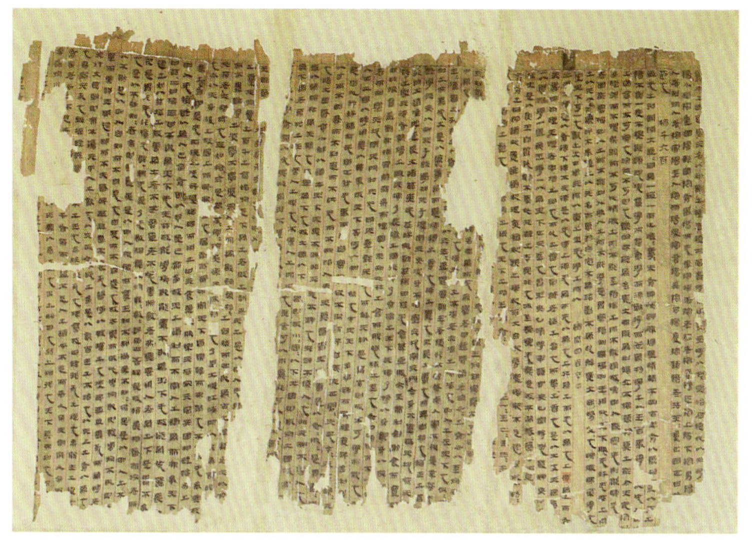

帛书《老子》乙本

马王堆三号汉墓出土。老子是春秋后期我国著名的思想家，道家学派的创始人。汉初统治者为了缓和社会矛盾，实行“清静无为，与民休息”的政策，因而当时黄老之学盛行。

漆奁上的锥画狩猎纹

锥画即用针在将干未干的漆膜上画出比发丝更纤细的图案。此狩猎纹为马王堆三号汉墓出土的漆奁上的局部图案，上面手执长矛追逐奔鹿的猎人及仓皇逃窜的奔鹿，神态生动，呼之欲出。

筑

长沙望城坡长沙王后“渔阳”墓出土。筑为古代的一种击弦乐器。该筑是迄今所见最早的实物。

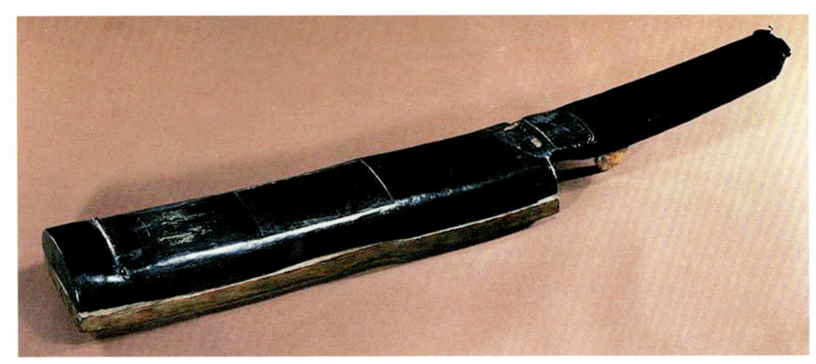

琴

马王堆三号汉墓出土。琴是中国古老的民族乐器中最有代表性的一种乐器。此七弦琴，使我们第一次看到西汉初年甚至更早时琴的实物，在中国音乐史上意义重大。

瑟

马王堆一号汉墓出土。瑟是我国古老的弦乐器。此瑟是目前发现的唯一完整的西汉古瑟。

奏乐俑（一组）

五俑为轪侯家庭乐队成员的替身。二俑做吹竽状，三俑做鼓瑟状。它的出土，为今人考察和研究古瑟的演奏方法提供了证据。

竽及竽律

马王堆一号、三号汉墓出土。竽是我国古代重要的簧管乐器。马王堆三号汉墓所出竽管中发现有簧片，是世界上管乐器中最早用簧片的实物例证。竽律在古代是用来定音的。这套律管是我国迄今所见最早最完整的十二音律管。

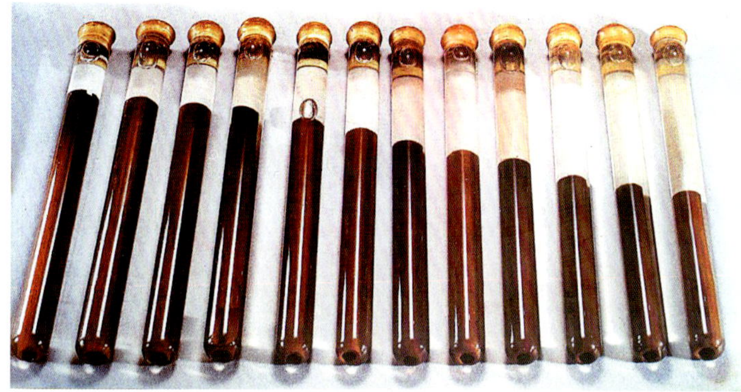

羊角纽铜钟

此钟为西南古代少数民族青铜文化中代表性器物，流行于战国至西汉时期。它在我省的出现，反映了民族文化的交流。

《太一将行图》

马王堆三号汉墓出土。它是古人为避兵、避邪和护身而绘制的画卷，反映了当时的神灵崇拜和巫术习俗。

滑石面具

溆浦县西汉墓出土。鼓眼龇牙，面貌狰狞。它在丧葬文化中类似镇墓神，作为守护死者灵魂的随葬品。

六博

马王堆三号汉墓出土。六博的起源很早，到汉代已成为普遍流行的棋类娱乐活动。这是我国目前发现的唯一完整的六博。

梳妆用具（一组）

马王堆汉墓出土。有龙纹铜镜、梳、篦、镊等，其中宽仅5厘米的木篦有74齿，比现在一般的篦子还要精细。

第二节 魏晋南北朝时期的湖南

魏晋南北朝时期，湖南由于地处江南，相对而言，遭受战乱兵燹较少，社会比较安定，加之当时国家政治、经济、文化重心的南移和北方人口的大量南迁，使湖南经济、文化进一步发展。湖湘人才崭露头角，更多地活跃于历史舞台。湖南境内的少数民族经过长期的发展、分化，已开始形成单一的民族。

一、魏晋南北朝时期湖南的政治

魏晋南北朝时期，湖南一度由蜀、吴分治。公元219年，湖南全境归入孙吴版图，西晋时实现了约50年的统一，其后分别由东晋、宋、齐、梁、陈五王朝依次割据。这段长达近370年的历史，稳定时日短而战乱多，为适应战争需要，历朝均十分重视湖南政区的设置，形成了比较完善的管理系统，并成功地实现了对地方少数民族的治理，提高了湖南在全国的地位。

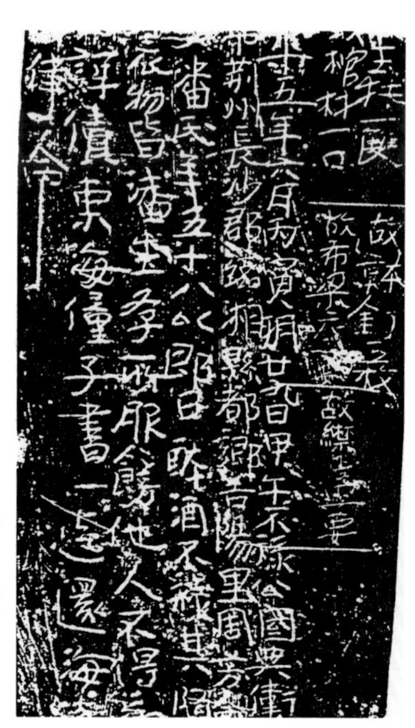

周芳命妻潘氏滑石衣物券

券上有“荆州长沙郡临湘县”名。长沙市桂花园晋墓出土。

“南阳张氏墓”砖铭

益阳桃花嵛晋代砖室墓出土。益阳不属南阳，此砖铭反映了当时居民的迁徙。

魏晋南北朝时期的湖南政区演变一览表

现市区	三国·吴	西晋	东晋	宋	齐	梁	陈
长沙	荆州长沙郡	√	湘州长沙	√	√	√	√
株洲	荆州长沙	分属湘州长沙、衡阳	湘州长沙	√	√	√	√
衡阳	分属荆州衡阳、湘东、零陵	√	分属湘州（郡名袭前）	√	√	√	√
湘潭	分属荆州衡阳、湘东	√	分属湘州（郡名袭前）	√	√	√	√
邵阳	分属荆州衡阳、湘东	√	分属湘州（郡名袭前）	√	√	分属湘州邵陵、郢州南阳	南阳属沅州，余袭前
岳阳	荆州长沙	增设南平、余袭前	分属荆州南平湘州长沙	分属郢州巴陵、湘州长沙、荆州南平	√	增设岳州、罗州	郢州改沅州，余袭前
永州	分属荆州零陵、临贺、桂阳	临贺归广州，错入湖南，余袭前	分属湘州营阳、临贺，江州桂阳、零陵	临贺改临庆国，余袭前	复东晋政区	营阳改永阳，余袭前	√
郴州	分属荆州湘东、桂阳	√	分属湘州湘东、衡阳，江州桂阳、平阳	均属湘州，郡名同前	衡阳郡分走，余同宋	复宋政区	分桂阳增设卢阳，余袭前
娄底	分属荆州衡阳、昭陵	昭陵改邵陵，余袭前	分属湘州（郡名袭前）	√	√	√	√

益阳	分属荆州衡阳、南郡	南郡改南平，余袭前	分属湘州衡阳、荆州南平	√	√	增郢州药山，余袭前	√
怀化	荆州武陵	√	√	郢州武陵	√	分设南阳，余袭前	分属沅州沅陵、南阳
湘西自治州	荆州武陵	√	√	郢州武陵	√	分属郢州武陵、夜郎、卢州、南阳	分属沅州沅陵、夜郎、南阳，荆州北衡州
张家界	荆州天门	√	√	√	√	√	天门改石门
常德	分属荆州武陵、南郡	南郡改南平，增设天门	分属荆州武陵、天门，新设南义阳	增南平，武陵属郢州，余袭前	√	√	天门改石门

说明：（1）现政区为地级市、区名；历史时期州之下为郡。（2）“√”表示沿袭前朝政区。（3）南朝宋用“太守”“内史”代郡名。（4）西晋昭陵改昭为邵，避晋帝讳。（5）本表资料迄于1998年。

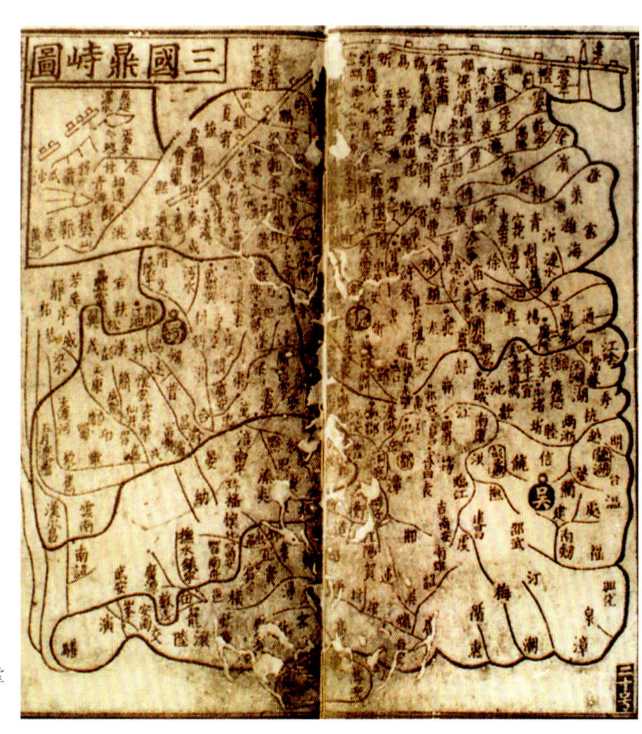

三国鼎峙图

采自《宋本历代地理指掌图》。

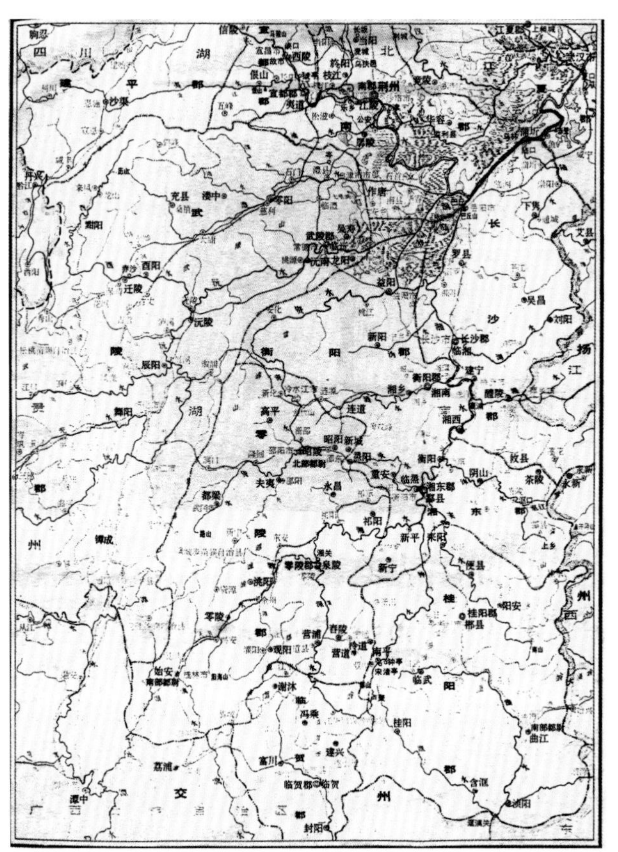

孙吴统治下的湖南州、郡分布图

左：蜀主刘备

（采自《中国历代名人图鉴》）

刘备（161～223），字玄德。

右：吴主孙权

（采自《中国历代名人图鉴》）

孙权（182～252），字仲谋，父孙坚曾任长沙太守。

左：蜀相诸葛亮

诸葛亮（采自《中国历代名人图鉴》）（181～234），字孔明，曾受命南征，取长沙，兵逼衡阳。

右：关羽像

关羽（采自《中国历代名人图鉴》）（160?～220），字云长，蜀将，曾带兵三万进驻岳阳，在资江益阳段与吴将甘宁对垒。蜀、吴分湘后镇守荆州，公元219年被吴将擒杀。

蒋琬像

（采自清代版《三国演义》）

蒋琬与伏虎井

三国时，蜀相诸葛亮曾面奏刘备："蒋琬，社稷之器，非百里之才也。"诸葛亮辞世后蒋继任蜀相。蒋为湘乡人，字公琰。清康熙十二年修《湘乡县志》载："在治北有蒋琬旧宅，有庙祀蒋公琰。"祠外有伏虎井，相传为琬少时开凿，今井犹存。

鲁肃墓及其训练水师的驻地　（采自《洞庭湖志》）

鲁肃（172～217），吴将，长期屯兵巴丘（今岳阳市），训练水师，是联蜀抗魏的关键人物之一。其死后，吴、蜀皆为之举哀。

长沙市走马楼三国官府文书埋藏情况及其发掘

该处吴档案库所藏官方文件时间跨度为嘉禾元年（237）至六年（238），内容有经济券书、司法文书、民籍、账簿等，真实反映了三国时期地方官行使职权方式的一些侧面以及吴对湖南的有效管辖。

三国吴的司法文书

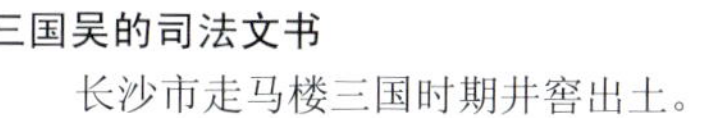

长沙市走马楼三国时期井窖出土。

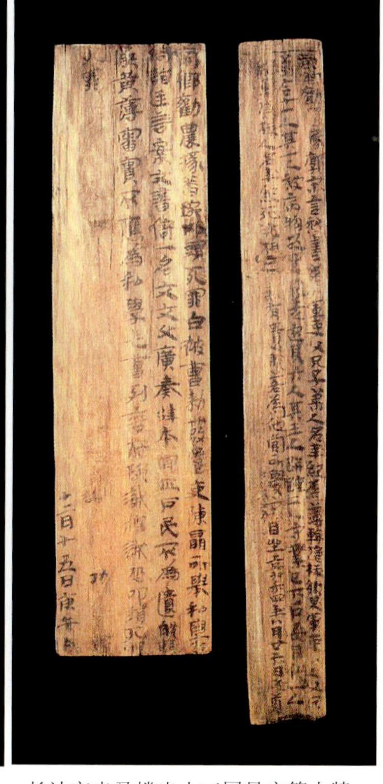

长沙市走马楼出土三国吴户籍木牍

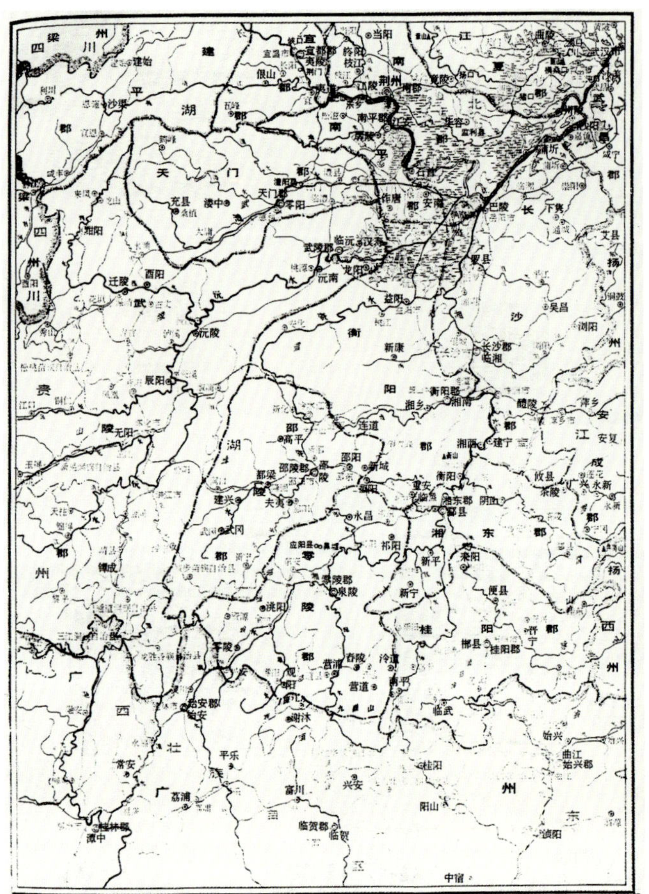

西晋统治下的湖南州、郡分布图

公元280年，吴主孙皓降晋，全国统一，湖南成为西晋统治南方的重要地区。

郴州晋简所记政府机构及交通

“镇南将军章”金印
“宣成公章”金印
“刘和季”玉印
“刘弘”玉印

刘弘，字和季，是西晋控制湖南等地的主要人物。此即刘弘的官爵印信与私印。

左：“虎牙将军章”银印

晋代八品军职印记。桃源县漆家河玉凤坪出土。

右：“关中侯印”金印

“关中侯”系官爵名，是给有军功者的荣誉称号。长沙市陈家大山西晋墓出土。

晋陶侃墓

陶侃（259—334），字士行，江西九江人，西晋永嘉六年（312）任潭州刺史，驻节湘潭。据《晋书》载：“侃在军四十一载，雄毅有权，明悟善决断。自南陵讫于白帝数千里中，路不拾遗。”后人在湘潭余家山设衣冠冢以示纪念。

南朝政权更迭表

名称	开国帝王	经历时间	建都地点	湖南政区
宋	刘裕	420—479年	建康	郡、国十三
齐	萧道成	479—502年	建康	郡十三
梁	萧衍	502—557年	建康	州、郡二十
陈	陈霸先	557—589年	建康	州、郡二十三
后梁	萧察	555—587年	江陵	

公元420～589年的169年间，平均40年经历一次改朝换代，湖南地方政权不可避免地介入宫廷斗争，刘宋时湖南郡国就分成了两派；历朝各派为扩充势力，也往往把湖南作为争夺的重要地区。

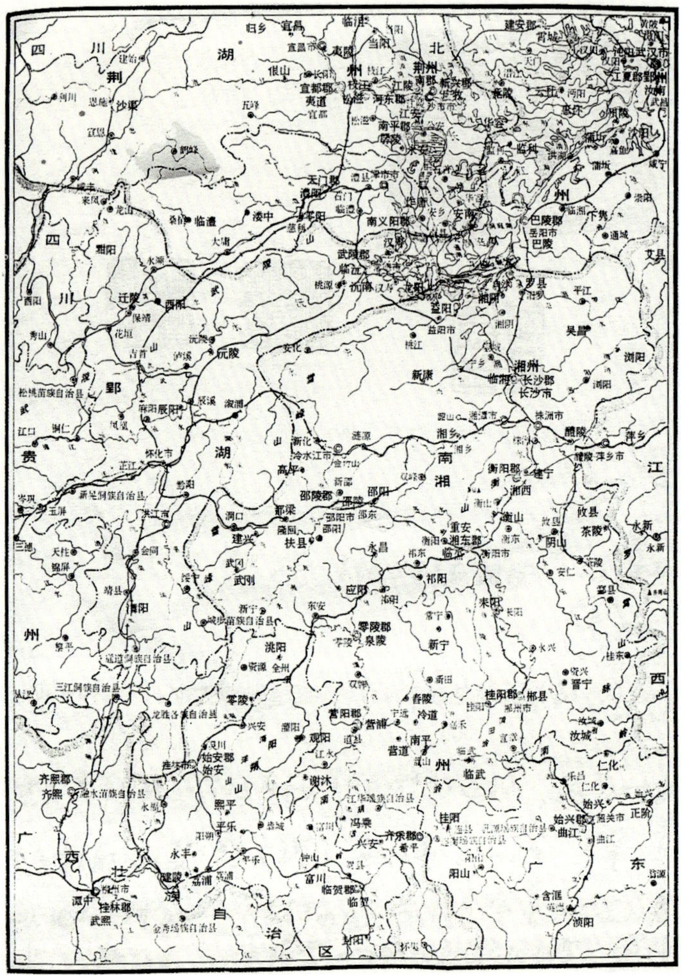

南朝齐统治下的湖南州、郡分布图。

“晋蛮夷率善邑君”银印
“晋蛮夷率善邑长”铜印
“蛮夷侯印”金印

金印是平江县梅仙镇钟家村出土的。

“蛮夷”是中原统治者对南方少数民族的通称。魏晋时期，见于文献的湖南少数民族有蛮、夷、山越、僚、莫徭；如以地域划分，又分别称为：“武陵五溪蛮”、“天门蛮”、“酉溪蛮”、“黔阳蛮”、“零陵蛮”、“衡阳蛮”、“湘州蛮”、“巴陵马营蛮”等。

铜弩机

长沙市黄泥塘三号西晋墓出土。魏晋南北朝时期，不仅各割据王朝之间相互倾轧，各政权内部也暴乱不断，如张昌、杜弢的流民起义，扬州刺史王敦的叛乱，萧绎在湘闹独立以及蛮夷民族的反压迫斗争等，战乱成为当时国家政治的主旋律。

之可觀寧畏塗其易克聘高衢而願騁憂取累於長纓
閭困石之非據承炯戒乎明則愧壽陵之餘子學邯鄲
而匍匐也纘至州停遣十郡慰勞解放老疾吏役及關
市戍邏先所防人一皆省併州界零陵衡陽等郡有莫
徭蠻者依山險爲居歷政不賓服因此向化益陽縣人
作田二頃皆異畝同穎纘在政四年流人自歸戶口增
益十餘萬州境大安太清二年徵爲領軍俄改授使持
節都督雍梁北秦東益郢州之竟陵司州之隨郡諸軍
事平北將軍寧蠻校尉纘初聞邵陵王綸當代已爲湘

《梁书·张缅传》中衡阳、零陵等地莫徭蛮，是瑶族名称的最早记载。

骑马俑
长沙金盆岭晋墓出土。

二、魏晋南北朝时期湖南的经济

魏晋南北朝时期，北方人口大量移居湖南，屯田广泛推行，洞庭湖的土地开始有计划地开垦，封建庄园经济也颇具规模，湖南的农业生产空前发展，成为统治者所仰仗的粮食供给区之一，荆扬之富超过北方，已成为不争的事实。另外，金矿的开采、瓷器的制作等在全国也占有一席之地。

西晋武帝太康元年湖南户口

合计	148000户	约972360人
南平郡	7000户	
武陵郡	14000户	
天门郡	3100户	
长沙郡	33000户	
衡阳郡	23000户	
湘东郡	19000户	
零陵郡	25100户	
邵陵郡	12000户	
桂阳郡	11300户	
临贺郡	——	

注：1、晋所置南平、零陵二郡有部分地区属今邻省，而临贺郡有二县错入今湖南地区，户口不详。

2、原记载缺人数，现合计人数是按当时全国人口平均每户6.57人推算所得。

《晋书•地理志》所载西晋武帝太康元年（280）湖南户口。西晋时期，北方人有的举乡、举族南迁，今湖南安乡、澧县、益阳、湘阴、湘西等地均安置了北方流民。东晋在安乡县境内设侨郡“南义阳郡”，下设厥西、平氏二侨县，后来注籍土居化，加快了当时人口的增长。

南朝宋湖南人口统计表

郡名	户数	人数
南平郡	12392	45049
天门郡	3195	——
武陵郡	5090	37555
巴陵郡	5187	25316
长沙郡	5684	46213
衡阳郡	5746	38991
桂阳郡	2219	22192
零陵郡	3828	64824
营阳郡	1608	20927
湘东郡	1396	17450
邵阳郡	1916	25565
临庆国	——	——
合计	48261	344086

注：南朝宋所置南平、巴陵、零陵三郡有部分地区属今邻省，而临庆、国有二县错入今湖南地区，户口不详。

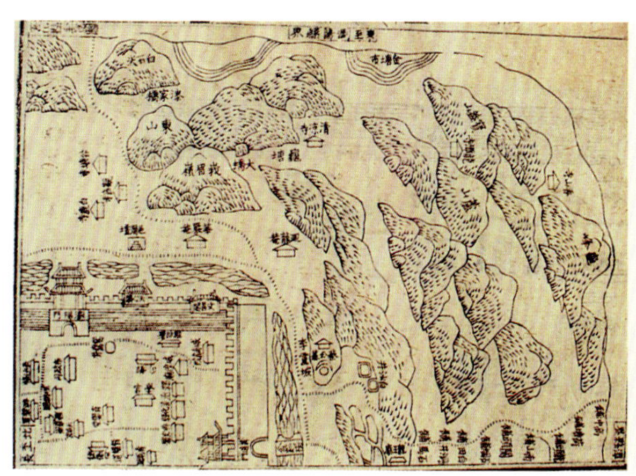

晋代修建的灌溉工程“龟塘”故地

（采自清乾隆《长沙府志》）

三国时，“长沙好米”享誉南北，西晋初，镇南将军刘弘一次就运输三万斛“零陵米”到四川。农业生产的发展提高了对水利灌溉的要求，因而出现了能溉万顷的龟塘以及“遏涔水”等著名水利工程。

陶潜像

（采自《中国历代名人图鉴》）

陶潜（365～427），字渊明，一说字元亮，东晋文学家，所作《桃花源记》以浪漫笔调反映了晋代北方人口南移及湖南稻作农业的发展。

明·周臣《桃花源画轴》。

清·吴伟业《桃花图卷》。

“部曲督印”铜印（左）
“骑部曲督”铜印（右）

湖南征集，是当时私人武装部队首领的印信。

三国两晋南北朝时，地方豪强或将领的私人部队称“部曲”，耕战结合，战时打仗，平时在庄园从事耕作，兼及护卫封建庄园。武陵的潘浩父子、耒阳谷氏家族、长沙虞氏兄弟及欧阳氏家族等就是先后在湘境崛起的地方豪强。

播种俑

长沙市金盆岭西晋墓出土。

持刀操盾俑

墓主人的部曲，长沙市金盆岭西晋墓出土。

长沙市金盆岭九号西晋墓出土了大量陶瓷器，涉及庄园经济的各个方面，反映了墓主人生前佃客、部曲、奴仆成群的世俗生活。

骑马俑

长沙市金盆岭西晋墓出土。

陶仓

长沙市金盆岭西晋墓出土。

羊圈

长沙市金盆岭西晋墓出土。

孙吴官府文书中的佃田租税简

长沙市走马楼三国时期井窖出土。简中记述当时佃农负担相对较轻。东晋推行“土断”，收取客籍民户赋税，负担有所加重。

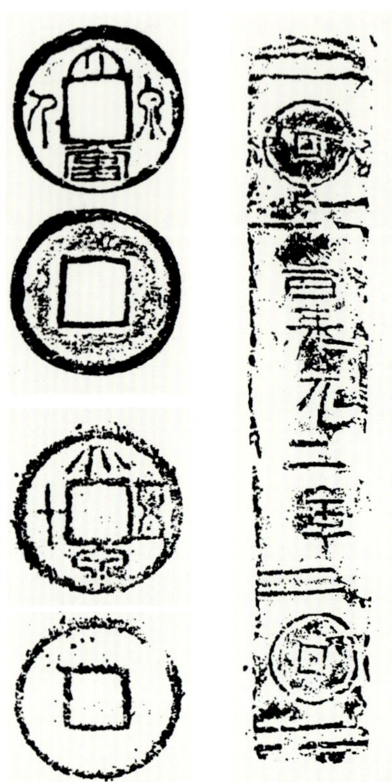

“大泉当千”铜钱，长沙南朝宋文帝元嘉七年（430）墓出土；“大泉五十”铜钱，资兴晋墓出土；“晋太元二年”墓砖文，上有铜钱纹，益阳桃花崙晋墓出土。

钱币是湖南魏晋南朝墓中常见的随葬品，由于政权更替过频，钱币的使用混乱，南朝墓中出土有“半两”、“货泉”、“大泉五十”、“大泉当千”等汉至三国时期的货币。

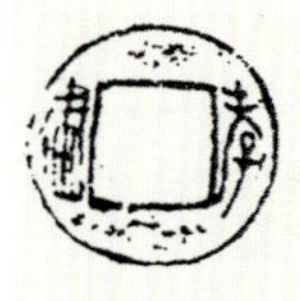
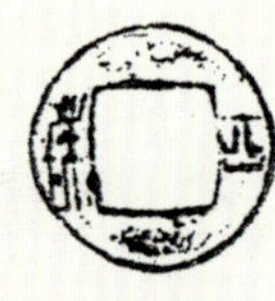
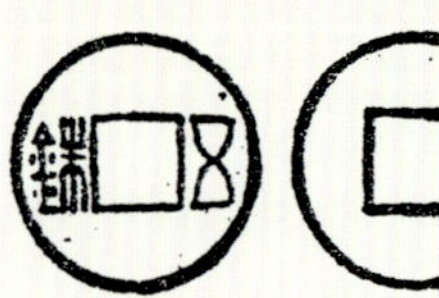
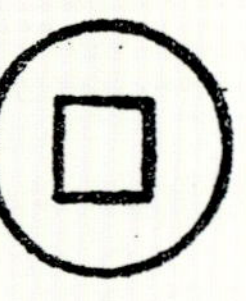
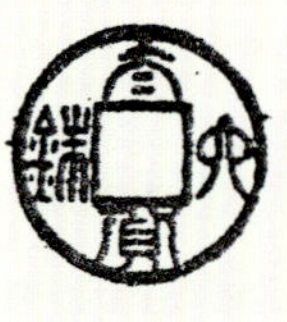

宋孝武帝孝建元年（454）始铸“孝建五铢”铜钱；陈文帝天嘉元年（560）始铸“五铢”铜钱；陈宣帝太建十一年（579）始铸“大货六铢”铜钱。

车模型

长沙市金盆岭西晋墓出土。当时贵族以车代步，商人以车运输货物，长途运输则多用船。

嵌绿松石龙纹金带扣

安乡县西晋刘弘墓出土。据《水经注•资水》、《荆州记》等文献记载：魏晋南北朝时，资水中下游金矿的开采已有相当规模，刘弘作为当时镇守湖南最有实权的人物，死后随葬的金器多而精美，是当时金矿得到开采的实物见证。

湘阴南朝窑址和出土“大官”二字的南朝青瓷残器

湘阴官用瓷窑始建于两晋时期，1959年在窑址发现了印“大官”款的青瓷残器及一段南朝龙窑的窑头。

郴州出土晋简中所记采矿与铸银。

三、魏晋南北朝时期湖南的文化

魏晋南北朝时期，湖南文化出现不少新气象。本地才俊开始走向全国，涌现出一些具全国影响的文学家、史学家、哲学家；佛道的影响渗透到了社会各阶层，不仅寺庙道观纷纷设立，民间敬佛礼仙之风也相当浓厚；尤其值得一提的是，湖南境内少数民族文化也有比较大的进步，他们已比较熟练地掌握了金属冶炼技术，能铸造大型的青铜乐器。可以说，魏晋南北朝时期是湖湘文化发展最活跃的时期之一。

魏晋南北朝时期湖南才俊名录

姓名	时代与籍贯	成就
刘先（字始宗）	三国·泉陵（今永州）人	好黄老之术，入魏官至尚书令
刘巴（字子初）	三国·烝阳（今衡阳）人	文学家，入蜀拜尚书令
蒋琬（字公琰）	三国·湘乡人	入蜀拜尚书令，迁大将军，录尚书事
桓阶（字伯绪）	三国·临湘（今长沙）人	仕魏，累官尚书令，封高乡亭侯（安乐乡侯）
邓粲	东晋·长沙人	崇尚老庄，史学造诣高
罗含（字君章）	东晋·耒阳人	古代湖南第一位哲学家，有《更生论》传世
车胤（字武子）	东晋·南平（今澧县）人	幼年借光苦读，以博学著称于世
阴铿（字子坚）	南朝·澧州作塘（今安乡）人	文学家

铜水滴

长沙东乡出土。文房用具，为砚加水之器。

青瓷奏乐俑

长沙市金盆岭西晋墓出土。

青瓷对书俑

长沙市金盆岭西晋墓出土。魏晋南北朝时期，湖南地方士绅不仅尚武，而且崇文，大型晋墓之中往往出土习文奏乐之类陶俑，是重文风尚的具体体现。

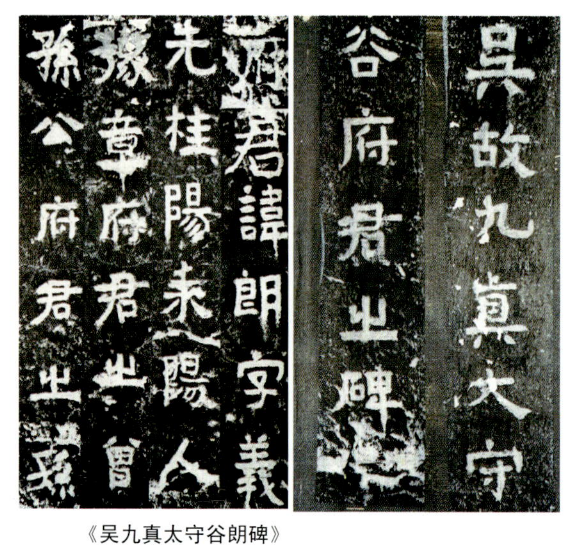

《吴九真太守谷朗碑》

谷朗（218～272），字义先，耒阳人。此碑是中国书法史上隶书转变为楷书的代表作品。

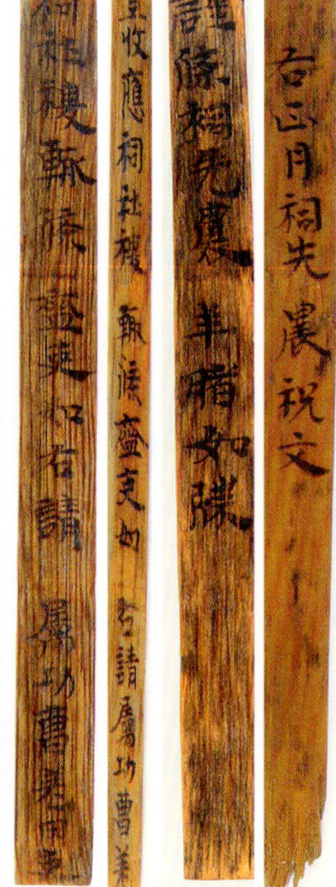

左：青秀山

位于益阳市城南20公里处。东晋高僧慧远修行于此。魏晋南北朝时期，佛、道在湘境空前发展，岳麓山的麓山寺，南岳的南台寺、福严寺，长沙县陶公庙，攸县阳升观等佛道寺观均肇始于这个时期。

右：郴州出土晋简中所记祀社稷与先农。

神人神兽纹铜镜

六朝，湖南征集。由座盘式神像和瑞兽构成的铜镜，是魏晋南北朝最多见的铜镜。这种与宗教有密切关系的纹饰出现在日常生活用具上，说明当时宗教与普通民众生活的关系相当密切。

神人神兽纹铜镜

六朝，湖南征集。

铜鼓

南方少数民族的青铜重器，湘西、湘南等地少数民族使用。

第四章 隋唐至元时期的湖南
（公元581年至1368年）

隋唐至元是湖南历史发展的重要时期。由于政治经济形势的变化，湖南行政区域开始凸现。安史之乱后，在各地设立节度使、观察使，代宗广德二年（764），置湖南都团练守捉观察处置使，简称湖南观察使，“湖南”之名自此始。五代时马殷建楚，进一步促进了湖南行政区域的形成。湖南行政区域的凸现，为清代湖南正式建省奠定了基础。

这一时期湖南得到了较快的发展，逐渐形成一个整体的经济区域，中原人口大量南迁，提供了充足的劳动力和技术力量，使湖南由原来较落后的偏远地区发展为全国的产粮区。晚唐时理财家刘晏致书宰相元载称：“潭、衡、桂阳，必多积谷。关辅汲汲，只缘兵粮。漕引潇湘、洞庭，万里几日，沧波挂席，西指长安。三秦之人，待此而饱；六军之众，待此而强。”（《旧唐书•刘晏传》）可见当时湖南生产的粮食已能供应中原地区。唐代湖南手工业也有很大发展，特别是制瓷业，位于湘阴县的岳州窑，唐朝时已成为全国六大名窑之一。中唐以后兴起的长沙窑，以其釉下彩绘为特色，产品行销海内外，被称为第一个外销型瓷窑。处于内陆中部的长沙地区能兴起外销型瓷窑，说明唐时湖南手工业有很大发展，并具有相当的外向性。五代马殷治湘时采取保境息民的政策，居民稍安，他听取谋士高郁的建议，实施一系列发展经济的措施，湖南的种茶业、纺织业都有较大的发展。湖南出产的“衡山”、岳州“灉湖之含膏”成为驰名全国的名茶，种茶业当时已成为湖南的经济支柱。同时马殷命百姓纳税时以布帛代钱，促进了湖南纺织业的发展，“未几，民间机杼大盛”。宋时湖南经济持续发展，由于人口大量增长，在湖区兴起了围湖造田，山区则出现梯田，湖南成为全国有名的鱼米仓；粮食大量外运，成为宋金对峙的重要供应基地。手工业中以衡山窑为代表的制陶业继续发展，并兴起了潭州、岳州、衡州、鼎州、永州等商业都市。随着经济的较快发展，统治阶级也加重了对农民的掠夺，从而激起了人民的激烈反抗，钟相、杨么起义成为宋代规模最大的一次农民起义。元代湖南经济在宋代的基础上得到了进一步的发展。

文化上，宋代理学首先在湖南兴起，并借发达的书院教育作为理学传播和发展的温床。宋代全国四大书院中，湖南有岳麓书院、石鼓书院，占据二席，培养了大批学子，逐渐形成代表湖南学风体系的湖湘学派。湖湘学派主张知行合一、经世致用，在抗击蒙古入侵中起到中坚作用。湖湘学派的形成，对湖湘文化的发展，乃至中国近现代历史的发展进程都产生了深远的影响。因南岳衡山先后有一批唐代著名高僧道一、石头、怀让等在此传法修行，湖南又是佛教禅宗南派的滥觞之地，日本佛教界曹洞宗至今仍奉南岳南台寺为祖庭。宋元之际湖南的一些名寺是佛教在南方传播的重要地点。

第一节 隋唐五代时期的湖南

隋唐至五代时期，国家由统一再次陷入分裂，农民大起义和王朝的更替使全国的变动很大，但湖南地区所受战乱的直接影响相对中原地区较小，而大批北方人口南迁，使土地开拓加快，农业、手工业生产技术不断提高，商业、交通得到发展。虽然湖南地区仍被看做荒蛮瘴疠之地，是朝廷“罪臣”贬谪之地，但这也促进了湖南在文化上与中原地区的交流和发展。

一、隋唐五代时期湖南的政治军事

隋唐五代时期，湖南地方行政设置是：隋朝设8郡34县；唐朝设14州郡、1个羁縻州和56县，分属江南西道和黔中道，并在湖南设都督府，实行府兵制，派驻观察使和节度使，实行军政合一体制；五代马楚在湖南设13州、1监和46县。

湖南与全国其他地区一样历经农民起义和王朝更替。隋统一中国后，湖南政局稍得安定；隋炀帝实行暴戾政治而起纷争割据时，萧铣在湖南建立起梁政权，却昙花一现。唐前期统治者实行开明政治，地方官吏亦勤政

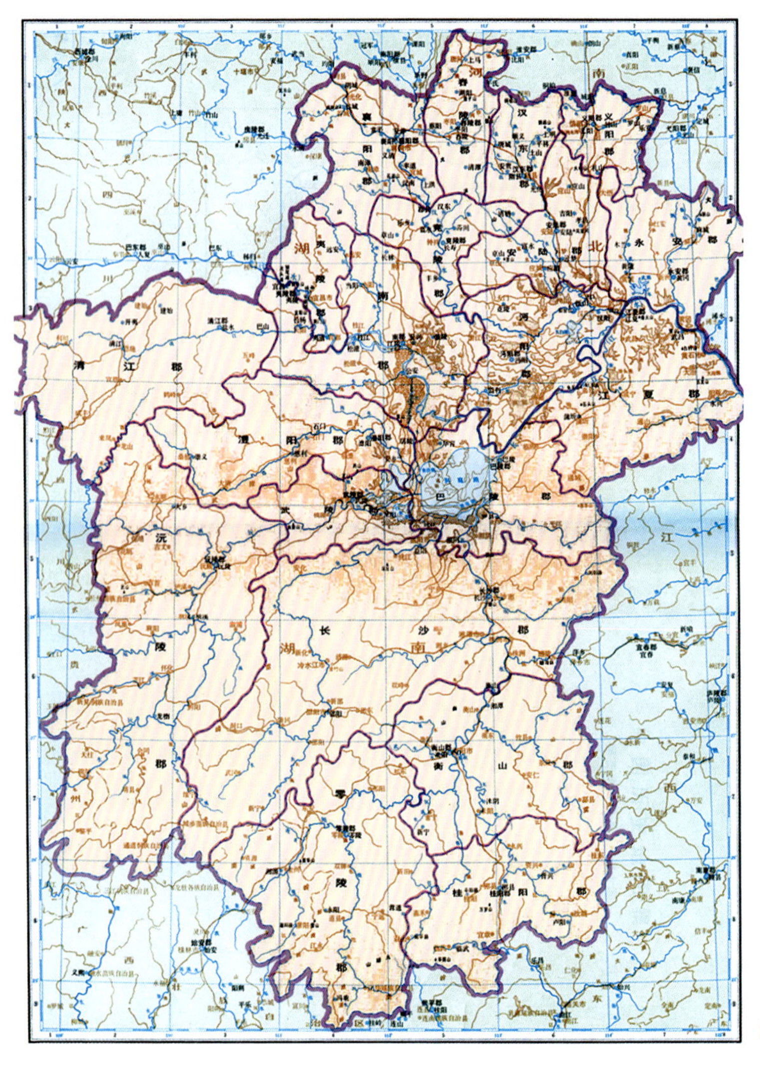

隋代的湖南

而治，湖南政局稳定，百姓安居乐业；唐朝中后期“安史之乱”后，湖南境内亦群雄混战，农民起义此起彼伏。马殷趁机控制了湖南，建立楚国，都潭州（今长沙），是历史上唯一以湖南为中心建立的国家政权。政治上采取保境安民策略，社会相对安定；但后期内部争斗不休，祸及百姓，溪州刺史彭士愁领导五溪蛮族掀起了反抗斗争；马楚灭亡后，由知潭州府事周行逢主政湖南。

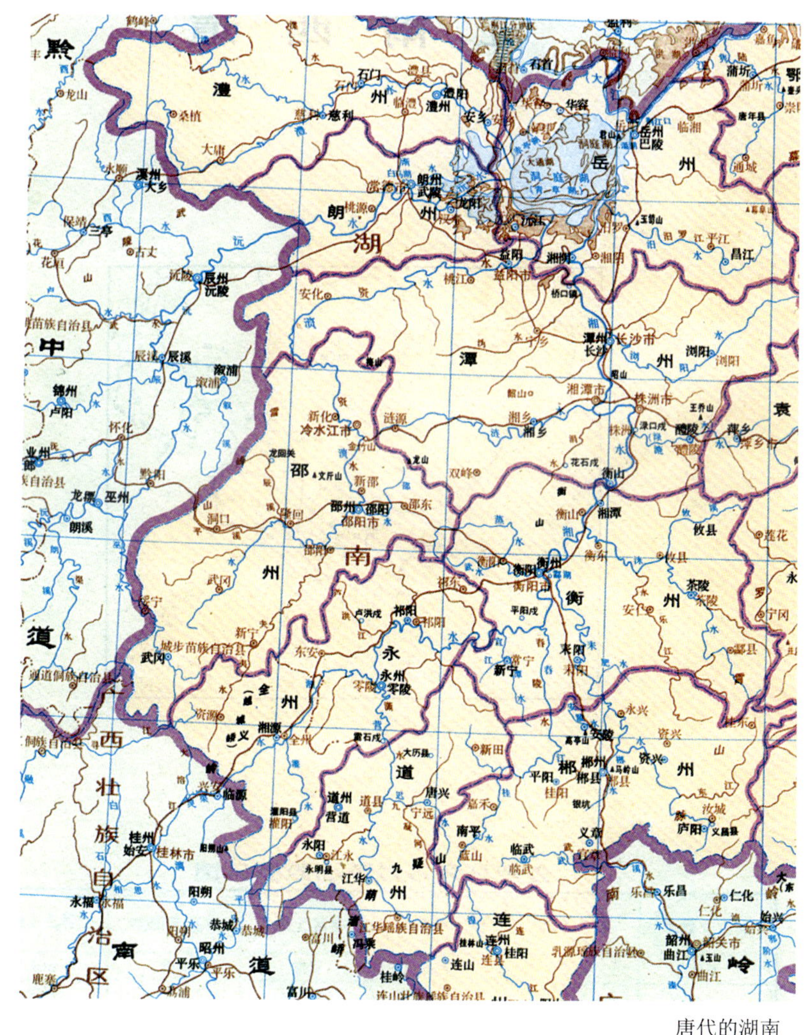

唐代的湖南

胜州
云州
南京
(燕京)
天津
苏州
定州
恒州
沧州
太原
石家庄
党
银川
灵州
夏州
定
难
项
太原府
北京
齐州
青州
邢州
广晋府
济南
延州
晋州
潞州
邺都
兖州
兰州
鄜州
晋
相州
泾州
邠州
同州
河中府
西京
郑州
东京
开封府
秦州
凤翔府
西安
华州
陕州
河南府
郑州
开封
宋州
徐州
京兆府
许州
寿州
江都府
东都
邓州
兴元府
金州
庐州
南京
西都
江宁府
苏州
利州
合肥
南
宣州
西府
上海
阆州
夔州
南
武汉
杭州
东府
梓州
成都府
成都
后
蜀
江陵府
平
鄂州
池州
越州
遂州
江州
彭蠡湖
吴
越
婺州
黔州
朗州
洪州
鄱阳湖
洞庭湖
长沙府
南昌
温州
长沙
抚州
建州
大播州
殷
唐
长乐府
昆
明
贵阳
福州
牂
楚
虔州
闽
石城郡
牁
桂州
齐昌府
兴王府
广州
汉
南
南宁
邕州
东沙群岛
越
螺城
河内
吴
北部湾
崖州
南海
黄海
东海

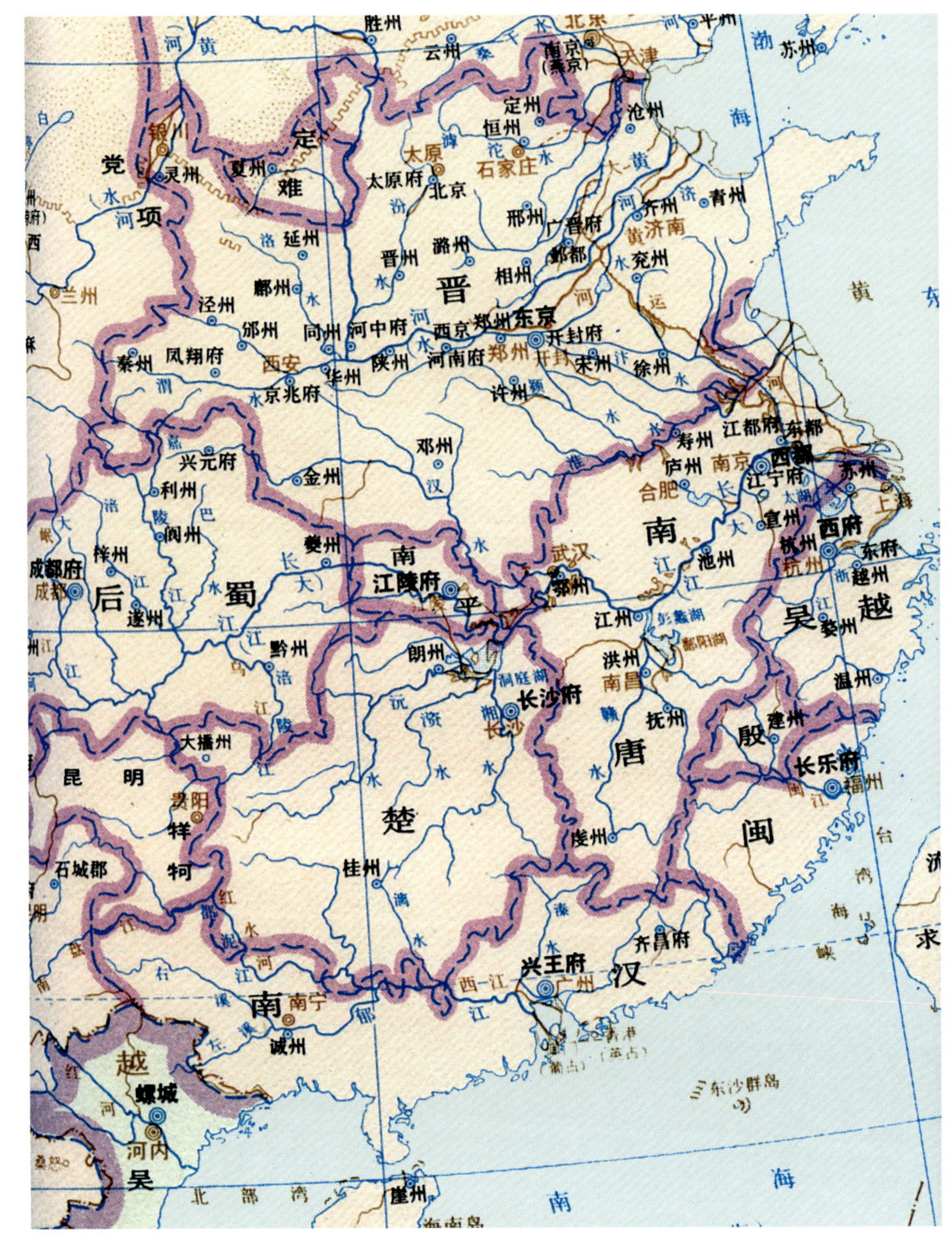

五代十国时的湖南

隋唐五代时期湖南行政建置

<table>
<tr><th>朝代</th><th colspan="3">行政建置</th></tr>
<tr><td rowspan="2">隋</td><td>8郡</td><td colspan="2">长沙、衡山、桂阳、巴陵、零陵、武陵、澧阳、沅陵</td></tr>
<tr><td>34县</td><td colspan="2">洡阴、新宁、卢阳、晋兴、巴陵、华容、沅江、冯乘、石门、孱陵、沅陵、龙标、盐泉、辰溪、慈利、长沙、衡山、益阳、邵阳、衡阳、郴、临武、湘阴、湘潭、罗、零陵、永阳、营道、武陵、龙阳、澧县、安乡、崇义、大乡</td></tr>
<tr><td rowspan="3">唐</td><td rowspan="2">14州郡</td><td>江南西道9州郡</td><td>潭州长沙、衡山衡阳、岳州巴陵、澧州澧阳、朗州武陵、郴州桂阳、永州零陵、邵州邵阳、道县江华</td></tr>
<tr><td>黔中道辖5州郡、1个羁縻州</td><td>辰州卢溪、锦州卢阳、叙州潭阳、奖州龙溪、溪州灵溪、晃州羁縻州</td></tr>
<tr><td>56县</td><td colspan="2">长沙、湘潭、益阳、衡阳、常宁、耒阳、巴陵、华容、桥江、湘阴、澧阳、安乡、石门、慈利、武陵、龙阳、郴、义昌、临武、资兴、邵阳、宏道、延唐、零陵、沅陵、龙标、大乡(隋故县)、湘乡、醴陵、浏阳、衡山、攸、茶陵、昌江、义章、平阳、高亭、蓝山、武冈、延喜、江华、大历、祁阳、永明、卢溪、溆浦、麻阳、卢阳、洛浦、渭阳、招谕、朗溪、潭阳、峨山、渭溪、三亭(新增或复置)</td></tr>
<tr><td rowspan="2">五代十国</td><td>13州1监</td><td colspan="2">潭州、衡州、澧州、朗州、岳州、永州、郴州、道州、邵州、辰州、锦州、溪州、叙州、桂阳监</td></tr>
<tr><td>46县</td><td colspan="2">长沙、湘潭、益阳、衡阳、常宁、耒阳、巴陵、华容、桥江、湘阴、澧阳、安乡、石门、慈利、武陵、龙阳、郴、郴义、邵阳、宏道、零陵、沅陵、湘乡、醴陵、浏阳、衡山、攸、茶陵、平江、义章、高亭、蓝山、武冈、延喜、江华、大历、祁阳、永明、卢溪、溆浦、麻阳、诚州、洽州、龙喜、武阳</td></tr>
</table>

唐代湖南军事设置

<table>
<tr><th colspan="2">都督府</th><th>府兵制</th><th>军事道</th><th>观察使</th><th>节度使</th></tr>
<tr><td>潭州中都督府</td><td>潭州、郴州、衡州、永州、邵州、道州</td><td>潭州折冲府(称长沙府)</td><td>福州经略军</td><td>湖南观察使</td><td>武安军节度使</td></tr>
<tr><td>荆州大都督府</td><td>澧州、朗州、岳州</td><td></td><td></td><td>澧、朗、溆都团练使</td><td>武贞军节度使</td></tr>
<tr><td>黔州下都督府</td><td>巫州</td><td></td><td></td><td>黔州观察使</td><td>武泰军节度使</td></tr>
</table>

裴休墓

位于沩山密印寺对面端山之阳。裴休为唐代名臣，官至宰相，曾改革漕运积弊，制止方镇横赋，因直言被贬为节度使和湖南观察使，后复为吏部尚书。致仕后居宁乡沩山。

裴公庵

裴公庵位于益阳市西南白鹿山上。传唐代裴休曾任荆南节度使，在此讲经，有白鹿衔花而至，停立听经，故山名白鹿，后人建亭纪念（今已重建）。

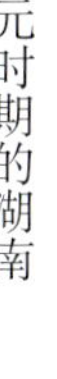

褚遂良画像

（采自《中国历代名人图鉴》）

褚遂良（596—658），唐代大臣，书法家。曾任潭州都督，巡视潭州各县，考察民情。

湘乡褚公祠

位于湘乡市城东隅夏梓桥街后。为纪念唐代耿直忠臣、大书法家褚遂良而修建。褚遂良任潭州都督时，曾到湘乡停驻。

柳宗元画像

（采自《中国历代名人图鉴》）

柳宗元（773—819），唐代思想家、政治家。因参与“永贞革新”被贬为永州司马，谪居永州九年，写了很多揭露时弊、反映人民生活苦难的诗文，如《捕蛇者说》等。

柳子庙

位于永州市河西柳子街愚溪之滨，为纪念柳宗元而建。现存庙宇为清光绪三年（1877）重修，内有怀素、严嵩等名家真迹。

刘禹锡画像

（采自《中国历代名人图鉴》）

刘禹锡(772—842)，唐代著名哲学家、文学家，因与柳宗元等参与“永贞革新”，被贬为朗州司马，谪居朗州十几年，潜心创作诗篇，表达自强不息的进取精神，并以武陵山歌、民歌丰富自己的诗作。

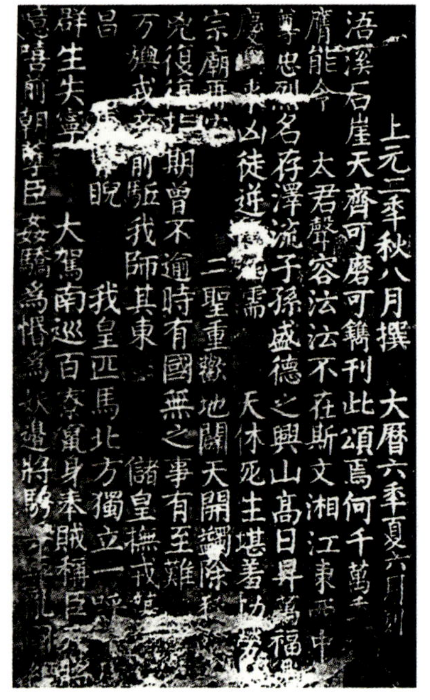

《大唐中兴颂》石刻

位于祁阳县浯溪镇。唐代文学家元结出任道州刺史时撰文，书法家颜真卿书丹，刻于临江岩壁上。此石刻高达7米，全文共263字，每字直径约13厘米，内容为颂扬平定“安史之乱”的业绩和社会繁荣。因文奇、字奇、岩奇，史称“摩崖三绝”。

浯溪摩崖石刻

位于湖南祁阳湘江西岸与浯溪交汇处。在江边崖岸上刻有唐以来三百多位名人的书画诗文词题等486处，为我国史学、文学、文字、书法的研究和鉴赏保存了非常珍贵的资料。

朝阳岩石刻

位于今永州零陵区朝阳岩。朝阳岩为天然岩洞，唐代著名文学家元结游此命名“朝阳岩”。清代书法家邓石如之子邓守元用篆体书写，并建亭于旁，故名“篆石亭”。众多的石刻，具有重要的历史及书法艺术价值。

李泌画像

（采自《中国历代名人图鉴》）

李泌(722—789)，唐朝宰相，封邺侯，封邺侯。为避权臣陷害，曾两度隐居衡山十年，隐居之时虽苦心读书，不问世事，却心系朝政。复出后官拜宰相，为挽救唐朝危局起了重要作用。

邺侯书院

位于衡山烟霞峰下，原名端居室，是唐朝宰相李泌因中书令崔圆、宦官李辅国专权而隐居避祸的地方。李泌子李繁在南岳的左侧修建“南岳书院”纪念其父。清乾隆年间，衡山知县在李泌故居处重建邺侯书院。

阳华岩石刻

位于江华瑶族自治县沱江镇竹元寨村。唐永泰二年(766)，道州刺史元结巡视江华时，题有《阳华岩铭有序》，县大夫瞿令问命人以隶、篆、籀三种书体刻于崖壁之上。为湘南重要摩崖石刻之一。

老司城古城墙

位于湖南省永顺县城东的灵溪河畔。唐天授二年(691)置溪州，南宋绍兴五年(1135)，永顺第十世土司彭福石建城。为中国西南少数民族地区最具典型性的土家族古文化遗存。

溪州铜柱

位于永顺县王村镇。铜柱建于后晋天福五年(940)，柱高4米，重约2.5吨，铭铸《复溪州铜柱记》2000余字，内容为五代楚王马希范与溪州刺史彭士愁罢兵的盟约，自此奠定了湘西最大土司的世业。

黄丝桥古城

位于凤凰县阿拉镇黄丝桥村。始建于唐垂拱三年（687），原为唐渭阳县治所在地，后为清代在苗疆边墙线上大型屯兵城堡之一，对于研究古代湘西少数民族历史和建筑工艺具有重要的参考价值。

“马希范”铜镜

铜镜有铭文“武安武平等军节度使兼中书令马希范舍”。马希范为楚王马殷之子，曾为楚王治湘15年，与溪州刺史彭士愁立铜柱，订盟约，平定了溪州一带少数民族反抗，并开天策府，招幕僚为学士，对湖湘文化的发展起了一定的作用。

“楚王尚父”铜钱

铜钱比“乾封泉宝”大，两面铸铭，一面有“楚王尚父”，另一面有“天策都师”，是楚王马殷之子马希范自请为天策上将军、敕封尚父时铸以记功的铜钱。

二、 隋唐五代时期湖南的社会经济

隋唐的统一，有利于社会经济的发展。唐初统治者采取与民休息的政策，推行均田制和租庸调制，励精图治，使湖南地区获得了较快的发展。五代马楚政权前期实行保境安民、发展生产的措施，湖南社会经济也有所发展。

这一时期，湖南的农业生产获得了较快的发展。牛耕技术进一步推广，兴修与扩建了许多水利和灌溉工程，粮食产量增加，棉花、茶叶等经济作物的种植日渐普及。手工业发展最突出的是陶瓷业，长沙窑及其釉下彩瓷代表了湖南瓷器生产发展的最高水平。其他如纺织业，特别是丝织业以及造船业等也有很大的发展。唐代的长沙窑瓷器和五代马楚的茶叶等促进了商业贸易的繁荣。

隋唐五代朗州修建水利工程

时间	主修官吏	水利工程
隋开皇中	朗州刺史乔南陀	开纯纪陂(又名白马渠)
武则天光宅年间	朗州刺史胡处立	开永泰渠
圣历元年(698)	武陵令崔嗣业	修治津陂、崔陂、槎陂
开元二十七年(739)	朗州刺史李琎	开北塔堰、润禾堰
长庆元年(821)	朗州刺史李翱	开新樊陂
长庆二年(822)	朗州刺史温造	开后乡渠

隋唐时期湖南户口统计表

隋		唐				
大业五年(609)		天宝元年(742)			开元	元和
郡	户	州	户	州	户	户
沅陵	4140	岳州	11740	岳州	9615	1535
武陵	3416	潭州	32272	潭州	21800	15444
长沙	14275	衡州	33688	衡州	13513	10847
零陵	6845	澧州	19620	叙州	4940	1657
熙平	10265	朗州	9306	溪州	477	889
澧阳	8960	永州	27494	永州	27590	894
巴陵	6934	道州	22551	道州	27440	18338
衡山	5680	郴州	31303	郴州	32176	16437
桂阳	4666	邵州	17073	邵州	12320	10800
合计	54687	辰州	4241	辰州	5320	1229
		锦州	2872	锦州	3103	缺
		巫州	5368	奖州	1740	349
		业州	1672	合计	159841	85619
		溪州	2184			
		合计	178374			

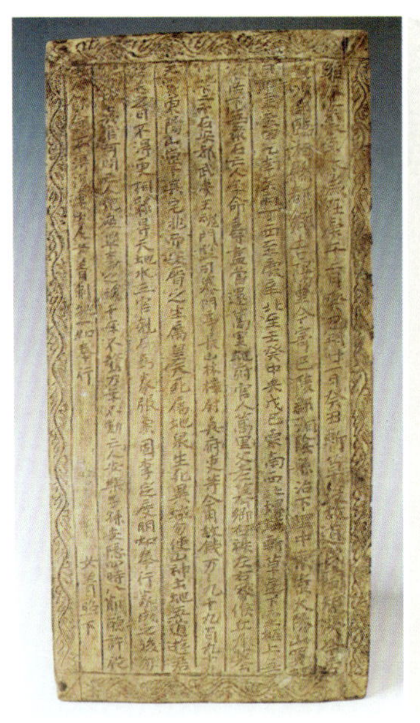

田家三首　柳宗元

蓐食徇所務驅牛向東阡雞鳴村巷白夜色歸暮田
札札耒耜聲飛飛來烏鳶竭茲筋力事特用窮歲年
盡輸助傜役聊就空自眠子孫日以長世世還復然

古道饒蒺藜縈迴古城曲蓼花被堤岸陂水寒更綠
是時收穫竟落日多樵牧風高榆柳疏霜重梨棗熟
行人迷去住野鳥競棲宿田翁笑相念昏黑慎原陸
今年幸少豐無厭饘與粥

籬落隔煙火農談四鄰夕庭際秋蟲鳴疏麻方寂歷
蠶絲盡輸稅機杼空倚壁里胥夜經過雞黍事筵席
各言官長峻文字多督責東鄉後租期車轂陷泥澤
公門少推恕鞭朴恣狠籍努力慎經營肌膚真可惜
迎新在此歲唯恐踵前跡

买地券

湘阴县城关镇隋墓出土。陶质买地券刻文记载了墓主人死于隋炀帝大业六年(610)及其买地情况，是研究湖南隋代历史的重要资料。

柳宗元《田家三首》

隋唐五代时期，牛耕技术在湖南得到进一步推广。唐元和年间（806—820），被贬永州的柳宗元作《田家》和《牛赋》，都写到了牛耕。

上石柜

位于常德武陵区城西西门码头。建于后唐同光元年(923)。石柜呈三角形，石块砌筑，为减缓洪水对城堤冲击的水利设施。

釉下褐彩“岳麓寺茶碗”

唐代长沙窑产品。中国饮茶之风自唐代开始兴盛。湖南气候温暖，雨水充沛，适宜种茶，唐朝时产茶量迅速增长，至五代时茶叶成为马楚统治的一项重要经济支柱。

青瓷褐釉印花盒

隋湘阴窑产品。

“茶垸”瓷碗、茶盏

唐代长沙窑产品。碗心书“茶垸”(茶即茶)。瓷碗容量为半升有余(每升合今594.4毫升)。盏心书“茶盏子”。

唐海兽葡萄纹铜镜

唐代湖南矿冶业的发展，刺激了铜、铁等金属制造工艺的提高，铜镜铸造精良。

五代“匠人谢昭”铜镜

镜铭文有“都省铜坊”、“官”、“匠人谢昭”，是工匠谢昭在官办“都省铜坊”所制之镜，反映了五代时湖南金属制造业的发展水平。

岳州窑窑址

主要分布在湘阴县境内，是晋唐时期民间瓷窑，后来又兼烧宫廷御器，属青瓷系列，以印花影青为主要特点，大量使用匣钵烧制，是制陶工艺中的一大革新。因唐时湘阴窑地属岳州，故称岳州窑，是唐代陆羽笔下的名窑。

长沙铜官窑遗址

位于望城县铜官镇附近。该窑用龙窑和匣钵装烧，首创釉下多彩工艺，产品远销海内外。唐代湖南制瓷业已十分发达。铜官窑釉下彩的发明，是瓷器制釉技术发展进步的结果。

鹿角窑址

位于岳阳市南25公里的三笼矶、陶家嘴、九马嘴、万石湖等17处，面积约16平方公里。此窑对探讨洞庭湖地区五代至两宋时期陶瓷业的发展具有重要的历史价值。

“天策府宝”铜钱

唐代长沙窑的瓷器、五代马楚时期的茶叶，带来了湖南地区商业贸易的发展。这是马楚政府铸造的“天策府宝”铜钱。

“春水春池满”诗文瓷壶

唐代长沙窑产品。

“唐国通宝”铜钱

后唐货币。唐末五代，由于政局动荡，藩镇割据，湖南经济发展受到了一定影响，但商业贸易仍在发展。

三彩碗

唐代长沙窑产品。

三、隋唐五代时期湖南的文化科技

隋唐五代时，中国封建社会的发展进入鼎盛时期，文化空前繁荣。这一时期湖南文学创作丰富多彩，孕育了诸如李群玉、胡曾、刘蜕等在全国颇有声名的诗文作家，特别是一批享有盛名的诗文作家王昌龄、李白、杜甫、柳宗元、刘禹锡等先后活动于湖南，更促进了湖南诗歌的兴盛和文学的发展。艺术方面，音乐舞蹈较为发达，书法艺术成就尤为突出，唐代一流的书法家欧阳询、欧阳通父子和怀素，均出现于这一时期的湖南。

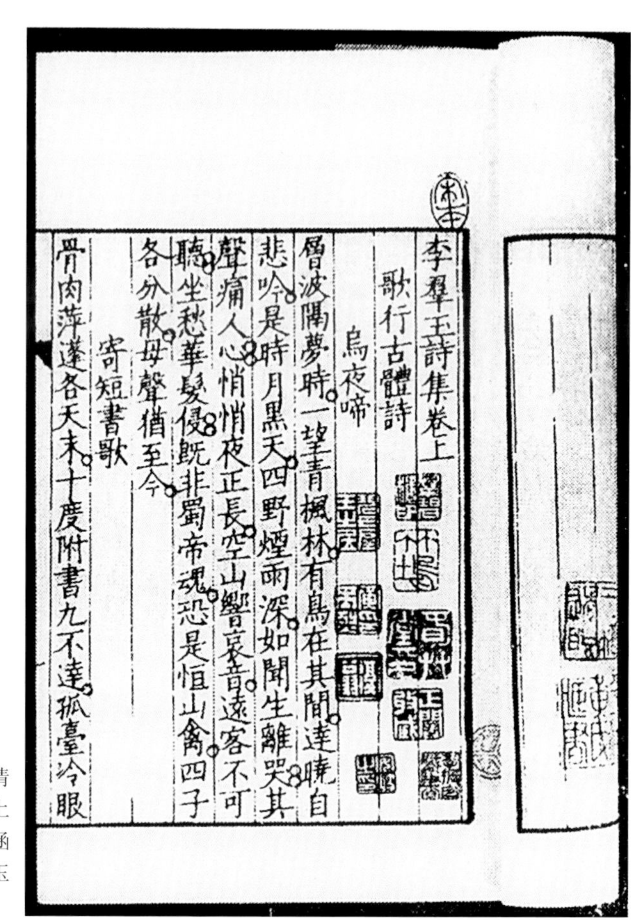
李羣玉詩集卷上

歌行古體詩

烏夜啼

層波隔夢時一望青楓林有鳥在其間達曉自悲吟是時月黑天四野煙雨深如聞生離哭其聲痛人心悄悄夜正長空山響哀音遠客不可聽坐愁華髮侵既非蜀帝魂恐是恒山禽四子各分散母聲猶至今

寄短書歌

骨肉萍蓬各天末十度附書九不達孤臺冷眼

《李群玉诗集》

李群玉，湖南澧州人，唐代有名的诗人。其诗作感情真挚，语言绚丽多彩，艺术上达到了相当造诣。此系民国涵芬楼《四部丛刊》本《李群玉诗集》。

芙蓉楼

位于洪江市黔城镇，始建于唐，因王昌龄《芙蓉楼送辛渐》一诗而闻名，是历代文人墨客吟诗题赋，宴宾送客之地。

芙蓉楼前的龙标胜迹门坊

石砌门楼为福建风格，上书“龙标胜迹”，被誉为“楚南上游第一胜迹”。

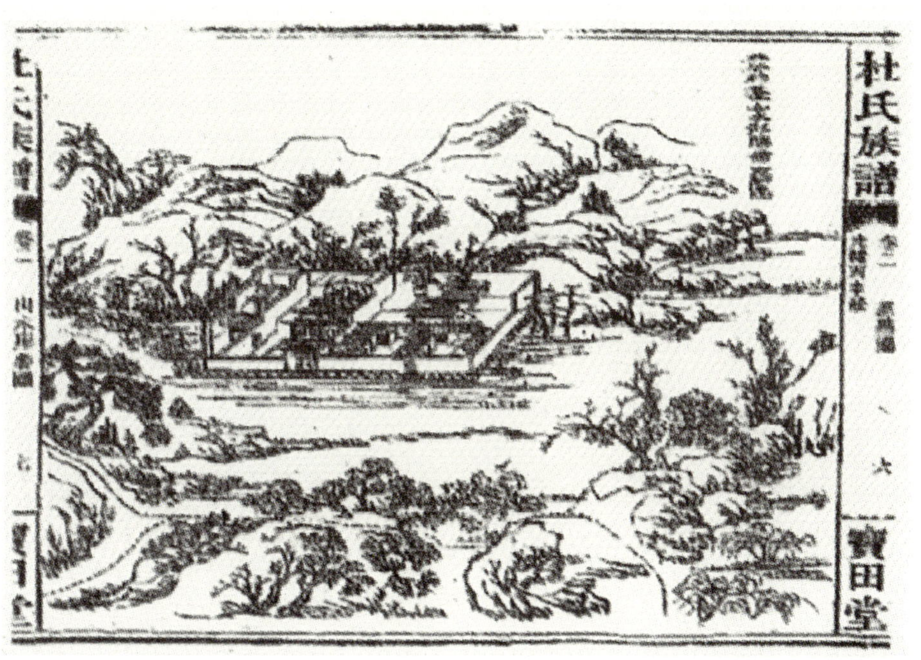

《杜氏族谱》刊印的平江杜甫祠墓图。

平江杜甫墓

位于平江县小田村。杜甫，唐朝著名诗人，原籍湖北襄阳，大历三年(768)全家入湖南，大历五年(770)贫病交加，死于湘江舟中。杜甫在湘中留下诗作百余首，其中一些诗篇生动地描述了当时湖湘的风物人情。

耒阳杜甫墓

位于耒阳市一中校园内。传说唐代宗大历三年（768），杜甫全家经湖北入湖南，寓居耒阳，两年后，因贫病交加，死于耒阳湘江舟中。此说并不可信。耒阳留有杜甫墓、杜公祠、杜陵桥等遗址。

柳毅井

位于岳阳君山的柳毅井即为传说中柳毅下龙宫传书处。唐李朝威著《柳毅传》中“柳毅传书”的故事在民间广为流传。

韩愈画像

（采自《中国历代名人图鉴》）

韩愈，河南河阳（今河南孟县）人，唐代著名文学家、哲学家。贬谪途中经湖南衡州、长沙、岳阳等地，留下不少著名诗作，如《八月十五夜赠张功曹》、《岳阳楼别窦司直》、《洞庭湖阻风赠张十一署》等，盛赞湖南壮丽河山，抒写自己的复杂情怀。

怀素画像

（采自《中国历代名人图鉴》）

怀素（752—785），湖南长沙人，中唐时著名大书法家，以草书著称，字宛如骤雨旋风，字字生动，虽野逸但不失法度，李白评价他的“草书天下称独步”。《论书帖》是其传世书迹之一种。

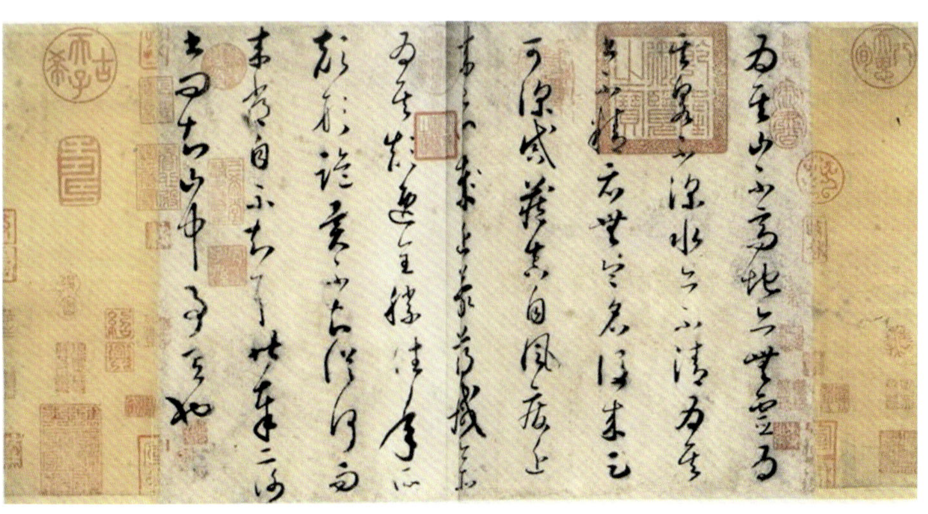

怀素《论书帖》

草书墨迹，纸本，纵38.5厘米，横40.5厘米，9行，共85字。《论书帖》写得“匀稳熟”，“出入规矩，绝狂怪之形”，是“今草中有章草遗意”的佳作。

欧阳询画像

欧阳询，唐潭州临湘（今长沙）人，“唐初四大书家”之一。他在继承王羲之书法艺术传统的基础上又独辟蹊径，风格险劲，其楷书世称“欧体”。

刑殺當罪賞錫當功得禮之宜則醴泉出於闕庭鶡冠子曰聖

百尋下臨則崢嶸千仞珠璧交映金碧相暉照灼雲霞蔽虧日

《九成宫醴泉铭》（局部）

唐代碑刻。公元632年镌立于麟游（今属陕西）。魏征撰文，欧阳询正书，记述唐太宗在九成宫避暑时发现醴泉之事。笔法刚劲婉润，兼有隶意，是欧阳询晚年经意之作，历来为学书者推崇。

欧阳通《道因法师碑》

欧阳通，欧阳询之子，书法成就稍逊其父，然险峻过之，时人称其父子书法为“大小欧阳体”。这是其传世碑铭之一《道因法师碑》。

书堂山洗笔石刻

书堂山位于长沙市望城县丁字镇，濒临湘江，传欧阳询常练习书法于此而得名。

《麓山寺碑》

位于长沙市岳麓书院后山坡，为唐代书法家李邕撰文并书。该碑书法雄健得势，为李邕生平之杰作，亦是不可多得的唐代名碑。

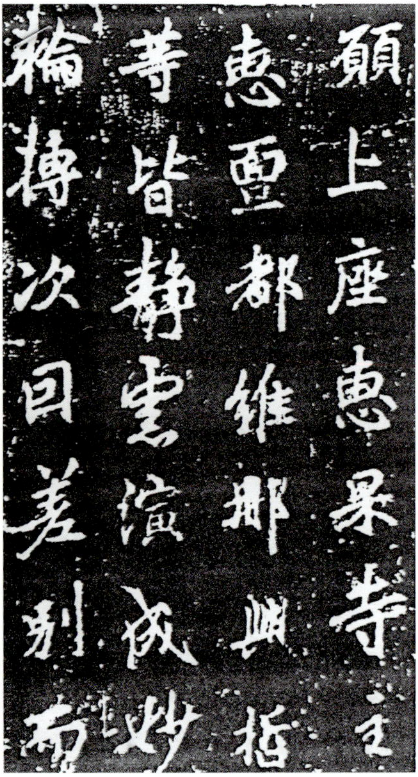

青瓷伎乐俑

唐代是中国历史上音乐舞蹈最昌盛的时代。湘阴窑制作的唐伎乐瓷俑，从一个侧面反映了这一历史盛况。

“独幽”七弦琴

唐琴向以声音佳妙备受推崇。此琴有旧刻狂草“独幽”二字和方印“玉振”，龙池下刻隶书“太和丁未”，乃唐文宗年号，具有“一声长啸四山清，独坐幽篁万籁沉”的独特音质。

胡人牵骆驼陶俑

长沙出土。唐朝的经济文化繁盛，成为亚洲经济文化的交流中心，来唐经商的胡人极多。这一胡人牵骆驼俑的出土，反映了当时湖南对外经济文化交流的加强。

瓷围棋盘

长沙出土。围棋是中国最古老的棋戏之一，产生于春秋中叶以前，唐代已很盛行。围棋盘的出土反映了我省古代围棋运动普遍开展的情况。

《捕蛇歌》碑

碑位于永州柳子庙内，明王泮作。“永贞革新”失败后，唐朝政治更加腐败，赋税繁重，农民起义此起彼伏。柳宗元名篇《捕蛇者说》反映了当时“苛政猛于虎”的社会现实。

君山梵文摩崖石刻

位于岳阳市君山公园龙腭山南麓的一处崖壁上，一大一小共两方，均呈长方形，字体镌刻于崖壁上凿出的深约15厘米的凹痕平面内。据说是我国现存仅见的唐代梵文石刻，也是唐代早期中国与印度文化交流、佛教兴盛的物证。

福王赵汝愚像及墓

赵汝愚（1140—1196），南宋大臣，饶州余干（今属江西）人，曾任礼部尚书，知枢密院左丞相。为人孝悌，讲仁义，时人称之为“古君子”。后被贬出知福州，继贬永州，途经衡阳遇害。墓在长沙妙高峰北麓。追赠沂国公，封福王。著有《国朝诸臣奏议》等。

四、 隋唐五代时期湖南的宗教民俗

此时期，湖南佛教广泛传播，特别是南岳衡山，发展成为全国著名的佛教圣地之一。一批著名的高僧先后来到南岳，修行传法，南朝时兴建的几座寺庙成了全国佛教名刹。湖南其他山林，也兴建了不少佛教寺院。虽然南岳衡山佛教十分兴盛，但是道教也得到了进一步的发展，并且二教逐渐改善了关系，在南岳并行共处。魏晋南北朝时兴建的南岳道观，至这一时期依旧为一些著名道士潜修布道之所，同时还兴建了数处新的道观，其中以黄庭观、南岳真君祠最为著名。

隋唐五代湖南佛教寺院

时代	建院地点	寺院名称
隋	南岳衡山	上封寺
唐	长沙	道林寺、泐潭寺
	湘潭	龙安寺、三角寺、唐兴寺
	宁乡	密印寺、同庆寺
	澧州	药山寺、钦山寺、龙潭寺、福西寺、花薮寺
	武陵	木瓜寺、紫荆寺、朝明寺
	临湘	谷山寺
	巴陵县	圣安寺、白湖寺、莲荷寺
	衡山	丹霞寺、湘南寺、祝圣寺、横龙寺
	邵阳	云崖寺、光孝寺
	零陵	龙兴寺、法华寺、开元寺、永宁寺
	醴陵	小沩山寺、明兰寺、靖兴寺、泗林寺
	益阳	龙牙寺、白鹿寺
	湘乡	凤凰寺、慈云寺
	浏阳	道吾寺、石霜寺
	攸县	慈云寺、保宁寺、清泉雁寺、华光寺
	鄜县	慧日寺
	郴州	开元寺
	石门	洛浦寺
	沅陵	龙兴寺
五代	巴陵县	乾明寺
	零陵	楚兴寺
	浏阳	兜率寺
	湘阴	保安寺
	武冈	天宁寺、龙潭寺
	宁远	永福寺

隋舍利塔

位于岳麓山清风峡。塔前竖花岗石碑，正面镌“隋舍利塔”，背面刻“共建菩提”。隋文帝杨坚为感谢僧尼智仙抚养之恩，称帝后于仁寿二年（602）诏令全国52州，在名山福地建塔，分藏舍利子，塔下绘僧尼之像，名隋舍利塔。这是隋代湖南佛教广为传播的见证。

唐陶观音像

隋唐时期，佛、道两教已很流行，发展了宗派，兴建了许多寺院或道观，还塑造了众多的佛、道之像。这是大唐贞观元年（627）造的陶观音像。

龙兴寺

位于沅陵县城西北角的虎溪山麓。始建于唐贞观二年（628），原名龙兴讲寺，明初改今名。现存寺院规模宏大，寺中保存的古代建筑遗存很多，是湖南现存的最古老寺庙之一。大殿前的“眼前佛国”匾额，为明代书法大家董其昌题写。

圣安寺

位于岳阳市南郊。创建于唐贞观年间，因初住僧人无姓法师德高望重，京城官员与之关系密切，给予寺院大力资助，使寺院一度兴盛。唐代柳宗元曾为圣安寺刻碑作记，描述了当时情形。

南岳大庙

坐落在衡山脚下的南岳镇。始建于唐开元十三年（725），后经历代17次扩建和修缮，奠定了现今规模。该庙占地98500平方米，总体布局完全照宫殿式排列，有“小故宫”之称，为省内规模最宏大的寺宇建筑，也是我国五岳庙中规模最完整的古建筑群之一。

上封寺

位于南岳最高峰——祝融峰侧。古代道家宫观，曾名“光天观”、“司天霍王庙”、“第二十二光天坛福地”。几经沧桑，直至南朝陈光大初年，南岳佛教开山祖师慧思和尚在此建阁，作徒众听法之所。隋大业间（605-617）正式改为佛寺，并由炀帝赐“上封寺”额，沿袭至今。

南台寺

位于南岳衡山。始建于梁天监年间(502—519)。唐代该寺出了一位著名高僧石头希迁禅师，石头禅师宣传经法，影响深远。

福严寺

位于南岳衡山。为天台宗二祖慧思禅师于陈光大元年(567)创建。唐代著名的怀让禅师来到南岳，在此传法，使南宗的“顿悟”佛法弘扬天下，天下佛子则以该寺为传法的佛院。

密印寺

位于宁乡沩山的毗卢峰下。为唐代高僧灵佑所建。唐朝宰相裴休捐田千亩，召各寺名僧汇集沩山，盛极一时。

黄庭观

位于衡山县南岳镇，系唐初所建。唐代宗大历三年(768)，书法家颜真卿游南岳时重修，并为魏夫人立碑，记其升仙之事，成为我国著名的女道观。

吕仙观

位于岳阳市洞庭湖畔的白鹤山上，建于五代之后唐闵帝应顺元年（934），为历代道教圣地。咸丰十年（1861）和1997年重修。

陶公庙

位于长沙榔梨镇。始建于梁天监年间（502—519），奉祀晋太尉陶侃之孙陶淡及其侄陶烜。相传二人在这里的临湘山“羽化升仙”。

开福寺

位于长沙市北。始建于五代十国后唐明宗天成二年(927)，历代佛事兴隆，高僧辈出，香火极盛。

塔下寺

位于蓝山县城关镇。始建于唐，明万历重修（传塔始建于明嘉庆），是省内仅存的并存塔寺。

神坡庵

位于绥宁县河口苗族瑶族乡，是具有宗教文化色彩又富有浓厚的苗族文化内涵的古建筑。神坡庵原名灵宝寺，始建于唐武宗会昌六年(846)，时由长安人自称“大秦、穆护祆教”之后裔先党法师所建。后明清两朝多次修缮、扩建。

第二节 宋元时期的湖南

北宋王朝平定湖南后，实行安定湖南和与民休息的政策，湖南政局大致稳定，饱尝战祸之苦的农民重新回到耕地上辛勤劳作，经济有所发展。北宋中后期，封建盘剥加上旱、涝天灾，致使阶级矛盾激化，溪、峒等少数民族人民坚持反抗压迫和剥削。

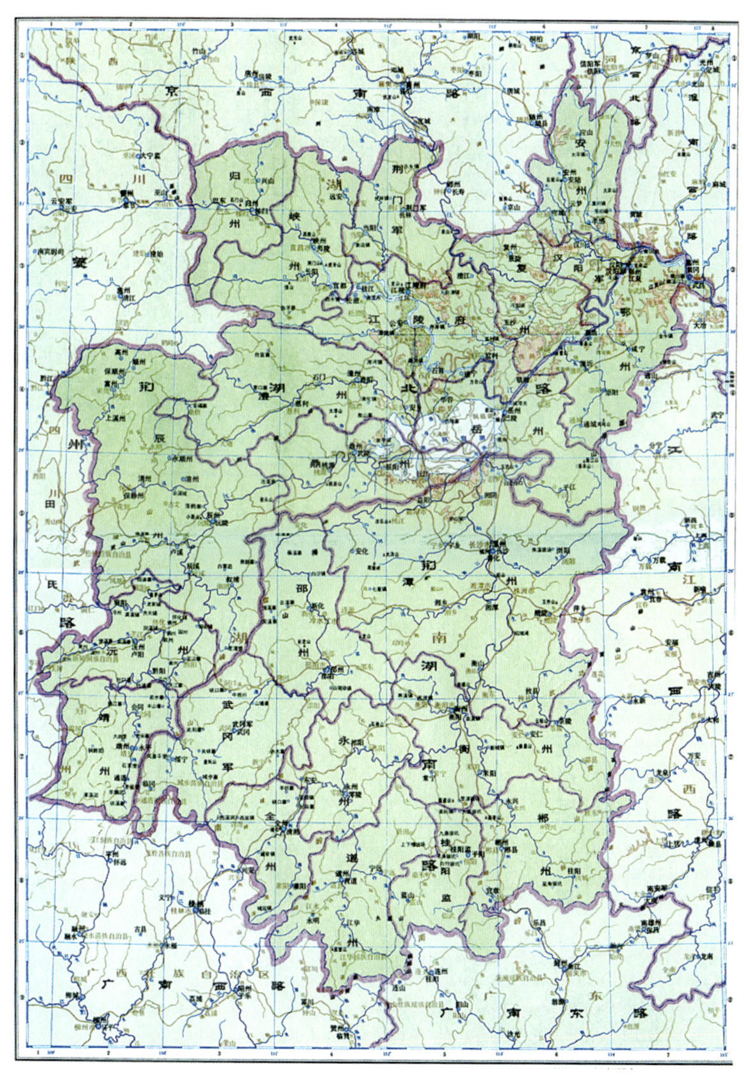

两宋时的湖南

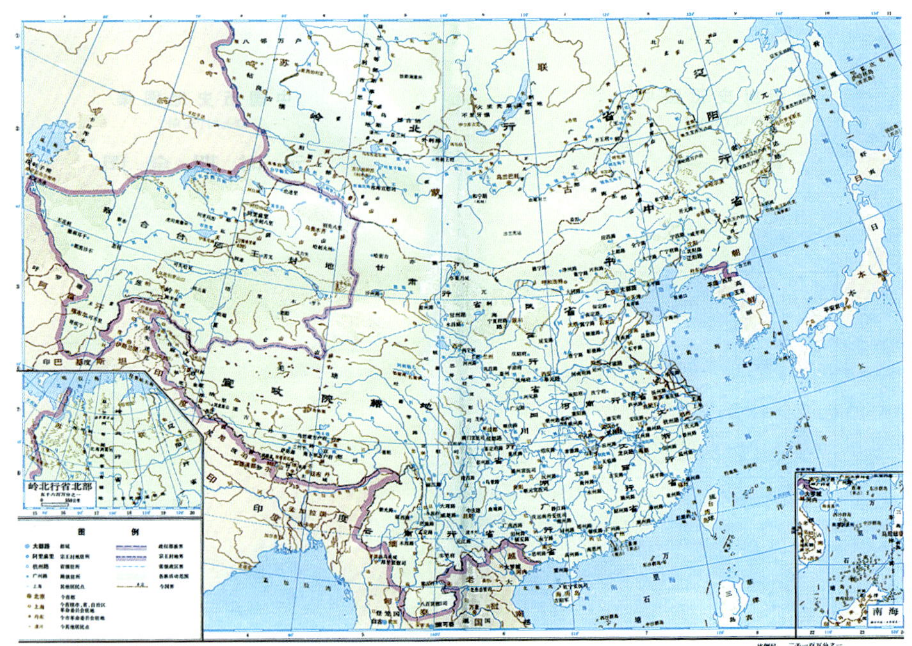

元代时的湖南

南宋初，湖南局势动乱，先是金兵侵入，继而是溃兵为害，干戈不止，加上政府横征暴敛，洞庭湖地区爆发了大规模的钟相、杨么农民起义。南宋中后期，湖南境内少数民族地区起义不断，蒙军入侵湖南时，湖南军民展开了英勇的抗元斗争。

元朝前期比较注意吏治，采取召集逃亡、鼓励开荒、兴修水利、减免租税等政策和措施，对湖南经济的发展起到了一定的作用。

一、宋元时期湖南的政治军事

两宋时期，地方行政管理体制实行路、州、县三级制，湖南分属荆湖南路和荆湖北路，共置12州郡、3军、59县，军事体制是驻防禁军，设置厢军和乡兵，建立了自上而下的军事网。

元朝统治时期，湖南地区分隶江南湖北道和岭北湖南道，共置有14路、3直隶州，计47县、12州，在“渚溪峒”则另设土司。

为实施和稳固对湖南的统治，北宋时期在建立起相维相制的地方各级政权的同时，实行安定湖湘、与民休息的政策，政治统治相对稳定。南宋时期，金兵入侵，政府横征暴敛，湖南境内爆发了大规模的钟相、杨么领导的农民起义，民族矛盾尖锐。元朝实行“以蛮制蛮”政策，建立土司制度，注意“绥抚”，各种矛盾较为缓和，社会相对比较安定。

宋代湖南行政建置

路	州郡(12)	军(3)	县(59)
荆湖北路	岳州、鼎州、澧州、辰州、沅州、靖州		武陵、龙阳、澧阳、安乡、石门、慈利、巴陵、华容、平江、沅陵、溆浦、辰溪、卢溪、麻阳、沅江、桃源、临湘、卢阳、黔阳、永平、会同
荆湖南路	潭州、衡州、永州、郴州、道州、邵州	桂阳 茶陵 武冈	长沙、衡山、醴陵、攸、湘乡、湘潭、益阳、浏阳、湘阴、衡阳、耒阳、常宁、江华、永明、零陵、祁阳、郴、邵阳、蓝山、武冈、营道、宁远、桂阳、宜章、永兴、通道、宁乡、安化、善化、安仁、东安、兴宁、桂东、新化、平阳、临武、绥宁、新宁

宋代湖南的军事设置

兵种	用途	设置情况
禁军	守卫京师、备征戍	归远军5营(潭、澧州各2；鼎州1) 15指挥使(潭、鼎州各3；邵、衡、永、郴、道、岳、澧、辰、桂阳各1) 雄略军指挥13(潭4，鼎、澧、辰、桂阳各2，邵1) 果威指挥使3(潭州)
厢军	诸州之镇兵	荆湖南北路厢军，主要为宣节军，元丰末年(1085)凡指挥44，共计1.13万人 静江军(潭、岳、鼎、衡、永、郴各州)、拣中宣节军(潭、澧、鼎三州)、壮城军(潭、岳二州)、三略军(鼎州)、宁淮军(澧州)、崇宁军(岳州)、水军、骑射军［潭、衡、永、邵、岳、澧、鼎、桂阳各州(军)］、飞虎军［乾道年间(1165—1173)］
乡兵	防守之兵	庆历元年(1041)荆湖北路1.9万余人，南路5150人 熙宁元年(1068)荆湖南北两路共1.5万余人 南宋时期荆湖南北路诸州恢复土丁、弩手，另建有义勇

范仲淹画像

范仲淹（989—1052），北宋名臣，宋仁宗时官至参知政事。他领导庆历革新运动，成为后来王安石“熙宁变法”的前奏；他倡导先忧后乐思想，借记滕子京重修岳阳楼之事有名篇《岳阳楼记》，“先天下之忧而忧，后天下之乐而乐”成为千古佳句。

辛弃疾画像

（采自《历代名人与湖南》）

辛弃疾（1140—1207）为南宋政治家，著名词人，抗金名将。曾知潭州（今长沙）兼湖南安抚使，任职两年余，政绩斐然，创建了飞虎军。

寇准画像

（采自《中国历代名人图鉴》）

寇准（961—1023），北宋名臣，官至宰相。曾被贬为道州司马。今道县城南有为纪念寇准而建的寇公楼。

寇公楼

位于道县城内。始建于北宋天禧四年（1020），为北宋宰相寇准贬道州司马时所建诵读经史之所。

钟相、杨么 起义

（采自蔡美彪等编，《中国通史》，人民出版社1894年出版）

1130—1135年，洞庭湖地区爆发了钟相、杨么领导的大规模农民起义，反抗南宋政府横征暴敛。他们提出“均贫富，等贵贱”的口号，坚持斗争达六年之久，后遭南宋政府镇压。此次起义规模较大，历时较长，影响深远。

张顒墓墓志（局部）

常德县河伏镇张顒墓出土。张顒，桃源人，进士出身，曾任广东、河北、湖南转运使，文渊阁侍郎等职。墓志记载了当时的土地兼并、湖南农民反抗剥削、兴修水利设施以及对王安石变法的一些看法等，反映了北宋时期政治、经济状况。

楼船（仿制）

杨么起义军利用水寨，创立了“陆耕水战”的耕战体制。这种楼船大者据称可载千余人，船上设绑有巨石的拍竿，遇官船靠近，摇动拍竿将其击碎。农民军在水战中使用了大批楼船，取得了水战的优势地位。

张浚画像。
（采自《中国历代名人图鉴》）

张浚墓

位于宁乡县官山乡。张浚（1097—1164），四川绵竹人。北宋大臣，官至宰相，曾重用岳飞、韩世忠，并亲自督师镇压杨么起义军。后被贬为潭州安抚使。复出后主持北伐，客死江西，移柩潭州而葬。

《明溪新寨题名记》摩崖石刻

位于沅陵明溪口乡明溪口村酉水、沅水汇合处的石崖上。刻于宋致和三年(1056)，楷书，412字，为北宋殿中丞雷简夫所题，辰州鉴判掌机密甄升所书，记永顺土司首领彭士羲起义、雷简夫率兵平定之事。这是研究五溪少数民族史的重要史料。

李芾画像

（采自《历代名人与湖南》）

李芾为南宋末潭州(今长沙)守将。1275年，李芾率部苦守潭州抗击元军。潭州失守，他令部将沈忠杀死其家人后自刎，沈忠遂积薪焚尸，自己也纵身火海殉国。

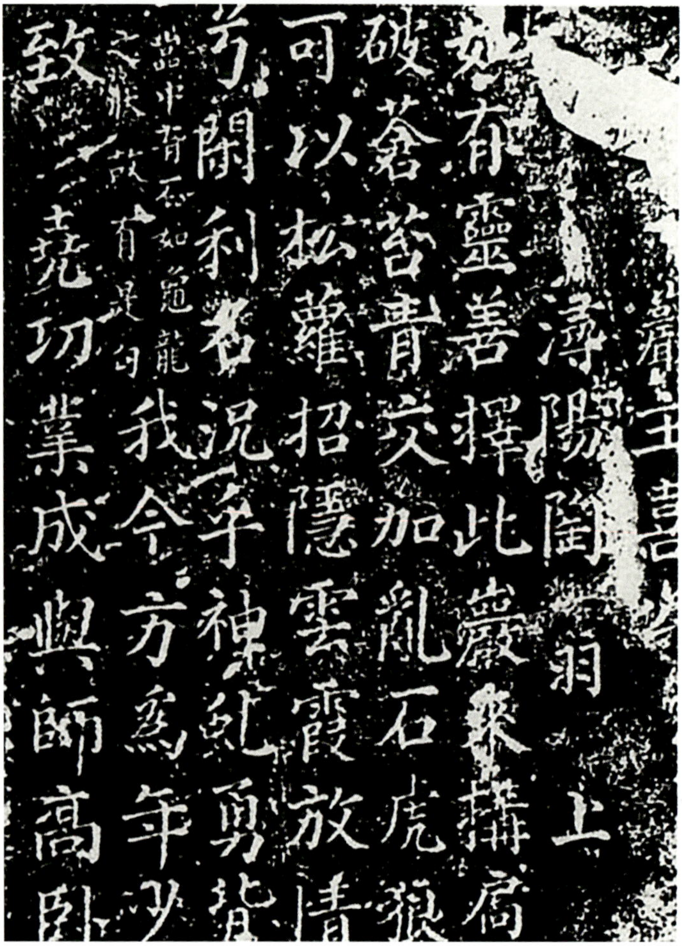

九龙岩石刻

位于东安县芦洪市镇。是具有文学与书法艺术价值的石刻之一，有北宋至清各种名人石刻43方。宋淳化三年（992）东安县令张太年所题“平将寇”和“芦洪置司”，具有重要历史价值。

元代湖南行政建置

<table>
<tr><th colspan="2">道（2）路（14）</th><th>直隶州（3）</th><th>县（47）</th><th>州（12）</th><th>土司（1）</th></tr>
<tr><td>江南湖北道</td><td>岳州
常德
澧州
辰州
沅州
靖州</td><td></td><td rowspan="2">巴陵、临湘、华容、武陵、澧阳、石门、安乡、沅陵、辰溪、卢溪、溆浦、卢阳、黔阳、麻阳、永平、会同、通道、长沙、善化、衡山、宁乡、安化、衡阳、安仁、酃、营道、宁远、江华、永明、零陵、东安、祁阳、宜章、永兴、兴宁、桂阳、桂东、邵阳、新化、武冈、新宁、绥宁、平阳、临武、蓝山、新城、郴阳</td><td rowspan="2">平江
桃源
龙阳
慈利
醴陵
浏阳
攸州
湘乡
湘潭
益阳
湘阳
沛溪</td><td rowspan="2">渚溪峒</td></tr>
<tr><td>岭北湖南道</td><td>天临
衡州
道州
永州
郴州
宝庆
武冈
桂阳</td><td>茶陵
耒阳
常宁</td></tr>
</table>

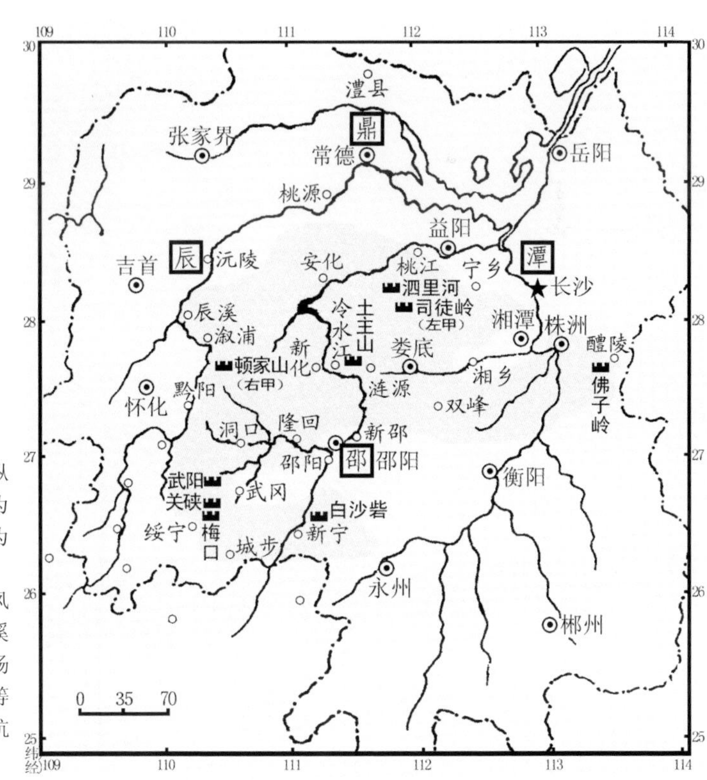

梅山峒蛮区位置图

位于安化、益阳、新化诸县。梅山峒蛮纵横数百里，北宋初年为汉阳扶氏据梅山峒蛮为寇。棺木寨、鸡公寨、前寨仑、寨子仑、清风寨、朱家山寨、仑溪寨，板溪鹿马冲、校场坪、红旗开、寨顶上等地，留下了梅山峒蛮抗击宋军的踪迹。

刘姓迁沅始祖——刘文质墓

由于战乱和逃避赋税等原因，南宋以来，中原居民大量迁入江南，元代湖南各路、州的户口都呈增长趋势，沅州较为突出。这是葬于怀化市铜鼎乡的元代刘姓迁沅始祖刘文质墓。

管军元帅段清远墓

由于军事需要，元朝后期常于各道设都元帅府，辖各路万户军马，在作战地区，有关路置分元帅府。湖南宝庆路当时就置有分元帅府。段清远（1341—1368）曾任管军元帅。战死后葬于炎陵县三河乡，立忠义祠，祠已毁，墓碑亦不知去向。

"寓居长沙"铜镜

"儒学"铜钟

儒家学说自创立以来，一直被历代封建统治者所崇尚，它的经典曾是封建统治阶级的最高教条，而创始人孔子被视为圣人。这是元代至元年间衡州路祭祀孔子用的乐器铜钟。

“下百户”铜印

《元史・百官志》记载，元代地方行政机构中设有“诸路万户府”，下设千户所和百户所，百户所分上百户所和下百户所。“下百户所，百户一员，从七品，银牌。”这是元代“下百户所”官署印。

天星寨摩崖石刻

元朝晚年，湖南政局动荡，兵荒马乱。这是炎陵县天星寨摩崖石刻，记述了元代管军元帅段清远驱寇保民之功绩，原有400余字，现可见174字：“威武奋扬，膻腥荡涤……宗社垂灵，黎庶倚康。仰凭庙标，俯慰舆情。千里赤子，始知再生。生理既得，孰使之活。韩公之功，吕公之德，传亦不朽，苍崖是勒。……”

二、宋元时期湖南的社会经济

两宋时期湖南社会经济有较大的发展。特别是南宋时，北方人口大量南迁，加速了湖南的开发。围湖造田、与山争田，扩大了耕地面积，荒闲土地大量垦殖，水利事业继续发展，农业生产技术进一步提高，粮食产量增加，棉花、茶叶和甘蔗等经济作物更为普及。手工业如矿冶、陶瓷、纺织等都有相当规模，并形成自己的某些特点和优势，大量金属矿得以开采，金属冶铸技术不断提高。宋代衡山窑，以粉底彩绘青瓷为特色产品。纺织业已较五代有了发展，品种增多，产量增加，工艺不断提高。其他如造纸业也颇负盛名，郴州笔、长沙墨畅销一时，商业贸易日益繁荣，市镇兴盛。

元朝统治时期，湖南的经济也得到恢复和发展。粮食生产增加，棉花种植推广，茶叶产量增长。作为家庭副业的丝、棉、麻纺继续发展，产品质量也有提高。湖南陶瓷发展到元代主要生产青瓷、彩瓷、白瓷等。在元代重商政策的指导下，湖南地区的商业获得相当的发展，茶叶、棉花、矿产等运销全国各地，当时扬州的商船溯江而上，“远及长沙”，长沙同全国各地的商业往来十分密切。

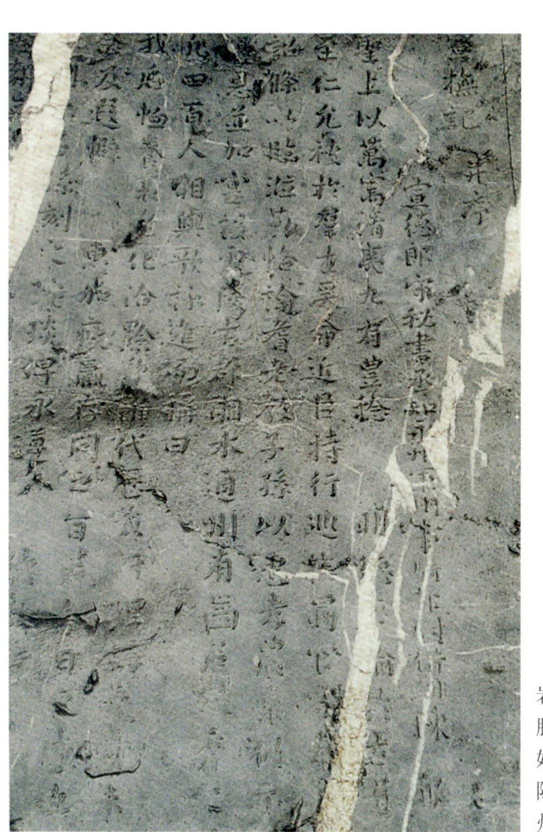

《宣抚记》摩崖石刻

此记刻在今永州市零陵区河西朝阳岩上。北宋真宗在宋军抗击契丹南侵获胜，局势稳定后，命地方官吏巡视慰问百姓，以“忠孝农桑”相劝勉。此碑文记载陈瞻（宋真宗咸平年间（998-1003）知永州）在永州“宣抚”的情况。

宋代湖南户口统计表

州（监）名	元丰间（1078—1085）	崇宁元年（1102）	嘉定十六年（1223）	
潭州	357824	439988	荆湖南路	1251202
鼎州	41160	58397		
澧州	58610	81676		
岳州	96684	97791		
衡州	180050	168915		
邵州	97234	98861		
沅州	10565	9659	荆湖北路	369820
郴州	37128	39393		
永州	87201	89387		
道州	36682	41536		
桂阳监	48408	40476		
靖州	10475	18692	总计（户）	1621922
辰州	8893	10730		
总计（户）	1070923	1195500		

《坦山岩劝农记》摩崖石刻

此石刻在今郴县安和乡的万华岩洞口。碑上镌刻着南宋郴州郡守赵不退的劝农活动记事。

宋代湖南修建的水利工程

时间	主修官吏	水利工程
宋绍兴年间	潭州守臣吕颐浩	长沙龟塘
宋庆历年间	巴陵郡守滕子京	岳州偃虹堤、白荆堤
宋庆历年间	华容县令黄照	修护城坑——“黄封堤”
宋庆历年间	华容知县黄照	筑堤置门
宋嘉祐年间	湘阴进士李度	修筑两乡塘堤
宋	武陵县	扩修“考功堰”

北宋湖南各州郡所置坑场及其产量

金属	州郡	坑场	产量（元丰元年）
金	岳州	土灶一场	
	衡州	土贡麸金	3两
	沅州		84两
银	潭州	衡山县黄簳场	
	潭州	浏阳县永兴场	28757万两
	衡州	醒衡坑	246两
	道州		130两
	郴州	雷溪坑	2993两
	永州	鲁家源场	
	桂阳	监都银坑	875两
铜	潭州		107825万斤
	衡州	茭源场	4350斤
	郴州	桂阳延寿坑	84斤
铁	道州	江华县镇头坑	504斤
铅	衡州	茭源场	123921万斤
	桂阳监		81243万斤
锡	道州		23739万斤
	郴州	雷溪场	10964万斤
水银朱砂	辰州		土贡水银30两、光明砂15两
	沅州		土贡水银20两、朱砂20两

天文铜镜

镜铭图有四神十二属、八卦及二十八宿星象图，铸造精良。宋代湖南矿冶业的发展，冶炼技术的进步，刺激了铜、铁等金属制造业的兴盛。

钟形“潭州官场造”铜镜

镜呈钟形，铭文为“潭州官场造”。这种造型别致、铸造精良的铜镜，由潭州(今长沙)官府作坊生产，反映了宋代湖南金属制造业的兴盛。

茶陵铁犀

位于茶陵县城南河畔。宋绍定年间(1228—1233)，县令刘子迈为降服洪水，铸铁犀以镇之。铁犀造型优美，全为优质铁铸造，重达数吨，铸造技术上有较高价值。

常德铁经幢

原在常德德山乾明寺侧，因寺毁，1971年迁入滨湖公园内。幢用白口铁铸成，作圆柱形，高434米，重1520公斤，由17节浇铸而成，相互衔接，严密吻合。幢基铸浮雕佛像及莲花图案，幢身刻有《般若波罗蜜多心经》，为宗教纪念性建筑物。它反映了宋代湖南高度发达的冶炼技术和铸造工艺。

“崇宁通宝”铜钱

北宋徽宗赵佶崇宁年间（1102—1106）始铸，年号钱。钱文为宋徽宗亲御，所以又称其为御书钱。该钱文书法清秀骨瘦，铁画银钩，是徽宗赵佶瘦金书体存留世间的真实显现。

粉底彩釉绘花瓷瓶

宋衡山窑产品。

牡丹童子荔枝纹绫

衡阳何家皂北宋墓出土。宋代湖南丝织业有较大发展，品种增多，产量增加，纺织技术有所提高。何家皂墓出土有大批丝麻织品，质地有绫、罗、绢、纱、麻等，品种有袍、袄、衣、裙、鞋、帽、被等，纹样精致美观。

湘乡窑址

位于湖南省湘乡市棋梓镇。为湘中地区规模最大、遗存最丰富的宋代窑址。瓷器品种多，数量大，主要为日用瓷。其粉底彩釉绘画装饰具有特色。

百梅窑址

位于湘阴县樟树镇百梅村。为典型的南方宋代窑址，是研究我国江南地区青瓷烧造发展、兴衰的重要窑址。

允山玉井古窑址

允山玉井古窑址出土瓷器

位于江永县允山镇玉井村。为湘南文化内涵极为丰富的宋代大型窑址，其做工之精细，烧制技术之高超，充分显示出宋代当地经济的发达程度和商业繁荣。

茶陵古城墙

位于茶陵城关镇，始建于南宋绍定四年(1231)。宋代湖南随着农业及商品经济的发展，交换关系日趋频繁，铜器、茶具及各种农副产品大量涌向市场，商业市镇日渐繁荣。

临澧佘市桥

位于湖南省临澧县佘市桥镇，为九孔连拱石桥。南宋宝庆元年(1225)在今佘市桥原址建成石墩木梁桥；南宋咸淳四年(1268)建成石墩石梁桥。原称道源桥，现存佘市桥的主要部分是1336年所建桥体的“真实的遗物”。因附近佘姓人居多，渐以佘氏桥名之；后因集市兴起，便以佘市桥为名流传至今。

步瀛桥

位于江永县夏层铺镇上甘棠村。始建于大宋宣和元年（1119），完工于宋靖康元年（1126），为三孔石拱桥，长27米，宽四五米，是目前保存的全省最早的石拱桥。

《步瀛桥记》石刻

北宋末年所刻，记录了古桥的修建时间，修建人等。为研究古桥的历史提供了重要的史料。

万字砚

宋代湖南小手工业颇有盛名，潭州、衡州是造纸基地，石砚遍及各州，郴州笔、长沙墨畅销一时。

铜则

湘潭市易俗河镇出土。则是官府颁发的标准衡器，相当于砝码。铜则通体刻细团花，前后两面刻有铭文，一面是“嘉祐元年(1056)丙申岁造”，一面是“铜则重壹佰斤黄字号”。

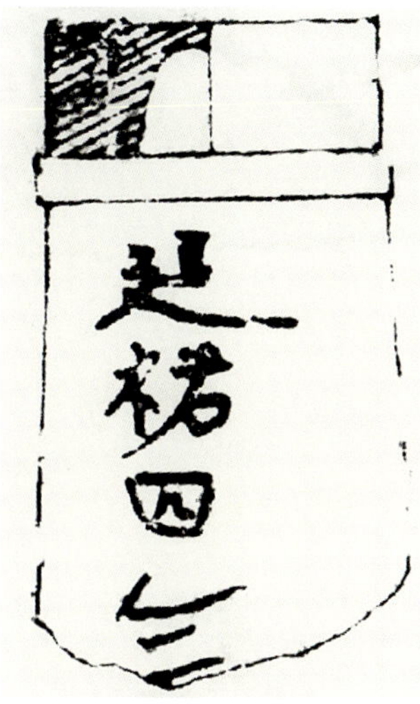

“延祐四年”擂棒残片

衡东县麻园岭青白瓷窑址出土。湖南制瓷历史悠久，元代瓷窑遍布全省各地，大都具有一定规模。

羊舞岭窑址

位于今益阳市赫山区龙光桥镇，为重要的元代窑址之一。遗址南北长约300余米，窑具堆积如山，废品极少，多见乳白釉瓷、青瓷，也有黑瓷，反映了元代湖南瓷业生产的发展状况。

1

2 伍佰文中统钞版心（摹本）

中统元宝交钞

华容县元墓出土。随着商品经济的发展，元代大量发行纸币，有“中统元宝交钞”和“至元通行宝钞”。

至元通行宝钞

因“中统元宝交钞”发行过滥，出现物价昂贵、钞价下跌现象，为了挽回局面，元政府对纸币制度进行改革，至元十七年（1280）发行“至元通行宝钞”予以补救。这是沅陵元墓出土的“至元通行宝钞”。

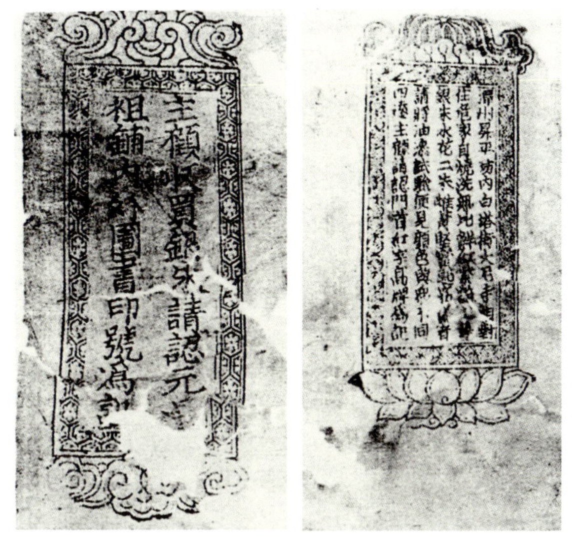

印刷广告

由于元代商业的兴盛，人们的商品广告意识随之加强。这是沅陵元墓出土的潭州（今长沙）一家生产银朱的店铺为推销其产品用土纸印刷的广告。

“潭州路造”铜权

为了加强对商业的规范管理，对铜权设有专司检验，故权上刻有“官称”、“提调官面校勘相同”等字。这是“至正八年”（1348）“潭州路造”铜权。

“至正通宝”铜钱

元中叶以后，政府财政濒于困境，至正十年（1350），又铸造发行铜钱，更加速了纸币的贬值。这是湖南地区出土的“至正通宝”铜钱。

“蒙恬将军”玉壶春瓷瓶

元朝政府实行重商政策，元代商业空前兴盛，湖南商业也获得相当的发展，外地商品运销湖南的也相当多。这是1956年常德出土的元代景德镇生产的青花瓷器“蒙恬将军”玉壶春瓶。

龙纹银托盏

元朝后期，湖南地区各种社会矛盾急剧尖锐，战事不断。湖南境内陆续出土的数批窖藏金银器，应是其主人为免在动乱中流失而埋藏的。这件龙纹银盏是澧县窖藏出土银器之一。

影青釉葫芦形执壶

元代湖南商贸繁荣，发现的元代窖藏中外来商品很多。这是桂阳六龙书院出土的元代景德镇影青瓷窑生产的影青釉葫芦形执壶。

格纹麻织头巾

元朝重视农业科技的发展与推广，其《农桑辑要》中的“栽种苎麻法”对苎麻的种植和纺织加工技术的推广产生了积极的影响。这件华容元墓出土的麻质格纹头巾给我们展示了当时的生产水平。

丝质开裆裤

丝织品生产发展至元代，生产技术和产品质量也有所提高，这在华容元墓出土的花色各异的丝织品中得到了印证，这条开裆裤就是其中之一。

三、宋元时期湖南的文化科技

宋代是继唐后文化又一繁荣的时代。湖南在北宋大一统的较安定政治环境中，特别是在南宋中国政治、经济重心南移后，文化事业呈现出前所未有的发展势头。周敦颐、岳麓书院诸子及外来学者胡安国、朱熹、张栻等，兴办书院，讲学传道，促成理学在湖南的兴起和迅速传播，开创了湖湘学派的先河，在全国具有积极影响。在文学艺术、书院教育以及其他学术领域，湖南在全国占有一定地位。元代文化成就卓著的代表人物有史学家欧阳玄、散曲作家冯子振、 画家冷谦等，给后人留下了许多宝贵的文化遗产。

周敦颐画像

（采自《中国历代名人图鉴》）

周敦颐（1017-1073），湖南道县人，世称“濂溪先生”。一生苦研学问，以孔、孟儒家思想为核心，吸收佛老思想充实儒家哲学，形成自己的思想体系，开理学之先河，成为理学的创始人。

周敦颐《先祖墓碑记》

明永乐九年（1411）刻立于宁远县汪头村。

濂溪书院

位于汝城县城西郊桂枝岭麓，清嘉庆九年(1804)为纪念县令宋理学家周敦颐而建。书院为仿宋四合院式建筑，有大小房屋30多间，布局合理，错落有致。图为濂溪书院希濂堂。

张栻画像及其墓

（采自《中国历代名人图鉴》）

张栻（1132-1180），号南轩，四川绵竹人。自幼师从胡宏，得其理学真传，后执掌长沙城南书院和岳麓书院多年，对湖南理学的发展起了重要作用。被誉为与朱熹、吕祖谦并驾齐驱的“东南三贤”之一。

张栻墓

位于宁乡县官山村。

易祓画像

易祓（1156—1241），经学大师，字山斋，一字彦章，宋潭州宁乡人，淳熙十二年（1185）殿试状元。历任礼部尚书、翰林院直学士。宁宗时因主战而遭贬，59 岁时返故里，筑“识山楼”，理宗时重召入京，授朝议大夫，封宁乡开国男。82 岁返乡，两年后病逝。著述有《周官总义》、《周易总义》、《山斋集》等。

易祓墓

位于宁乡巷子口镇。

朱熹画像

（采自《中国历代名人图鉴》）

朱熹（1130-1200），徽州婺源人，侨寓福建，宋代理学的集大成者，开创闽学一派。张栻主讲长沙城南、岳麓书院时，朱熹曾来湘与张栻共同研讨理学问题，并大张讲坛，教授学生，掀起湖南理学高潮。

朱熹手书“忠孝廉节”石碑

南宋孝宗乾道年间（1165—1173），南宋著名的理学家张栻到岳麓书院主持讲事，朱熹得知后也从福建赶来书院讲学，并手书“忠、孝、廉、节”四个大字，刻石嵌于讲堂的两壁。所刻四个字笔力遒劲，是岳麓书院道统源流的象征。

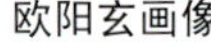

欧阳玄画像

浏阳市欧阳玄塑像

欧阳玄（1274—1358），字原功，号圭斋，元代潭州路浏阳州人。延祐二年（1315）进士，授岳州路平江州同知，后为国子监博士、翰林学士、待制兼国史院编修，编修四朝实录，兼国子监祭酒等职。卒后赠大司徒、柱国，封楚国公，谥号文。主修实录、大典、三史等，又有《圭斋文集》16卷。

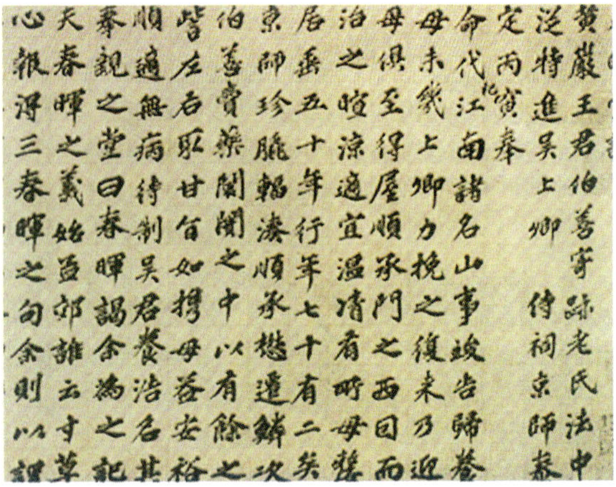

欧阳玄《春晖堂记》手迹。

岳麓书院

书院之名源于唐代，初为皇家藏书、校书处，后民间开建私人读书之书院，全国共17所，湖南达9所。岳麓书院始建于北宋开宝九年（976），为宋代四大书院之一。初创时有“讲堂五间，斋舍五十二间”。中开讲堂、东西序列斋舍、中轴对称、纵深多进的院落形式千年未变。现书院占地21000平方米，厚重的文化内涵是该院最大的特色。

书院讲堂图

石鼓书院全貌

位于衡阳市青草桥的石鼓山，宋至道三年(997)建，仁宗颁赐“石鼓书院”题额。其与岳麓、白鹿洞、应天同为当时四大书院。

石鼓书院山门

恭城书院

位于湖南省通道侗族自治县县溪镇，始建于宋崇宁四年(1105)，原名“罗蒙书院”，后毁于火灾。清乾隆五十七年(1792)重修，更名“恭城书院”。

宁远文庙

文庙原为祭祀孔子而设，自唐以后，文庙与宫学结合，又称文庙、学宫。湖南文庙始建于唐代。据《湖南通志》载，湖南历史上共建文庙、学宫80余所，其中唐时为永州、道州、衡州和江华四处。宋代达40余处，明、清各增10多处。宁远文庙始建于北宋乾德三年（965），多次被毁，又多次重建。文庙规模宏大，造型精美，尤其是庙内石雕精美绝伦，具有很高的艺术价值。

岳阳岳州文庙

始建于宋庆历六年(1046)，是一处具有悠久历史的古代官学。该庙还保留了宋代构件和营造法式。

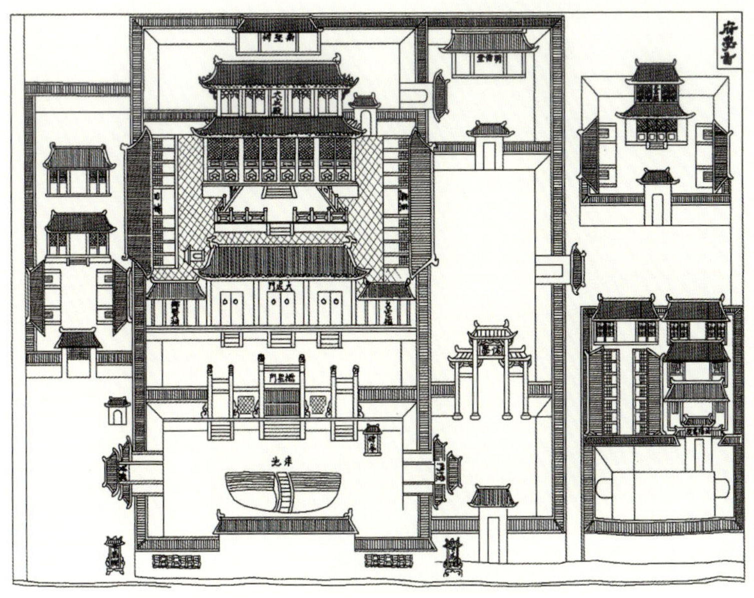

清代绘制的岳州文庙建筑布局图

湘阴文庙

始建于北宋庆历八年（1048），几经兴废，现存为清乾隆九年（1744）重建。该文庙原有19栋建筑，总面积1.25万平方米，号称“规模甲通省”。图为湘阴文庙“太和元气”坊。

湘乡文庙

又称孔庙，始建于北宋大中祥符二年（1009），庙址在涟水之东仙林冈(今东岸坪)，清雍正十一年（1733）迁建现址。该庙中的汉白玉龙雕、木刻、彩绘等，题材丰富，造型优美，保存完好。

安化梅城孔庙

习称孔圣庙，始建于宋神宗熙宁五年（1072），清乾隆十四年（1749）重建。道光二十一年（1841）移建武庙于此，使文武二庙并列。图为文庙大成殿。

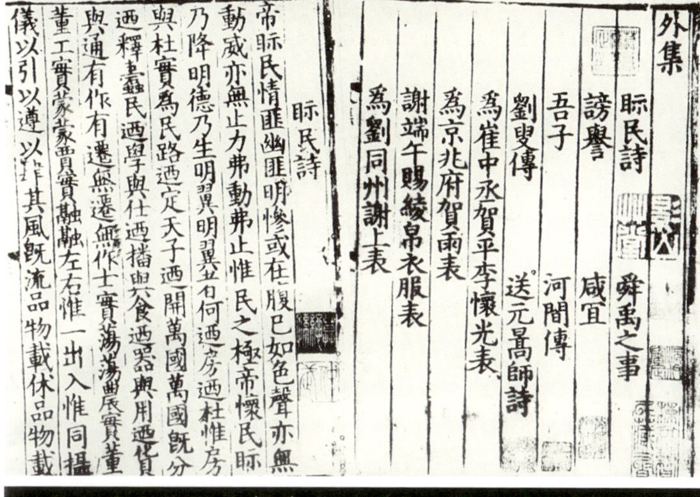

外集

晊民詩　舜禹之事

謗譽　咸宜

吾子　河間傳

劉叟傳　送元暠師詩

爲崔中丞賀平李懷光表

爲京兆府賀雨表

謝端午賜綾帛衣服表

爲劉同州謝上表

晊民詩

帝晊民情匪幽匪明慘或在腹已如色聲亦無動威亦無止力弗動弗止惟民之極帝懷民晊乃降明德乃生明翼明翼並句何迺房迺杜惟房與杜實爲民路迺定天子迺開萬國萬國既分迺釋蠹民迺學與仕迺播與食迺器與用迺貨與通有作有遷無遷無作士實蕩蕩農實董董工實蒙蒙賈實融融左右惟一出入惟同攝儀以引以遵以肆其風既流品物載休品物載

宋刻本《柳柳州外集》

现藏国家图书馆善本部，系国内孤本。唐代柳宗元的《柳柳州外集》，又叫《唐柳先生外集》，系南宋乾道元年(1165)零陵（今湖南永州市）郡广（永州州学）刻印。这是我省刻印的最早的一部书，是研究我省雕版印刷术发展史的重要实物依据。

岳陽樓記

慶曆四年春滕子京謫守巴陵郡越明年政通人和百廢具興乃重修岳陽樓增其舊制刻唐賢今人詩賦于其上屬余作文以記之余觀夫巴陵勝狀在洞庭一湖銜遠山吞長江浩浩湯湯渾無際涯朝暉夕陰氣象萬千此則岳陽樓之大觀也前人之述備矣然則北通巫峽南極瀟湘遷客騷人多會於此覽物之情得無異乎若夫淫雨霏霏連月不開陰風怒號濁浪排空日星隱耀山岳潛形商旅不行檣傾楫摧薄暮冥冥虎嘯猿啼登斯樓也則有去國懷鄉憂讒畏譏滿目蕭然感極而悲者矣至若春和景明波瀾不驚上下天光一碧萬頃沙鷗翔集錦鱗游泳岸芷汀蘭郁郁青青而或長煙一空皓月千里浮光耀金靜影沉璧漁歌互答此樂何極登斯樓也則有心曠神怡寵辱皆忘把酒臨風其喜洋洋者矣嗟夫余嘗求古仁人之心或異二者之爲何哉不以物喜不以己悲居廟堂之高則憂其民處江湖之遠則憂其君是進亦憂退亦憂然則何時而樂耶其必曰先天下之憂而憂後天下之樂而樂乎噫微斯人吾誰與歸時六年九月十五日

《岳阳楼记》

北宋庆历四年(1044)，滕子京谪守巴陵郡，次年重修岳阳楼，请范仲淹作《岳阳楼记》，岳阳楼因此声名远扬，成为江南三大名楼之一。

历代岳阳楼图

元夏永绘《岳阳楼图》

明弘治剔红岳阳楼图盘

1933年民国时期的岳阳楼

岳阳楼

塔內揭諦佛像大鐵板四移於塔側彌陀殿前甃以甎石高
八尺許四方各嵌鐵板一今並存
案鐵佛寺塔在長沙城湘春門外咸豐壬子粵賊寇郡城
凭高俯瞯當事因毀寺塔鐵柱遺擲荒煙蔓草中者久之
今移至長沙學宮矣

宋慶歷長沙帖

集古錄跋晉賢法帖太宗皇帝萬幾之餘留情翰墨嘗詔天
下購募鍾王真蹟集爲法帖十卷模刻以賜羣臣往時故相
劉公沆在長沙以官法帖鏤版遂布於人間後有尚書郎潘
師旦者又擇其尤妙者別爲卷第與劉氏本並行至余集古

湖南通志卷二百[illegible] 藝文二十五 金石十一 六

錄古文不敢輒以官本參入私集遂於師旦所傳又取其尤
者散入錄中俾夫啟卷者時一得之把翫欣然所以忘勌也
秦觀法帖通解序太宗皇帝時遣使購募前代法書集爲十
卷摹刻於板藏之禁中大臣初登二府詔以一本賜之其後
不復賜世號官帖故丞相劉公沆守長沙日以賜帖摹刻二
本一置郡帑一藏於家自此法帖盛行於世士大夫好事者
又往往自爲別本矣今可見者潭絳二郡劉丞相家潘尚書
師旦家劉御史次莊家宗將世章家凡六本雖有精麤然大
抵皆官帖之苗裔
法帖譜系丞相劉公沆帥潭日以淳化官帖命慧照大師希

《庆历长沙帖》

北宋庆历年间，知潭州刘沆主持摹刻的《庆历长沙帖》，质量上乘，“字行颇高”，南宋学者洪迈称其“最为善本”，在当时影响很大。这是光绪《湖南通志》中有关这一情况的记载。

九疑山碑 漢蔡邕

巖巖九疑峻極于天觸石膚
合興播建雲時風嘉雨浸潤
下民芒芒南土實賴厥勳逮
于虞舜聖德光明克諧頑傲
以孝烝烝師錫帝世堯而授
徵受終文祖璇璣是承太階
以平人以有終遂葬九疑解
體而昇登此崔嵬託靈神仙

九疑名昉離騷祠廟古矣乃無漢以來碑刻閱
歐陽詢藝文類聚有蔡邕碑銘然僅載銘詞而
碑文不著惜也它所遺逸或異襲之暇考新宮
遂屬郡人李挺祖書于玉琯巖以補千載之闕
淳祐六年秋八月郡守潼川李襲之題

《九疑山碑》

刻于宁远县九疑山玉琯岩壁上，系南宋李挺祖据《艺文类聚》中蔡邕碑铭所刻。碑之文辞典雅，书法上乘。

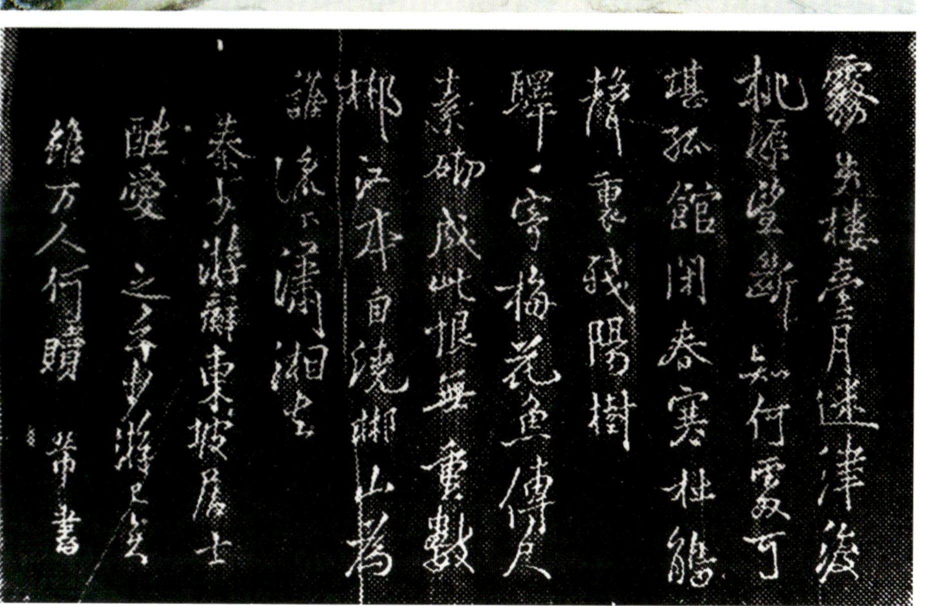

《踏莎行·郴州旅舍》摩崖石刻

位于郴州市苏仙岭下的白鹿洞。其词是北宋著名词人秦观的名作，加上北宋文学家苏东坡对此词的跋语，北宋著名书画家米芾的书法，故有“三绝碑”之誉。图为三绝碑亭和《踏莎行·郴州旅舍》石刻拓片。

《猿鹿图》

作者易元吉，北宋画家，字庆之，长沙人。初攻花鸟、草虫、果品，后重视写生，画猿、猱、獐、鹿等野生动物和林木岩石，心传目击，悉著毫端。《猿鹿图》画俏皮猴子在树上嬉戏玩耍，情态各异。

《杜甫诗意图》卷（局部）

作者为南宋名将赵葵。本图以杜甫诗句“竹深留客处，荷净纳凉时”为意境，描绘了江南一带的竹林景色。画面深远恬静。用墨的浓淡干湿表现竹的远近、老嫩和枯润，更显出深厚的功力。

《洞庭渔隐图》

作者吴镇（1280—1354），浙江嘉兴人，善画山水与花竹，与黄公望、倪瓒、王蒙合称为元代的四大画家。此图采用“一河两岸”式的构图，近景画双松挺立，枯树横斜，隔岸则是迤逦的山坡与水边荡桨的渔舟，十分忠实地呈现出洞庭水乡泽国的景象。

《潇湘八景图》

绢本长卷。元代画家张远作品。此图景物依次似为：潇湘夜雨、洞庭秋月、远浦归帆、平沙落雁、烟寺晚钟、渔村夕照、山市晴岚、江天暮雪。勾皴劲健爽利，用湿笔淡墨渲染，营造成清远空旷的意境。

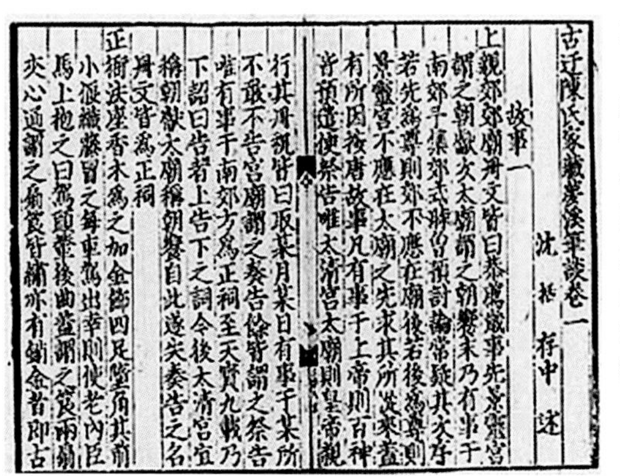
古迂陳氏家藏夢溪筆談卷一
沈括　存中　述
故事一
上親郊廟冊文皆曰恭薦歲事先景靈宮
謂之朝獻次太廟謂之朝饗末乃有事于
南郊予集郊式時曾預討論常疑其次序
若先為尊則郊不應在廟後若後為尊則
景靈宮不應在太廟之先求其所從來蓋
有所因按唐故事凡有事于上帝則百神
皆預遣使祭告唯太清宮太廟則皇帝親
行其冊祝皆曰取某月某日有事于某所
不敢不告宮廟謂之奏告餘皆謂之祭告
唯有事于南郊方為正祠至天寶九載乃
下詔曰告者上告下之詞今後太清宮宜
稱朝獻太廟稱朝饗自此遂失奏告之名
冊文皆為正祠
正衙法座香木為之加金飾四足墮角其前
小偃織藤冒之每車駕出幸則使老內臣
馬上抱之曰駕頭輦後曲蓋謂之筤兩扇
夾心通謂之扇筤皆繡亦有銷金者即古

元刻《梦溪笔谈》

《梦溪笔谈》是我国北宋时期沈括撰写的一部笔记著作。据考证，《梦溪笔谈》最初刻的30卷本，内容比今本要多，但早已散佚。目前最古的版本就是现国家图书馆收藏的元大德九年(1305)湖南茶陵东山（今腰陂镇东山村）人陈仁子所建东山书院刻本。此书开本很大，极为铺陈，而版框很小，装帧为当时流行的蝴蝶装，独具特色。

蹴鞠纹铜镜

我国蹴鞠（类似今足球）运动在战国时代已流行，到宋代更为发达。从我省出土的宋代蹴鞠纹铜镜看，足球运动当时在我省亦已开展。

四、宋元时期湖南的宗教民俗

佛、道在宋元时期极为流行，对当时乃至后世的思想界产生了深远的影响。佛教仍以南岳衡山为中心，并影响到潭、衡等州，形成向四周辐射的局势。道教在宋代由于统治者的推崇，进入了一个高峰时期。湖南道教虽不及佛教之盛，但也兴建了一些有名的道观，出现了一批道教人物。元朝统治者十分注意利用宗教来维护自己的统治，所以佛教、道教、基督教、伊斯兰教在元代都很盛行，湖南以南岳衡山为中心的佛、道二教也得到了发展，寺观遍布全省各地，其传播地域超过唐宋时代。

古麓山寺

位于长沙市岳麓山腰。晋代法崇禅师首创，为湖南最早的一座佛寺。至宋代仍是禅宗著名的佛寺之一。

阳升观

位于攸县凉江乡阳升观村东北，始建于唐，北宋政和间，漕臣程元左奉诏主持修复，凡110楹，诏易名阳升观，盛极一时。

桃花源桃花观

位于桃源县桃花山景区。始建于唐大历、贞元年间，至宋代成为湖南道教圣地。

石霜寺

位于浏阳金刚乡石庄村霜华山麓，始建于唐代。历代名僧辈出，至宋代成为临济宗著名的寺院，著名楚圆禅师曾在此修寺传法。

慈氏塔

位于岳阳市区洞庭湖滨。塔为砖石结构，浑厚坚实，宋代重建，是湖南现存最早的古塔建筑之一。

花瓦塔

位于澧县宜万乡花瓦岗。塔为楼阁式建筑，主要用青砖砌筑，坚实稳重，为宋代建筑，是我省现存最早的古塔建筑之一。

法相岩石刻

位于武冈市城东法相岩村东溶洞外，现存宋至清代题刻70余处，草、楷、隶、篆、行，风格各异，其中有南宋开禧三年(1207)吴中摹刻的《金刚经》偈语。

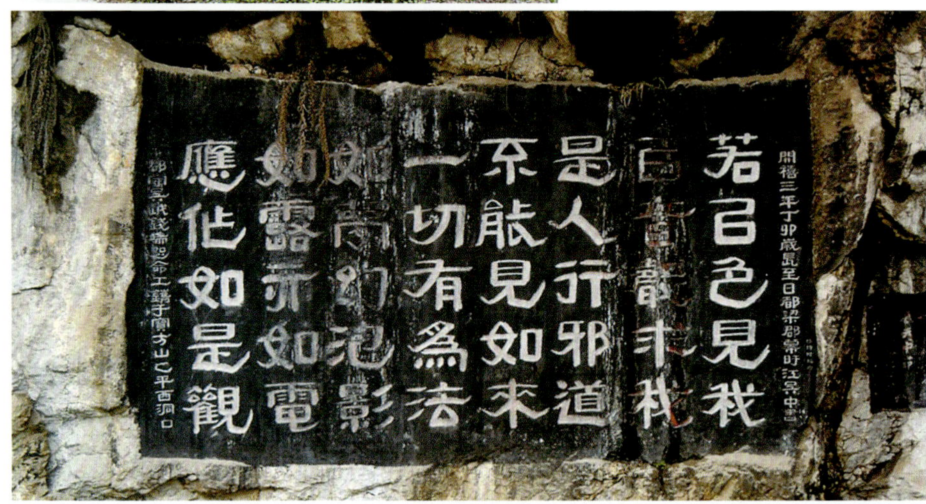

飞山庙

位于湖南省靖州苗族侗族自治县渠阳镇飞山乡飞山村，又名“威远侯庙”。始建于北宋元丰六年(1084)，位于飞山顶上。宋淳熙甲辰年(1185)，靖州知州孙显祖将其迁建于飞山乡飞山村。具有宋代的地方建筑风格。

《提刑权府寺丞请开堂疏碑》

存于常德市博物馆内。碑长198厘米，宽126厘米，南宋绍定元年(1228)正式刊之，楷书，记载寺庙开堂、僧徒受戒以及寺庙田产数等内容，对宋代佛教和寺庙土地占有制度的研究具有重要的史料价值。

白云岩古建筑群

位于新邵县巨口铺白云铺村，始建于南宋宝祐年间(1253—1258)，为湘西南地区佛教名刹。

文仙观三官殿

位于新邵县巨口镇文仙村，始建于北宋建隆元年(960)，宋太祖为纪念文斤(晋代高坪县令)仙人，赏金千两修建。对于研究道教史及其葬俗具有较高的参考价值。

何仙姑画像

（采自《古代神话人物白描画谱》，广西美术出版社2001年版）

何仙姑是宋代有名的道教人物，被奉为“八仙”之一。相传为永州（即零陵）何氏之女，幼遇异人与桃食后，不知饥饿，能知人间祸福，乡人以为神，称为何仙姑。

祭祀的乐器——铜钹

元朝佛教盛行，湖南除了维修、迁建或重建魏晋至唐宋遗留的寺庙外，另新修多处，寺庙遍布全省各地，且各寺庙香火旺盛。这组铜钹于临湘市龙泉寺出土。

石雕彩绘佛像

元朝统治者十分注意利用宗教来维护自己的统治，历代皇帝均以喇嘛为帝师，故佛教在元代得以继续传播和发展。这是位于郴县桥口镇的元代彩绘石雕佛像和至正元年石碑。

红砂石棺

佛教传入中国后，盛行于印度的火葬在宋代以后也传入中国，元时江南一带比较流行。这是长沙金盆岭元墓出土的装骨灰的石棺。

第五章　明至清代前中期的湖南
（公元1368年至1840年）

明朝是在元末风起云涌的农民起义基础上建立起来的。明前期，统治者采取了一系列措施，加强中央集权，整顿吏治，奖励垦荒，兴修水利，劝课农桑，办学重教，明代社会的政治、经济、文化获得了新的发展。明中叶以后，明帝国日益走向衰亡，最终被李自成领导的农民大起义埋葬。

清朝是以满族贵族为核心建立起来的中国封建社会最后一个统一王朝。康熙、雍正、乾隆三朝是清朝发展的鼎盛阶段，政治空前统一，经济空前发展，军事力量非常强大，文化事业空前繁荣，当时的中国是世界上一个比较强盛的国家。自乾隆晚年起，由于统治集团日益腐朽，农民起义连绵不断，腐朽的封建制度已到了寿终正寝的时候。随着西方列强的入侵，中国的历史进入了半殖民地半封建社会。

第一节　明代的湖南

明代的湖南，各方面的发展变化较大。元末明初的战乱，造成湖南人口的大迁徙，原来土著居民流散，江西等地的居民大量徙入，即所谓“江西填湖广”；明前期比较清明的吏治以及一系列注重生产的政策措施的实行，使湖南经济特别是农业获得长足的发展，“湖广熟，天下足”取代了“苏湖熟，天下足”；学校教育的发达，书院的兴盛，政治及文化人物的

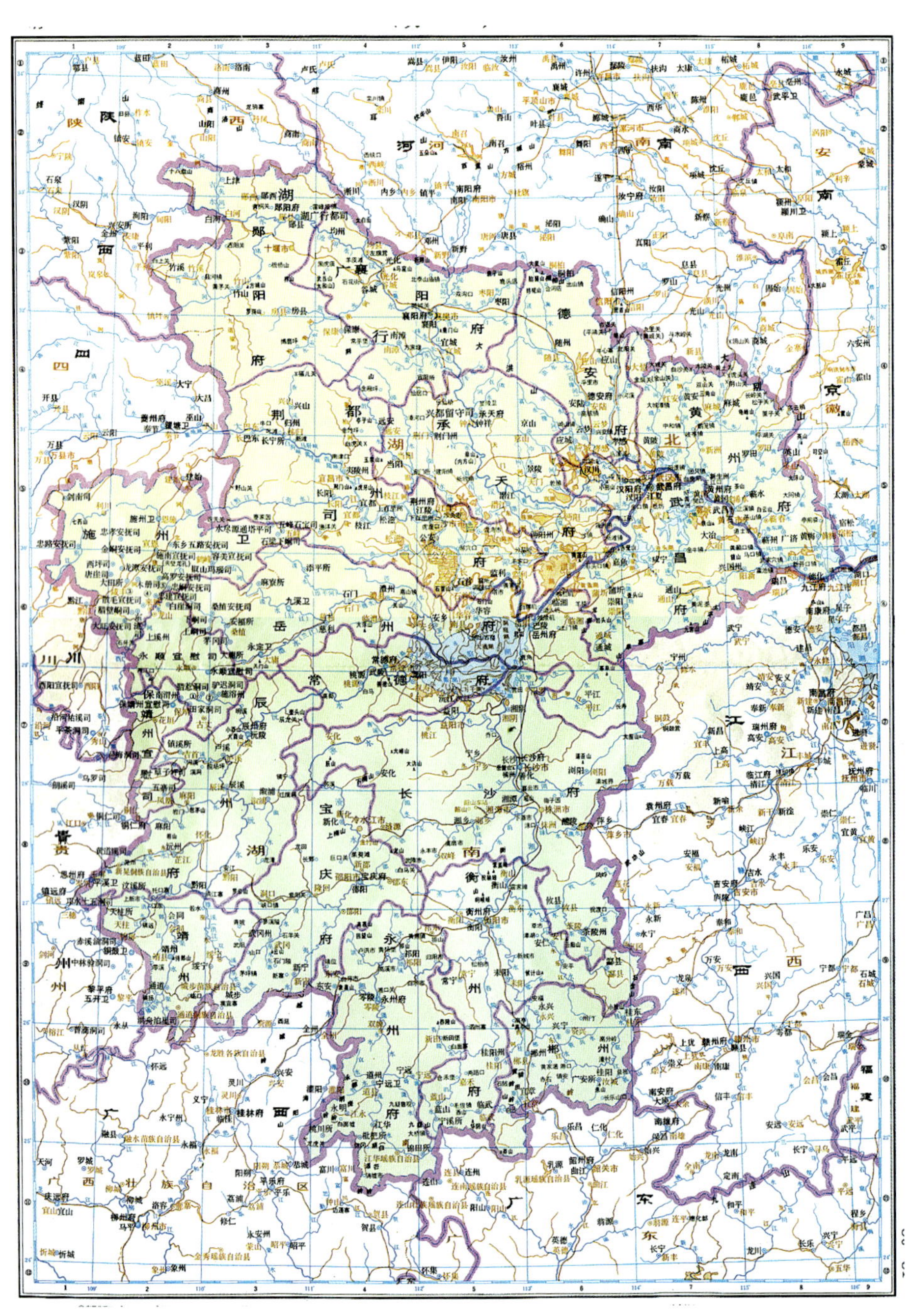

明代的湖南

涌现，均超过了宋元。由于土司制度的发展和进一步完善以及对边远地区的开发，湖南各少数民族社会经济和文化也有新的发展。湖南土家族、苗族士兵赴江浙抗倭的壮举，表明湖南各少数民族已成为国家政治生活中不可忽视的力量。

一、明代湖南的政治军事

明代湖南属湖广省，下设有7府、8州、56县。朱元璋建国后，为保持朱姓王朝的长远统治，在政治上实行封藩制，将自己的儿子分封于全国各地，湖南是明朝分封藩王的一个重要地区。在军事上实行卫所制度，湖南境内设有12卫、19千户所。对待少数民族采取招抚和征讨并用的政策，建立土司制度，湖南设有3宣慰使司，统治全省的少数民族。明前期，还十分重视对吏治的整顿，湖南吏治比较清明。明代中叶以后，土地兼并日益加剧，农民所受的剥削日益加重，各族人民的起义此起彼伏，最终形成声势浩大的李自成领导的明末农民大起义，湖南也是明末农民大起义的重要战场。

明代湖南地方行政机构简表

	7府	8州	56县
属湖广省	岳州府、常德府、长沙府、衡州府、永州府、宝庆府、辰州府	澧州（隶岳州府） 茶陵州（隶长沙府） 桂阳州（隶衡州府） 道州（隶永州府） 武冈州（隶宝庆府） 沅州（隶辰州府） 郴州（直隶布政司） 靖州（直隶布政司）	平江、慈利、桃源、龙阳、湘阴、湘潭、浏阳、醴陵、益阳、湘乡、攸县、耒阳、常宁、嘉禾、新田、城步、巴陵、临湘、华容、武陵、石门、安乡、沅陵、辰溪、卢溪、溆浦、黔阳、麻阳、会同、通道、长沙、善化、衡山、宁乡、安化、衡阳、安仁、酃县、宁远、江华、永明、零陵、东安、祁阳、宜章、永兴、兴宁、桂阳、桂东、邵阳、新化、武冈、新宁、绥宁、临武、蓝山

明代湖南属湖广省，下设有7府、8州、56县。

吉简王墓志

圹志

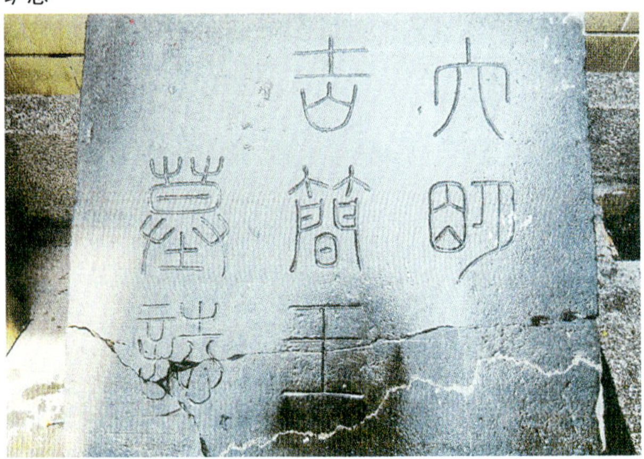

墓志铭

吉简王朱见浚

朱见浚（1456—1527），明英宗第七子。天顺元年（1457）封吉王，成化十三年（1477）就藩长沙。兴建城中之城吉王府，重儒好学，于岳麓书院刊刻《先圣图》、《尚书》，以授学者。

吉王府

以王府坪（今长沙樊西巷一带）为前门，紫金台（今紫金街）为后户，以东西牌楼为两翼，八角亭、走马楼、万春池等地都在吉王府内，是游乐走马的地方。吉王府毁于明末清初的战火。图为今鱼塘街照磨巷内的聚福井，即原吉王府汲水用井。

吉藩石印

是明吉简王朱见浚之印。

铁灶

是明吉藩王宫中旧物。

铜缸

为宫中贮水消防的容器，可能系湖南常德明代荣王或长沙吉王宫中故物。

吉藩铜镜

为明吉藩王宫中物。

华阳王镇抚司之印

此印为南明唐王朱聿键于清顺治二年（1645）藩封给朱敬一的王印。

荣定王墓

位于常德市德山，是明藩王荣定王朱翊珍（1555—1612）及其二妃李氏、杨氏墓。朱翊珍为明宪宗朱见深的后裔，荣恭王的儿子，万历二十六年（1598）受封为荣定王。

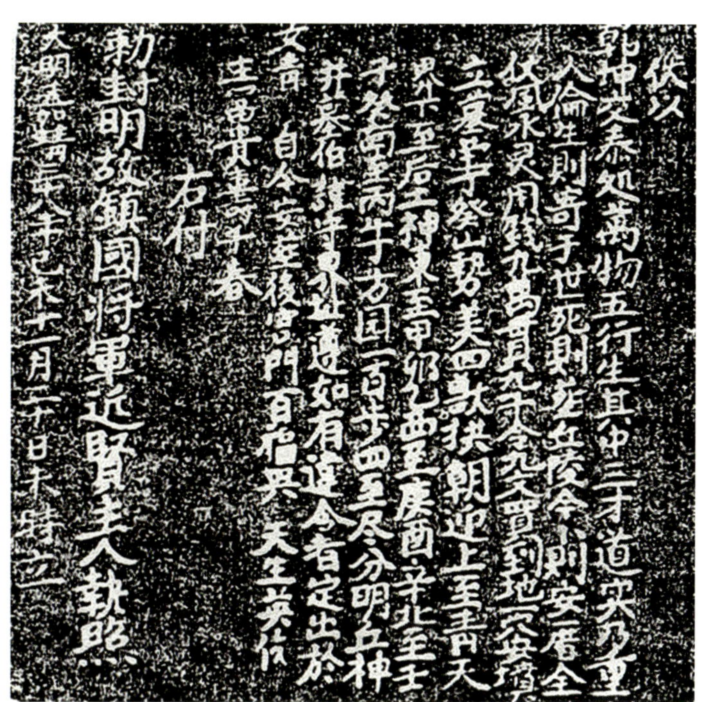

江川王朱誉桦墓志

出土于邵阳市汤家山。朱誉桦（1547—1559）是明太祖朱元璋第七世孙，世袭江川王。

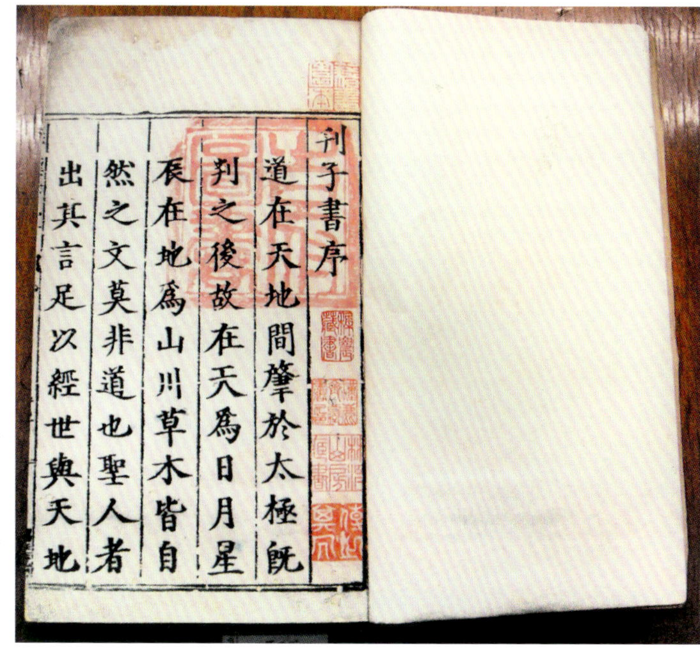

列子書序

道在天地間肇於太極既判之後故在天爲日月星辰在地爲山川草木皆自然之文莫非道也聖人者出其言足以經世與天地

《二十家子书》（二十九卷）

（明）谢汝韶辑，明万历六年（1578）长沙吉藩崇德书院刻本。精工雕刻，纸墨上乘，字体秀丽，古雅大方，为明代藩王府刻书之上品。

明代湖南军事机构简表

都指挥使司	12卫	19千户所
	永州卫、岳州卫、辰州卫、常德卫、宝庆卫、长沙卫、茶陵卫、衡州卫、九溪卫、永定卫、靖州卫、宁远卫	郴州守御千户所、桂阳守御千户所、安福守御千户所、麻寮守御千户所、武冈守御千户所、澧州守御千户所、大庸守御千户所、添平守御千户所、宁溪守御千户所、常宁守镇中千户所、镇溪军民千户所、桃川守御千户所、枇杷守御千户所、锦田守镇右千户所、宁远守御左千户所、江华守镇右千户所、汶溪屯镇千户所、宜章守御千户所、广安守御千户所

明代军事制度实行卫所制度，在一些军事要地设卫，卫下设所。湖南境内共设有12卫，19千户所，均为都指挥使司统辖。

长沙天心阁城墙

明洪武年间（1368—1398），长沙守御指挥邱广营建长沙城垣，将元代所筑土城墙全改为石基砖砌。后经多次战争，今仅存天心阁城墙一段。

泸溪县高山坪古驿道

位于泸溪县浦市镇至永兴场乡。明洪武和万历年间，朝廷为了加强对苗族地区的控制，便修建驿道，以利于传递信息和运输军需物资。它是明清时期浦市通向西南川黔地区的经济、军事交通要道，也是湘西苗疆边墙系列军事遗存的重要组成部分。

泸溪岩门古堡寨

位于泸溪县达岚镇岩门村，建于明代。古堡寨以红砂岩为墙基，呈椭圆形，拔地而起，由墙基、红土砖墙、楼阁构成封闭的堡寨外围防御攻势，昭显着湘西苗疆边墙系列军事遗存的重要价值。

永顺老司城古城墙

位于今永顺县境内，旧名福石城，是永顺县古代土司衙署所在地，大约修建于南宋绍兴五年（1135）。现存建筑多为明代所建，是湘西永顺土司统治时代的政治、经济、文化中心。

新迹湾土司墓群

位于永顺县保坪乡。明代永顺大龙土司向国宗等葬于此。明代对少数民族采取招抚和征讨并用的政策，建立土司制度，明代土司以宣慰使司最大，在湖南境内有3宣慰使司（永顺、桑植、靖州）。永顺军民宣慰使司建于洪武五年（1372），治所在今永顺老司城。彭氏世袭宣慰使职，领州三、长官司六。

爽岩洞石刻

位于永顺县颗砂乡。明正德十六年（1521）土司彭世麟题“爽岩洞”和诗二首，是明代土司游览之所。

彭翼南墓室

位于永顺县老司城紫金山。明正统、嘉靖时，东南沿海倭寇肆虐，湖南士兵积极赴江浙抗倭。嘉靖三十三年（1554）冬，永顺宣慰使彭翼南率兵奔赴苏州、松江地区抗倭，大获全胜，荣归故里。死后葬于此。

老司城的翼南牌坊

翼南牌坊位于老司城南面紫金山和若云书院的雅草坪，始建于明嘉靖年间。上刻“子孙永享”四字，系为表彰第26代土司彭翼南率士兵抗倭有功而立。

明前期湖南主要廉吏简表

人名	年代	官职	主要政绩
滕楫	洪武	长沙知府	讼简赋均，民安盗息
唐庸	洪武	岳州知府	廉洁有为，郡无废事
陈道生	洪武	桂阳知州	为政廉洁，不携妻子，不通干谒
仇存诚	永乐	耒阳知县	才长干济，一意爱民，为政酌其缓急，皆井井有条理。
史中	永乐	衡州通判	守法恤民，不畏强御
操钦	正统	辰州推官	廉洁不畏强御，豪右畏服，民多德之
方佐	正统	攸县知府	风裁凛然，饬纲振纪，吏民畏服
姚文灏	成化	湖广提学佥事	毁誉不入，请托不行，贿赂不通
青文胜	洪武	龙阳典史	为民请命，不惜身死
高从训	洪武	衡州通判	定章程，建郡治，兴学校，课耕桑
甄谊	洪武	长沙府同知	勤功课，兴学校，禁强暴
程斗南	洪武	宝庆府同知	经营百务，民被实惠
王叔撝	洪武	湘潭知县	政务休养，劝民耕种，不数年麻菽遍野，户口倍增
杨守礼	洪武	江华知县	葺县治，修学校，教民以礼让
黄伯通	洪武	江华知县	修学校，课农桑，赋役均平，教养备至
张子登	洪武	沅陵县丞	宽平御下，劝课农桑
萧岐	永乐	新化县知县	教民种桑、麻、桐、棕及茶，民享其利
方复	宣德	东安知县	兴学校、劝农桑、招抚流移，人咸悦服

明朝前期的统治者，在加强中央集权、完善地方行政管理体制和加强军事控制的同时，十分重视对吏治的整顿。当时湖南的吏治比较清明，涌现出了一批勤于政事、清廉自守、扶正压邪、执法严明的官吏。

《天下郡国利病书》

明代中叶以后，土地兼并日益加重。顾炎武《天下郡国利病书》卷七十六记载了明中叶后湖南永州府土地兼并的情况。

按舊志云永爲近邊地不運糧不京操惟分戍以防猺獞有輸戍有永戍有近戍有遠戍其法以正軍一千四百四十人四分之以一班輸戍廣西柳州府以指揮一員領之以一班輸戍小水營以指揮一員領之三年而代得代而歸者操守於本衛又選在衛餘丁常川防守各營又有春調戍守東安縣者又有戍守廣西興安縣戍守祁陽縣水鎮堡戍守本府永安營者徃時戶籍不明屯田侵隱有一軍而佔田一二百畝者有一軍而田不滿一二三

則庾或可幾也兹賦有常而民產無恒歛不獨厚且急亦幸矣悪乎孖夫派撥名項數多衆愚藏遭欺惑猾胥尤便伸縮如吾武陵禄糧斗止九分有奇或過收貳錢者夏税石僅壹分有奇或横索伍分者各邊折色每石伍錢歲以為常間例外倍征者零星無幾總計弗訾况豪右得以私囑里書易於藏奸富民巧於用幸又外設歇家保頭名色及餽遺責限牌差打點展限分例諸縻費顧視正数倍差矣姑求彼善之

嘉靖《常德府志》卷十八《艺文志》记载了对农民剥削的加重。

慈利縣志 卷八

有二焉軍買民田號曰寄庄率抗官而負税隘收民
米號曰隘糧顡詭寄以俾免夫在伍有月糧之給上
班有行糧之支則所以優恤之者至矣乃私占膏腴
而公抗賦税可乎况賦有定制惟正之供不責之軍
則責之民膏腴之利歸於軍賠賕之累及乎民如之
何民其不困憊也全里民里隘丁之别慈昔無有也
其起於後來官府之市恩吏胥之舞法乎夫近於隘
者如十七都三里糧係起科数只九十六石有奇名
曰隘糧求免伍也乃今積至一千餘石問其糧則曰

万历《慈利县志》卷八《田赋》

记载了明朝政府对农民田赋剥削的加重。

郴志 卷之十一 七

往來過客下程廪粮等項備用銀一十兩前銀用盡方於銀內申請動支
南贛參將廪給徑紅機兵工食銀每年於丁內派徵共一百六十九兩九錢二分三釐
桂陽銀差崇府齋郎一十九名每名銀六兩鋪排夫
名銀三兩看戶三名每名銀三兩貴溪王民校二名
銀一十二兩布政司京解一名銀三十兩表夫一名五五
布按二司造冊書手各半名每名銀四兩五遇閏各加銀三
七分三分守上湖南道皂隸一名銀七兩二錢

万历《郴州志》卷十一《庸调》

记载了明朝政府对农民的赋役剥削。

上堡国古城墙

上堡国全景

上堡国遗址

位于绥宁县黄桑坪苗族乡上堡村。明中叶以后的残暴统治，激起各族人民的反抗。天顺年间（1457—1464），李天保为唐太宗后裔，入绥宁苗山组织万余人起义，在上堡村称王封侯，年号“武烈”，建立中央、省、府、州、县政权，修建金銮宝殿。至今保留石城墙、旗杆石、忠勇祠等遗址。

苗疆边墙

苗疆边墙，始建于明嘉靖三十三年（1554），竣工于明天启三年（1623）。南起凤凰县黄合乡的亭子关，北至吉首市喜鹊营，全长190公里。设有各种城堡、屯堡、哨卡、关卡等848座，是明朝的军事防御设施。

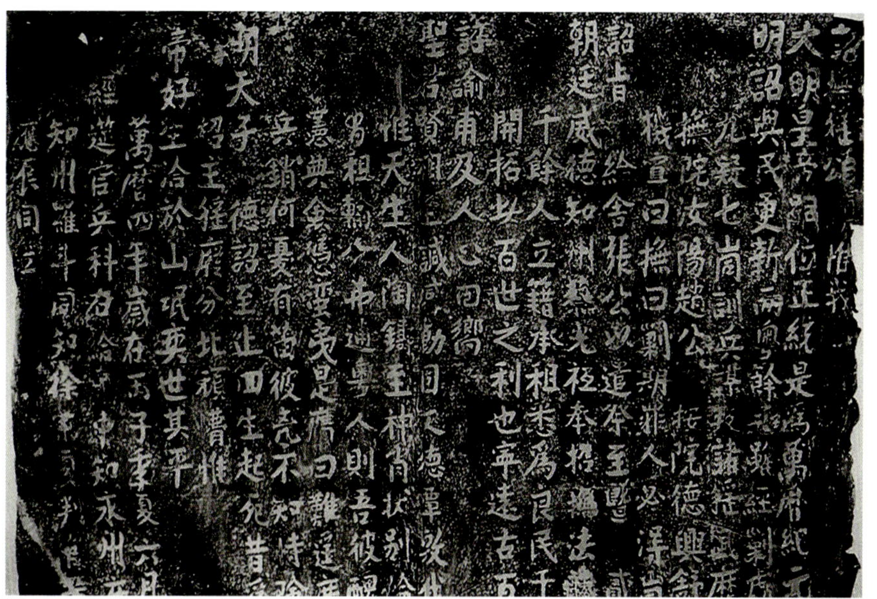

丁懋儒《奉诏抚瑶颂》碑

在宁远县舜庙拜亭左侧，记录明万历年间招抚峒瑶盘法胜等及兵擒陈世禄的经过。

奉天玉大和尚之墓

位于石门县夹山寺，传为明末农民起义领袖李自成墓。明末农民起义失败后，李自成余部转入洞庭湖一带，联明抗清。李自成隐于夹山当和尚，直至辞世。

野拂墓碑

位于慈利县高峰乡茅庵村。野拂，据考证为李自成部将、侄儿李过。此碑记载了墓主生平事迹。

杨嗣昌墓

位于沅江市新湾镇丽园村。杨嗣昌（1588—1641），武陵（今鼎城区）人，明代礼部尚书，赠太子太傅，镇压李自成农民起义军，兵败自尽，葬于沅江。

刘大夏墓

位于华容县胜峰乡。刘大夏（1436—1516），字时雍，华容人。明天顺八年（1464）春，黄河决堤，他前往治水，论功，升至左副都御使，后为兵部尚书，总制两广军务。因得罪宦官刘瑾，谪戍肃州（今甘肃酒泉）。刘瑾伏诛后赦归。卒后谥忠宣。著有《东行草》、《西行草》、《宣召录》等。

二、明代湖南的社会经济

元末明初的连年战祸和兵燹，使湖南的社会经济遭到了严重的破坏。明初湖南大部分地区田园荒废，人口锐减，原有居民大量散亡，取而代之的是大批外省移民，尤其是江西移民，他们为明代湖南社会经济的发展作出了重要贡献。明前期，由于统治者采取了一系列恢复和发展社会经济的措施，如移民、屯田、奖励垦荒、平均赋役、兴修水利等，湖南的社会经济取得了新的进展，手工业、矿冶业和商业也取得了长足的进步。

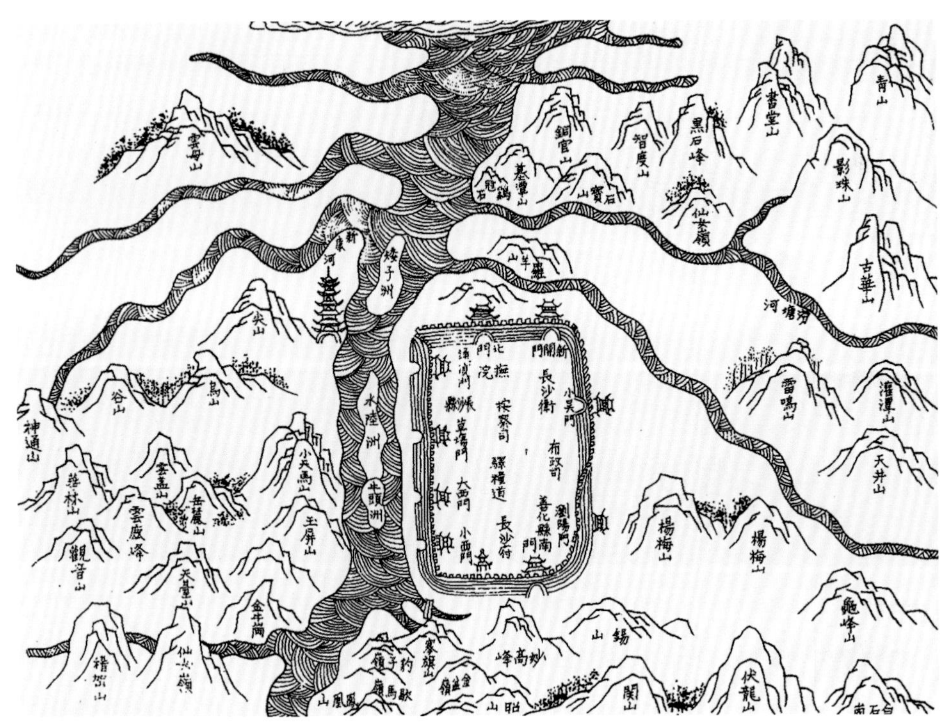

明长沙山川图

采自明崇祯十二年（1639）《长沙府志》

张谷英村住宅群

位于岳阳县张谷英镇。张谷英为元末明初时人，明洪武年间从江西迁来岳阳，在此聚族而居，现已发展到27代。明万历年间，第八代孙张思南开始在今处营建住宅，历经数代，建成大小房屋1000多间，总建筑面积达5万多平方米。

元岳州路户十三萬九千五百有八口七十八萬七千七
百四十三澧州路户二十萬九千九百八十九口百十
萬一千五百四十三
明岳州府洪武户七萬八百六十七口二十八萬二千二
百二十四永樂户減一萬五千二百有四口減二萬六
千一百四十三宣德户又減六千九百五十四口又減
五萬八千九百二十五正統户又減千三百九十六口
增二千三百有八景泰户又減二千七百十六口又增
三萬五千七百二十四天順户少增三百九十四口又

隆庆《岳州府志》卷七

明初湖南地区各府州的户口，留下的记载不全，只有少数几个府州的数字。隆庆《岳州府志》卷七记载了岳州府洪武年间户7.0867万，人口28.2224万。

國朝
洪武二十四年本府户二萬九千二百七十七 口
十二萬八千八百九十五
武陵縣户一萬三千二百七十六 口四萬八千
四百六十九
桃源縣户九千三百七十一 口四萬九千二百
六十五
龍陽縣户五千九百三十九 口二萬七千九十

嘉靖《常德府志》卷六

记载了洪武二十四年（1391），常德府户2.9277万，人口12.8895万。

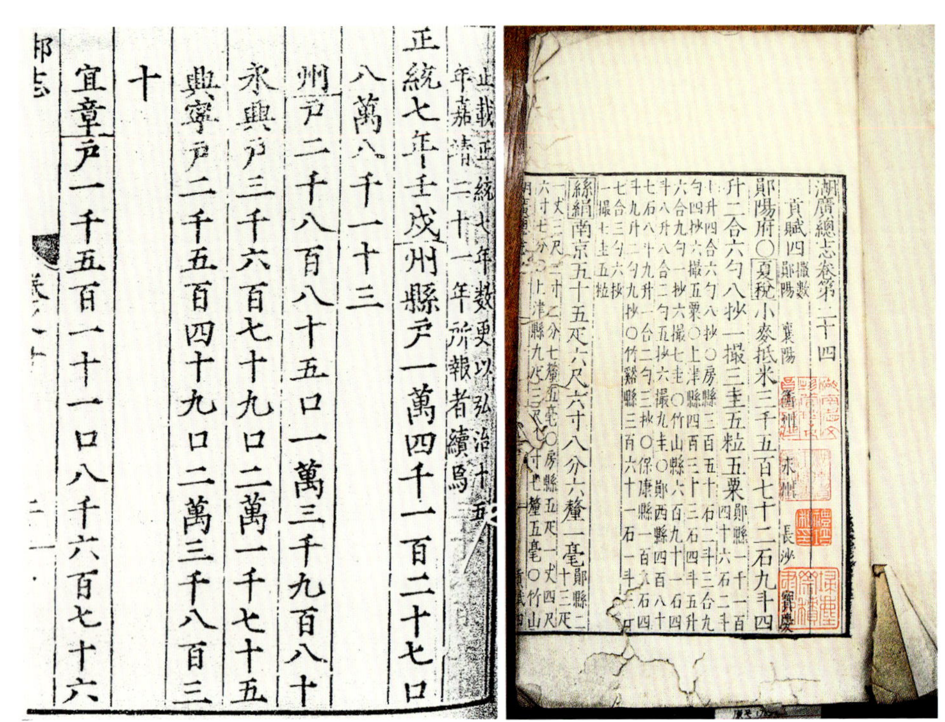

止載正統七年數更以弘治十五
年嘉靖二十一年所報者續焉
正統七年壬戌州縣戶一萬四千一百二十七口
八萬八千一十三
州戶二千八百八十五口一萬三千九百八十
永興戶三千六百七十九口二萬一千七十五
興寧戶二千五百四十九口二萬三千八百三
十
宜章戶一千五百一十一口八千六百七十六

郴志 卷之十 二十一

湖廣總志卷第二十四
貢賦四 撮數 鄖陽 襄陽 承天 長沙 寶慶
鄖陽府〇夏稅小麥抵米三千五百七十二石九斗四
升二合六勺八抄一撮三圭五粒五粟鄖縣一千一百四十六石二斗
十升四合六勺八抄〇房縣三百五十石二斗三合九
勺四抄六撮五粟〇上津縣四百三十三石四斗五升
六合九勺一抄六撮七圭〇竹山縣六百九十一石四
斗八升八合二勺五抄六撮九圭〇鄖西縣四百八十
七石八斗九升一合二勺三抄〇保康縣一百六石四
斗九升二勺九抄〇竹谿縣三百六十一石一斗三
七合三勺六抄
一撮七圭五粒
絲絹南京五十五疋六尺六寸八分六釐一毫鄖縣二十三疋
一丈三尺三寸二分七釐五毫〇房縣五疋一丈四尺
六寸七分〇上津縣九疋三尺七寸七釐五毫〇竹山

万历《郴州志》卷十

记载了正统七年（1442），郴州户1.4127万，人口8.8013万。

万历《湖广总志》卷十一

记载了明隆庆六年（1572）湖南地区7府2州总计户27.6101万，人口191.7047万。

明代湖南卫所屯田简表

岳州卫，屯田683顷94顷亩零，屯粮8188石7斗6升零。

永定卫，屯田1467顷25亩，屯粮5168石。

大庸千户所，屯田175顷99亩，屯粮993石3斗7升零。

澧州千户所，屯田261顷5亩零，屯粮3030石4升零。

九溪卫，屯田1467顷25亩，屯粮6795石8斗零。

安福千户所，屯田320顷19亩零，屯粮2140石3斗零。

长沙卫，屯田1428顷54亩零，屯粮1.5488万石6斗零。

茶陵卫，屯田1439顷97亩零，屯粮1.4901万石4斗零。

宝庆卫，屯田880顷11亩零，屯粮1.0516万石6斗零。

武冈千户所，屯田1041顷89亩零，屯粮2127石6斗零。

城步千户所，屯田70顷43亩零，屯粮842石1斗零。

衡州卫，屯田1223顷2亩零，屯粮1.4057万石2斗零。

桂阳千户所，屯田52顷41亩零，屯粮761石9斗零。

常宁中千户所，屯田792顷56亩，屯粮3398石5斗零。

宁溪千户所，屯田96顷65亩零，屯粮1162石6斗零。

常德卫，屯田1007顷35亩零，屯粮1.2795万石4斗零。

辰州卫，屯田1033顷91亩零，屯粮1.2416万石3斗零。

沅州卫，屯田705顷57亩零，屯粮8300石6斗零。

平溪卫，屯田256顷61亩零，屯粮3853万石零。

永州卫，屯田1402顷67亩零，屯粮1.4578万石零。

宁远卫，屯田3070顷74亩零，屯粮4261万石9斗零。

枇杷千户所，屯田94顷69亩零，屯粮962石零。

桃川千户所，屯田166顷87亩零，屯粮1905石9斗零。

锦田守镇前千户所，屯田83顷71亩零，屯粮909石6斗零。

宁远宁御左千户所，屯田86顷50亩，屯粮1041石。

东安守镇百户所，屯田46顷70亩零，屯粮500石零。

靖州卫，屯田294顷11亩零，屯粮2537石1斗零。

汶溪千户所，屯田51顷50亩，屯粮648石9斗零。

郴州千户所，屯田249顷81亩零，屯粮2998石8斗零。

广安千户所，屯田50顷73亩零，屯粮578石5斗零。

宜章千户所，屯田160顷31亩零，屯粮2291石2斗零。

明朝田土分官田、民田两类。官田由诸王的庄田和卫所屯田组成。卫所屯田是主要的官田。

每名銀三兩　岳陽驛丞庫子二名銀一十二兩
縣儒學祭器庫子一名斗級二名每名銀四兩
慈利縣銀差除布花雜定銀外餘差計銀一千四百六十
八兩九錢　華陽王老二府民校二名每名銀一十二兩
遼府校江王民校三名　益陽王民校一名
俱每名銀一十二兩　應山王典膳柴薪二名每名銀
一十二兩遇閏每名加銀一兩　榮府柴薪典寶副紀
膳正各二名奉祠正一名共七名每名銀一十二兩遇
閏每名加銀一兩　富城王府後四名每名銀四兩
景府典簿柴薪二名每名銀一十二兩遇閏每名加銀
一兩　襄府柴薪右長史工副伴讀各一名審理正三
名共六名每名銀一十二兩遇閏每名加銀一兩　襄
陽王教授柴薪一名銀一十二兩遇閏加銀一兩　華
陽王司衣一名銀四兩　布政司皂隸一名銀六兩遇
閏加銀五錢　造册書手三名半每名銀九兩遇閏每
名加銀十錢五分　油燭銀一十兩五錢　京牌一名
衣糧銀三十兩　按察司表夫銀一十二兩　皂隸三

隆庆《岳州府志》卷十一

记载了岳州府的赋税情况。

四风寺石柜

位于常德市武陵区城东盐关东堤外沅水北岸。建于明万历四十八年（1620），是用于减缓洪水对堤防冲击的水利设施。

回龙塔

位于永州市潇水河东岸，耸立于悬崖之上。明万历十二年（1584），邑人钦差巡抚操江右佥都御史吕藿捐资建造，“以镇摄水患”。基层有“回龙宝塔”四字，系“钦差巡抚湖广右佥都御史闽人陈省题”。

筒车

明代的农业生产技术有新的改进，灌溉工具以龙骨车、筒车为主。零陵一带以水为动力的风轮筒车，功力相当大，受益面积宽，一车可供10户农民使用。

水凹坪冶炼遗址

位于嘉禾县龙潭乡。地面暴露大量的煤渣、铁、炼铁罐。

银砂岭冶炼遗址

位于嘉禾县龙潭镇廊里村。遗址暴露大量的煤渣和炼银钵，炼银钵大小不一。

大明通行宝钞壹贯券

明代通行货币，始自洪武，终至明末。

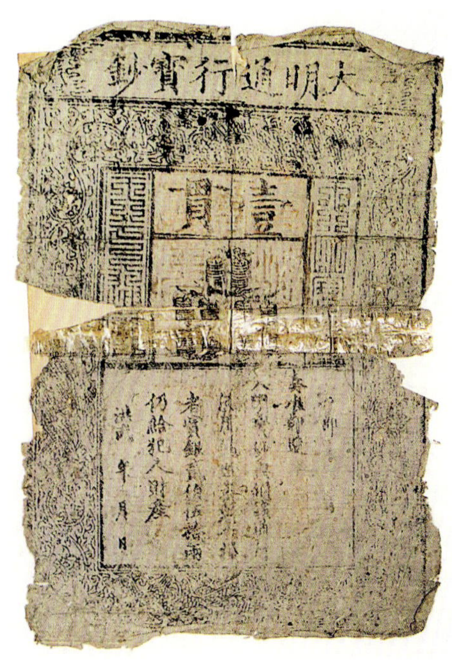

宝庆府故城

位于邵阳市市区红旗路、城北路。明代商业较为发达，湖南地区的商业城镇和交易中心也逐步形成和发展起来。宝庆府是湖南西南部一个重要的商业中心。

罗水女子桥

位于汨罗市古仑乡，是湖南古石券桥中具有地方风格的代表。建于明万历三十七年（1609）。传说一女因夫病，携子乞讨至此，适逢水涨不能渡，即乞讨募捐建成此桥。

会同高椅村

至今保存明洪武十三年（1380）到清光绪七年（1881）的古民居。

中方县荆坪村

荆坪村历史悠久。战国时期为牂牁国的都城且兰古城，汉代为舞阳县址，唐宋时为溆州城址。现有明清时期的民居42栋，建筑形式独特，布局精巧。

明古井

明关圣殿

马底驿驿站

位于沅陵县马底驿乡。建于明朝的马底驿驿站，是自隋唐以来朝廷与地方联系的中转站和农副土产的集散地，历来为湘西南重要驿站。

中方县荆坪村驿道

通道芋头侗寨

始建于明代洪武年间（1368—1398），从选址、布局到建筑细部都具有独特的地方特色，体现“天人合一”的风格。

邵阳宗祠

宗祠是封建宗法族权的象征，至今在湖南各地都有一定程度的保存。邵阳洞口县较完好地保存了始建于明正德元年（1506）至清宣统二年（1910）的数十座宗祠。建筑形制除表现庄严和权威外，更注重质感和美感。

杨氏宗祠

位于洞口县石江镇金塘村社山。

杨北公祠

位于湖南邵阳洞口县山门镇。

王元帅宫

位于洞口县石江镇江潭村，实为王氏宗祠，始建于明代。王元帅为江潭村先祖、明朝初年立过战功的王以权。

朱元璋之子朱櫰为王元帅宫题匾“湖南第一望”。

城步蓝氏宗祠

又称蓝玉故里，位于城步县西南丹口镇太平村棕树园。始建于明隆庆五年（1571），是为纪念凉国公蓝玉而建的宗祠。

洞口县石江镇谭氏宗祠

钟元帅庙

钟元帅庙位于洞口县石江镇双江村龙聚山西南麓，庙宇始建于明万历元年（1573年），系当地钟姓族人为纪念其先祖元末招讨元帅钟培英而建。

洪江商城

位于怀化市洪江管理区，形成于明朝末年。它是滇黔与沪汉之间水运的必经之地，以集散洪油（洪江桐油）、木材、白蜡而名噪一时，是滇、黔、桂、湘、蜀五省地区的物资集散地，享有“小南京”、“西南大都会”之誉。

洪江古商城一隅

三、明代湖南的文化

明朝政府为强化统治，提倡“治国以教化为先，教化以学校为本”，高度重视学校教育，积极推行科举制度，以培养和造就大批为其所用之才。这一期间，湖南的官学获得了普遍发展，通过科举登进士的人大量增加，并涌现出一批杰出的人才群体，他们不但对明朝政局产生过重大影响，同时，也为当时的文学艺术和学术研究作出了卓越贡献，并取得了丰硕成果。另外，宗教在前朝基础上也有很大的发展，传统建筑艺术更是璀璨夺目。

永顺大龙村文庙

始建于明万历初年(1573)，为明代湖南土家族文化教育的场所。

明代湖南主要进士表

姓　名	籍　贯	中进士年代	主要成就（最高官职、学术成果）
邝埜	宜章	成祖永乐九年（1411）	监察御史 、兵部尚书
朱英	汝城	英宗正统十年（1445）	御史、两广总督
邓廷瓒	岳阳	代宗景泰五年（1454）	左都御史
黎淳	华容	英宗天顺元年（1457）	南京礼部尚书
刘大夏	华容	英宗天顺七年（1463）	兵部尚书《刘忠宣公遗集》
曾鉴	桂阳	英宗天顺八年（1464）	工部尚书
李东阳	茶陵	宪宗成化元年（1465）	吏部尚书《怀麓堂集》
熊绣	宁远	宪宗成化二年（1466）	右都御史
王俨	华容	宪宗成化五年（1469）	户部右侍郎
曾燧	永兴	宪宗成化十一年（1475）	刑部员外郎
曾介	永兴县	宪宗成化十一年（1475）	嘉定知州
曾全	永兴县	宪宗成化二十三年（1487）	户部主事
何孟春	郴州	孝宗弘治六年（1493）	吏部左侍郎/《燕泉集》
何天衢	道州（道县）	孝宗弘治九年（1496）	工部侍郎
陈洪谟	武陵（常德）	孝宗弘治九年（1496）	兵部左侍郎/《治世馀闻》
胡节	零陵	孝宗弘治十五年（1502）	山东巡抚
曾念	永兴县	孝宗弘治十八年（1505）	户部主事
唐凤仪	邵阳县	武宗正德三年（1508）	左都御史/《浙巡录》
方钝	巴陵县（岳阳县）	武宗正德十五年（1520）	户部尚书
张治	茶陵县	武宗正德十六年（1521）	礼部尚书/《龙湖文集》
杨守谦	长沙	世宗嘉靖八年（1529）	兵部右侍郎
刘尧海	临武县	世宗嘉靖三十二年（1553）	户部尚书/《虚籁集》
胡顺华	武陵县	世宗嘉靖三十五年（1556）	江苏兴化县令
曾朝节	临武县	神宗万历五年（1577）	礼部侍郎/《易测》
车大任	邵阳市	神宗万历八年（1580）	福州知府
邓启愚	溆浦县	神宗万历八年（1580）	南阳道副使
李腾芳	湘潭县	神宗万历二十年（1592）	礼部右侍郎/《岣嵝文集》
周之龙	湘潭县	神宗万历二十九年（1601）	工部虞衡司郎中/《西曹直草》
满朝荐	麻阳县	神宗万历三十二年（1604）	太仆寺少卿
杨鹤	武陵	神宗万历三十二年（1604）	兵部右侍郎
周堪赓	宁乡县	神宗万历三十五年（1607）	工部右侍郎
杨一鹏	岳州	神宗万历三十八年（1610）	户部尚书/《烬草》
罗喻义	益阳县	神宗万历四十一年（1613）	礼部右侍郎/《布昭圣武讲议》
文士昂	攸县	熹宗天启二年（1622）	太常卿
郭都贤	益阳县	熹宗天启二年（1622）	佥都御史/《衡岳集》
朱助国	辰溪县	熹宗天启五年（1625）	御史
刘兴秀	永州	熹宗天启五年（1625）	监察御史

明代大兴学校教育制度，湖南亦非常重视教育，因此，涌现出一批杰出的人才群体。被列入这张表格者，均为明代湖南籍主要进士。在这些进士中官至显位、并对明朝政局产生过重大影响的有刘大夏、李东阳、杨一鹏、张治、杨嗣昌等。

邵阳水府庙戏台

位于邵阳市区中河街，临资水与邵水汇合处东岸，建于明万历四十二年（1614），是船业人员综合祭祀祈福场所。今存戏台，为湖南戏台建筑表现突出者。

位于茶陵县的刘三吾墓。

刘三吾《书传会选》（明味经堂刻本）、《坦斋刘先生文集》（明万历元年（1573）茶陵州署贾缘刻本）

刘三吾，初名如孙，晚年自号坦翁，明茶陵人，元皇庆元年（1312）生。官至翰林学士，为明代前期著名文学家、经学家。《书传会选》6卷，是他重要的经学著作。《坦斋刘先生文集》2卷，为其传世文学作品。

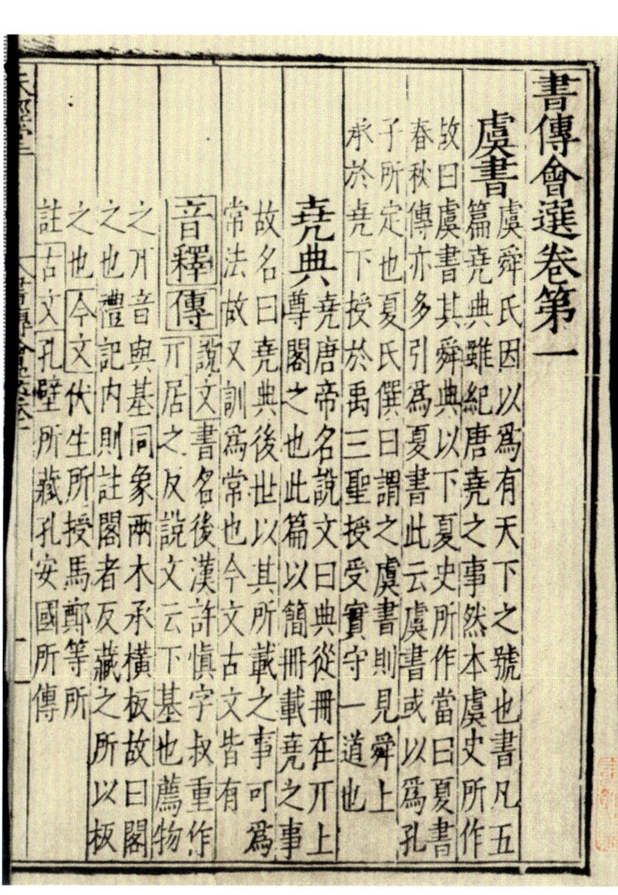

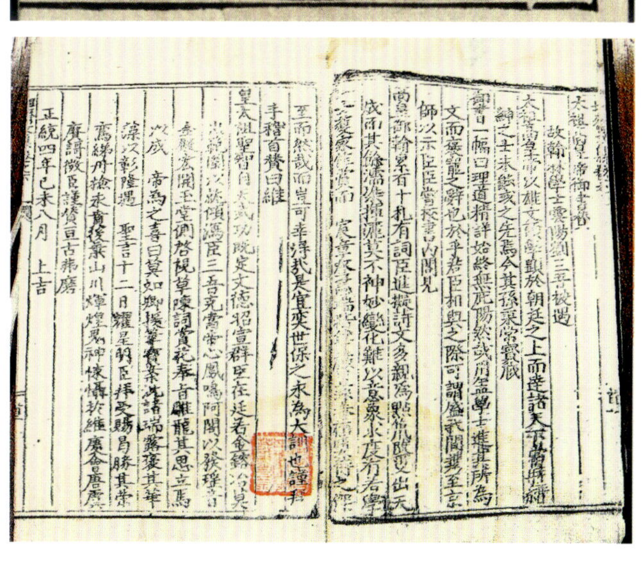

李东阳《西涯拟古乐府》

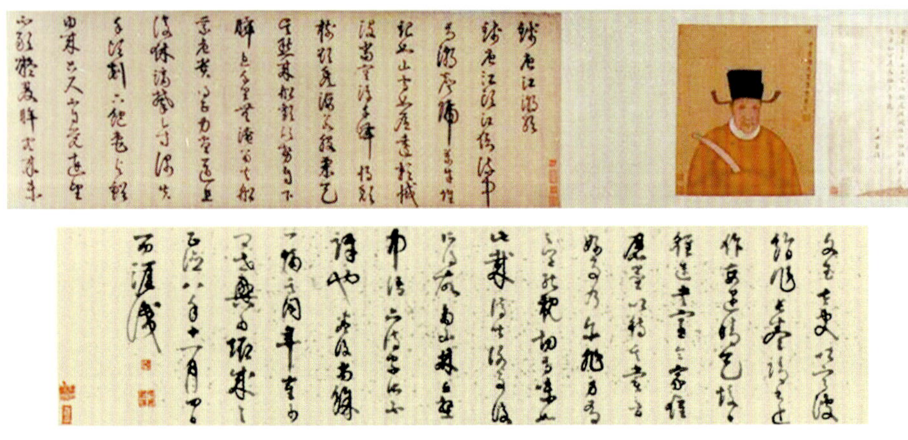

上：李东阳画像

下：李东阳行书诗卷

李东阳（1447—1516），字宾之，号西涯。18岁登进士第，官至太子太保、户部尚书、谨身殿大学士，明代中后期著名文学家和书法家。他的诗和散文造诣很深，以他为首形成“茶陵诗派”。《西涯拟古乐府》与行书诗卷均为其文学与书法的代表作。

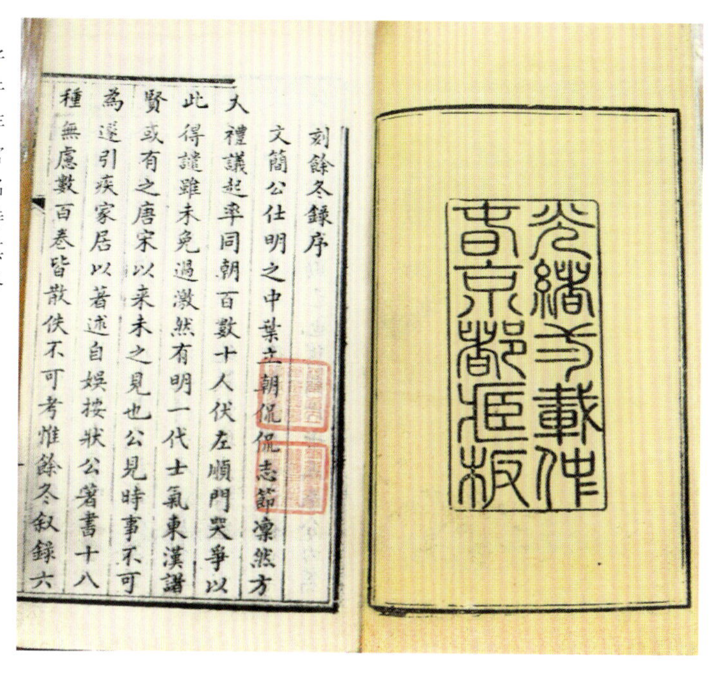

刻餘冬錄序

文簡公仕明之中葉立朝侃侃志節凜然方大禮議起率同朝百數十人伏左順門哭爭以此得譴雖未免過激然有明一代士氣東漢諸賢或有之唐宋以來未之見也公見時事不可為遂引疾家居以著述自娛按狀公著書十八種無慮數百卷皆散佚不可考惟餘冬叙錄六

何孟春《余冬序录》

何孟春，字子元，明郴州人。生于1474年。弘治六年（1493）进士，累官吏部左侍郎。明著名文学家，为“茶陵诗派”的重要代表。其著述甚富，仅《余冬序录》就有65卷。

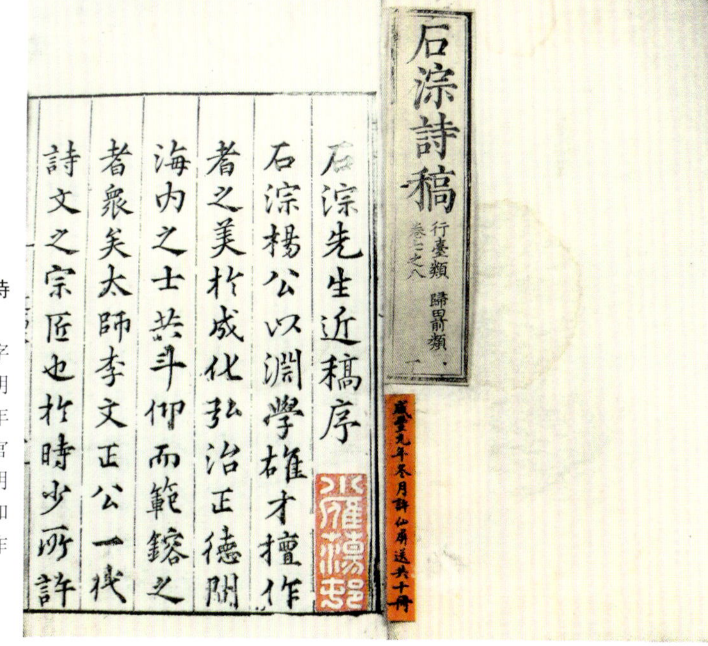

石淙詩稿

咸豐九年冬月許仙屏送共十冊

石淙先生近稿序

石淙楊公以淵學雄才擅作者之美於成化弘治正德間海內之士共斗仰而範鎔之者衆矣太師李文正公一代詩文之宗匠也於時少所許

杨一清《石淙诗稿》

杨一清，字应宁，号邃庵，明巴陵人。成化八年（1472）登进士，官至华盖殿大学士，明代著名的文学家和诗人。其传世代表作《石淙诗稿》20卷，为自编本。

郭都贤行书立轴

郭都贤，字天门，号些庵，益阳人。明天启进士，官至佥都御史，明代著名文学家。他在诗文书法方面造诣很深，这幅行书立轴，为其书法艺术的代表作。

陶汝鼐行草诗轴

陶汝鼐（1601—1683），宁乡人，明代著名诗人和书法家，海内有“楚陶三绝”之誉。这幅行草诗轴自书七言绝句，为其传世诗文与书法佳作。

王守仁画像

（采自《中国历代名人图鉴》）

王守仁（1472—1529），字伯安，余姚（今浙江）人，学者称阳明先生，明理学家、教育家。在理学上，继承发展陆九渊学说，提倡“心学”。1507年，应邀到岳麓书院讲学，使陆王心学在长沙学坛一时占主导地位。门人将其著作辑成《王文成公全书》38卷。

潕溪书院

位于湘西土家族苗族自治州吉首市鳌峰山上。为明代王阳明弟子、苗族教育家吴鹤讲学之所。

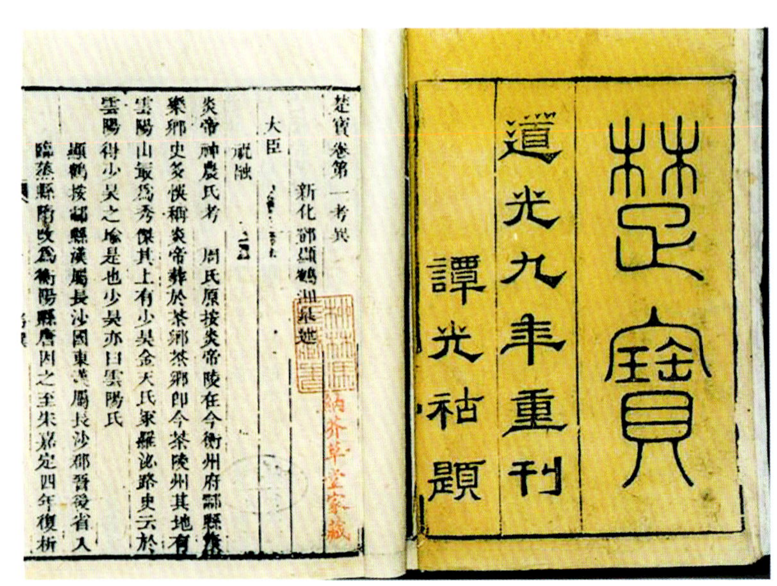

周圣楷《楚宝》

周圣楷（1573—1644），字伯孔，湘潭人，是明代湖南著名的史学家。他撰写的《楚宝》为明代湖南史学巨著，初刊于明崇祯十四年（1641）。

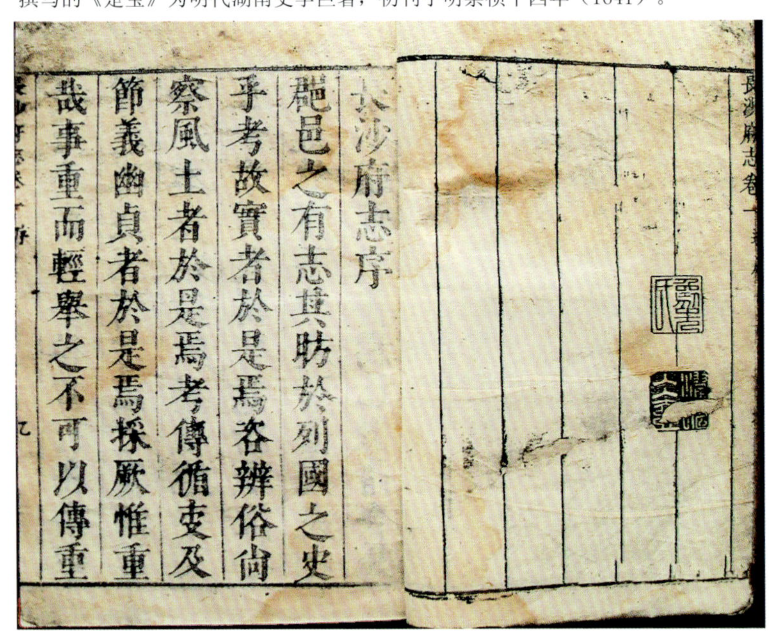

《长沙府志》

明代重视地方志的编修，崇祯《长沙府志》有10卷，系雷起龙、吴道行编修，明崇祯十二年（1639）长沙刻本，收入《中国古籍善本书目》。

来雁塔

位于衡阳市城北湘江与蒸水交汇处“合江套”石矶上，与回雁峰遥相对峙。明万历五年（1577），临武县人、著名经学家曾朝节及第，归后建此塔，以示纪念。

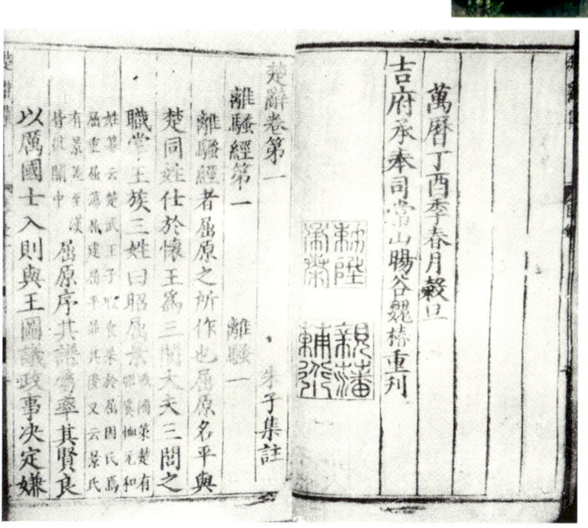

萬曆丁酉季春月穀旦
吉府承奉司常山賜谷魏椿重刊

楚辭卷第一　朱子集註
離騷經第一　離騷一
離騷經者屈原之所作也屈原名平與
楚同姓仕於懷王為三閭大夫三閭之
職掌王族三姓曰昭屈景屈原
屈原序其譜屬率其賢良
以厲國士入則與王圖議政事決定嫌

明刻《楚辞》

明万历二十五年（1597）长沙吉王府刻本。

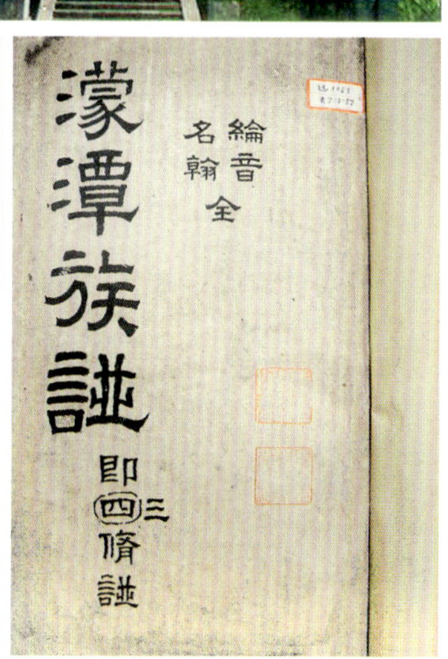

濛潭族譜
綸音
名翰
全
即四三修譜

《重修濛潭康氏族谱》

明代湘人重视姓氏谱牒类史书纂修。《重修濛潭康氏族谱》，系康元和、康之黎纂修，明崇祯元年（1628）刻本，收入《中国古籍善本书目》。

南岳藏经殿

位于衡阳市南岳衡山祥光峰下，又名祥光寺。本寺始于南朝陈光大二年（568），为天台宗二祖慧思大师所创建，当时名“小般若禅林”。经历了宋、元两朝，到了明代，明太祖朱元璋赐《大藏经》一部藏于该寺，便改名为藏经殿。

紫霞岩

紫霞岩位于宁远县九疑山。岩口呈椭圆形倾斜朝天，系断层岩溶地貌。它以奇丽宏伟的风貌，吸引着历代名人墨客，留下千秋石刻，特别是明代大地理学家徐弘祖在此连宿三日，写下了《徐霞客游记》、《楚南游记》。

蜚云塔

位于澧县澧澹乡联合村，建于明天启初年（1621）。该塔具有明显的明代佛塔的特点和风格，为本省塔建筑中所仅见。

普光寺

位于张家界市永定区。始建于明永乐十一年（1413），曾属佛教临济宗，是湘西和湘西南最具代表性的佛寺。此寺已被列为中国佛教名寺之一。

豸山寺

位于江华瑶族自治县沱江镇东豸山（俗称“麻拐岩”）山腰。始建于明万历四年（1576年），为我省明代少数民族地区修建的重要佛寺。

永州武庙

位于永州市零陵区。始建于明，清初毁于兵火，顺治时重修。该庙雄伟古朴，两根火龙柱鳞爪飞扬，堪称国宝。

永顺祖师殿

位于湘西永顺县老司城东南1公里许的山腰间，为明嘉靖（1522—1566）时永州宣慰使彭翼南所建，是湖南明代所建的道观之一，也是土家族现存最早的古代建筑。

云麓宫

位于长沙岳麓山上的云麓峰。它是明吉简王朱见浚就藩长沙时，于成化十四年（1478）倡建的，成为明代湖南著名的道观，称道教72福地的第23福地——洞真墟福地。

天后宫

位于芷江侗族自治县城舞水西岸，为明代福建移民定居后所建，供祀天后（即妈祖）。其中的石牌楼，工艺精湛，雕饰丰富，更可贵的是有体现沅州府劳动人民生活和风土人情的生动画面，为我省明代少数民族祠庙建筑艺术的典型代表。

溆浦万寿桥

位于溆浦黄茅园乡万寿村龙潭河上。始建于明崇祯年间（1628—1644），为石拱木廊风雨桥。该桥以其特有的重檐、壁画等建筑艺术，成为我省明代桥的突出者。

祁阳文昌塔

位于祁阳城东，临湘江岸的“万卷书崖”上。明万历十二年（1584）。其建筑艺术独具风格，为祁阳重要景观。

邵阳北塔

位于邵阳市资水北岸，与双清亭隔水相望。建于明万历元年（1573）。塔为砖石结构，系楼阁式建筑，突出了我省明代砖塔建筑的特点。

路亭村木牌楼

位于距宁远县城南15公里的路亭村，名为“云龙坊”，系祠堂门楼。明崇祯十二年（1639）始建。它以独特的木雕艺术成为我省明代牌楼建筑艺术的典型代表。

风宪牌坊

位于嘉禾县丰头镇。始建于明洪熙元年（1425），系官府为时任上京巡河御史李祚建造。建筑结构科学严谨，榫卯精密牢固。

环秀楼

位于今耒阳市城东区东南隅，濒临耒水，一名望江楼，又名八角亭。始建于明洪武年间年间（1368—1398）。楼体庄重秀美，为我省明代楼阁建筑艺术的代表作。

第二节　清代前中期的湖南

清前、中期，特别是平定吴三桂叛乱之后，湖南社会比较安定，社会经济持续发展，人口大幅度增加，耕地面积进一步扩大，粮食产量提高，茶、棉、油桐等经济作物大面积推广，各类手工业和商业获得较大的发展，学校和书院教育、哲学、科学技术、文学和艺术等也有极大的发展。由于改土归流的实施，湖南少数民族地区政治、经济、文化的发展也步入了一个新的阶段。

一、清代前中期湖南的政治军事

1644年，清军进入北京，随即南下统一全国，驻守在湖南的南明军与农民军联合，进行了殊死的抵抗，但最终失败，清军控制了湖南全境。清初，湖南隶属湖广总督和湖广布政司，康熙三年（1664），设湖南省。以吴三桂为首的三藩叛乱时，湖南是主要战场。清初对少数民族采取了比较缓和的绥抚和羁縻政策，并实行改土归流，缓和当时极为尖锐的阶级矛盾和民族矛盾。但至乾隆后期，由于统治集团日益腐朽，土地兼并加剧，阶级矛盾和民族矛盾日趋恶化，农民和少数民族起义此起彼伏，动摇了岌岌可危的封建统治。

四川
湖北
湖南
江西
贵州
广西壮族自治区
广东
永顺府
澧州
岳州府
常德府
辰州府
长沙府
乾州厅
凤凰厅
沅州府
宝庆府
衡州府
靖州
永州府
桂阳州
郴州
晃州厅

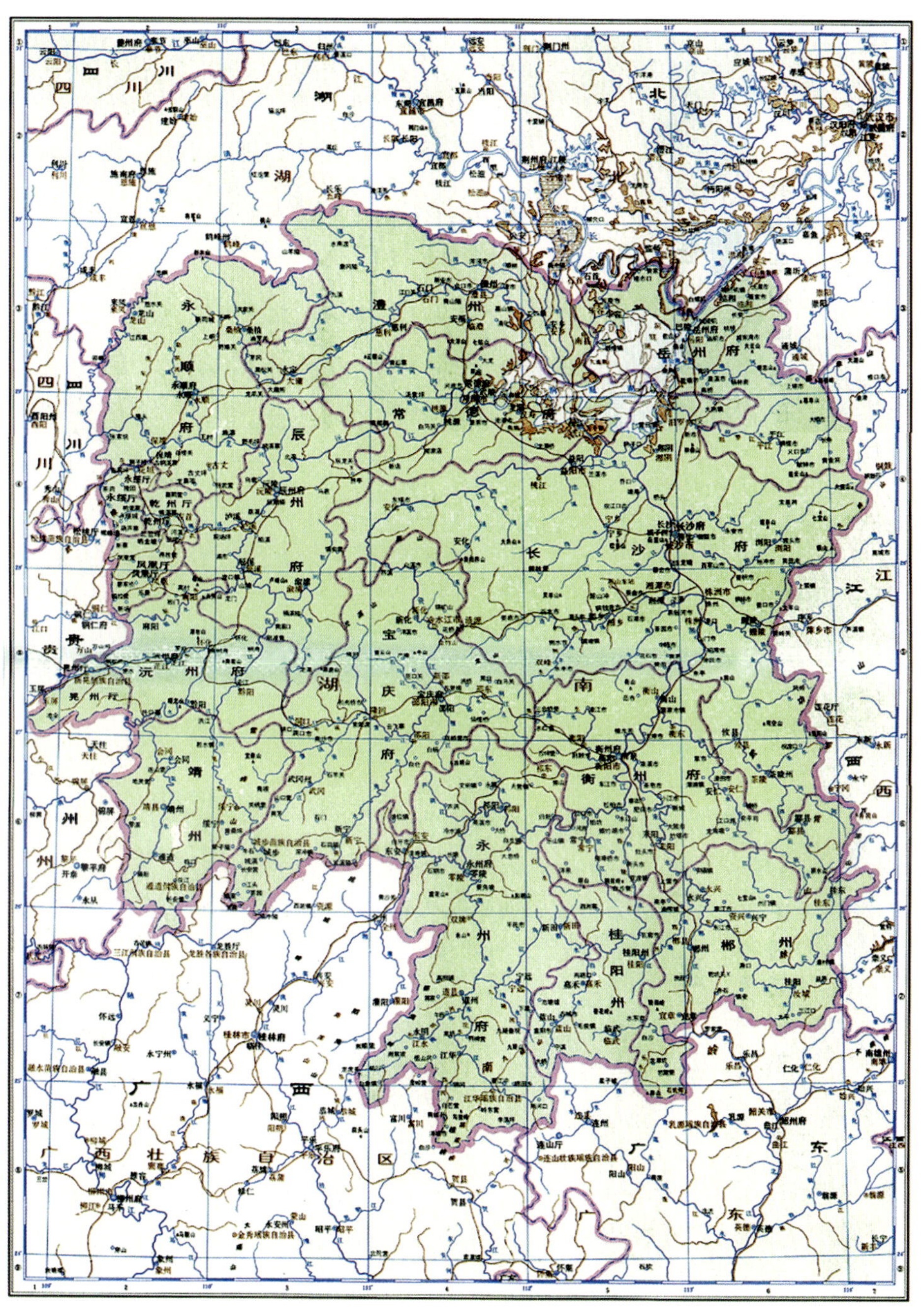

清时期的湖南

清代湖南地方行政机构简表

	4道	9府	4直隶州	5直隶厅	64县	7散州	1散厅
湖南布政司省	长宝道、岳常澧道、辰沅永靖道、衡永郴桂道	长沙府、宝庆府、岳州府、常德府、沅州府、永顺府、衡州府、永州府、辰州府	澧州 靖州 郴州 桂阳州	乾州 凤凰 永绥 晃州 南洲	安福、永定、芷江、永顺、龙山、保靖、桑植、清泉、长沙、善化、湘阴、浏阳、醴陵、湘潭、宁乡、益阳、湘乡、攸县、安化、衡阳、衡山、安仁、耒阳、常宁、酃县、零陵、祁阳、东安、宁远、永明、江华、新田、邵阳、新化、新宁、城步、巴陵、平江、临湘、华容、武陵、桃源、龙阳、沅江、沅陵、泸溪、辰溪、溆浦、黔阳、麻阳、永兴、宜章、兴宁、桂阳、桂东、会同、通道、绥宁、安乡、石门、慈利、临武、蓝山、嘉禾	茶陵州 武冈州 道州 澧州 靖州 郴州 桂阳州	古丈坪厅

清代，地方政府分省、道、府（直隶州、直隶厅）和县（散州、散厅）四级。康熙三年（1664），湖南建省，至道光年间，湖南布政使司（省）辖4道、9府、4直隶州、5直隶厅、64县、7散州、1散厅。

康熙至嘉庆年间湖南地区主要军事驻防简表

标	镇	协	营
抚标（驻长沙） 提标（驻常德）	镇筸镇、永州镇、绥靖镇	长沙协、衡州协、常德协、宝庆协、沅州协、靖州协、永顺协、永绥协、乾州协	岳州营、澧州营、临武营、宜章营、桂阳营、保靖营、武冈营、绥宁营、九溪营、长安营、镇溪营、永定营、辰州营、古丈坪营、河溪营、岭东营、岳州水师营、洞庭水师营

清朝军队主要由八旗兵和绿营兵组成。清前期湖广地区仅荆州驻有八旗兵。驻守地方的绿营兵最高一级为标，标下设镇，镇下设协，协下设营，营下设塘汛。

芷州衙署

位于永顺县列夕乡。建于清雍正四年（1726），庭院分三级三进，现存最高一进一排七间木房。

何腾蛟墓

位于湘潭市十八总余家山。何腾蛟（1592—1649），贵州黎平人，明天启年间举人，南明福王政权时任湖广总督，驻守长沙。清兵入关后，曾联络李自成旧部共同御清。后在湘潭兵败被俘，绝食七日后不屈而死。

吴三桂铜钱

清康熙初年，以吴三桂为首的“三藩”割据势力发动叛乱。吴三桂在衡阳称帝，改元昭武，并铸铜钱，有“昭武通宝”大小钱。

永顺等处军民宣慰使司印

康熙时，永顺土司彭廷椿之子抵抗吴三桂有功，朝廷特赏赐此印以示褒奖。

天马山战场遗址

位于新化县西河镇。清军进入湖南后，明末将领牛万才与清军在此激战。

昭武元年铁炮

是1678年吴三桂称帝衡阳改元昭武时所铸。

“洪化二年”铁炮

“洪化”为吴三桂孙吴世璠的年号。吴三桂死后，吴世璠被拥立为帝。此炮系吴世璠时所铸。

宣慰彭弘海德政碑

在永顺县老司城内土王祠西侧。清初，满族贵族对湖南和西南各少数民族实行了比较缓和的绥抚和羁縻政策。此碑记载了康熙时期的清政府民族政策。

吴八月故居遗址

位于吉首市社塘坡乡。吴八月（1729—1796），吉首人。清乾隆、嘉庆年间，在湘黔川边界地区发生了大规模的苗民起义，吴八月是起义领袖之一。

天王庙重修碑

在泸溪县八什坪乡，清嘉庆五年（1800）立。碑文楷书，记载天王庙的重修经过和乾隆、嘉庆年间苗民起义活动。

陶澍墓

位于安化县小淹镇沙湾坪。陶澍（1779－1839），字子霖，号云汀，安化县人。嘉庆七年（1802）进士，曾任两江总督，赠太子太保，谥文毅。著有《陶文毅公全集》。

“印心石屋”石匾

该石匾嵌于长沙岳麓山云麓宫石屋墙上，传为清道光帝赐予陶澍之手迹。

陶澍《自题拈花微笑图》

“印心石屋”狮纽水晶印

该印是据道光皇帝赐陶澍“印心石屋”匾额制成，“印心石屋”在陶澍老家安化。

“绥疆赐祜”狮纽水晶印

该印是道光皇帝为褒奖陶澍政绩，特赐“绥疆赐祜”四字，意为“安抚疆土，赐福于民”。

二、清代前中期湖南的社会经济

自康熙年间平定吴三桂叛乱后，湖南社会比较安定。统治者采取了一系列恢复和发展生产的措施：奖励垦荒、轻徭薄赋、兴修水利，并加速了对湖南少数民族地区和边远地区的开发。湖南人口大幅度增加，田土面积扩大，粮食产量较高，湖南的农业生产迅速发展。手工业生产也突飞猛进，制瓷、矿冶业等呈现蓬勃发展的势头。商品经济繁荣，资本主义生产关系在一些发达的行业中占了重要的地位。

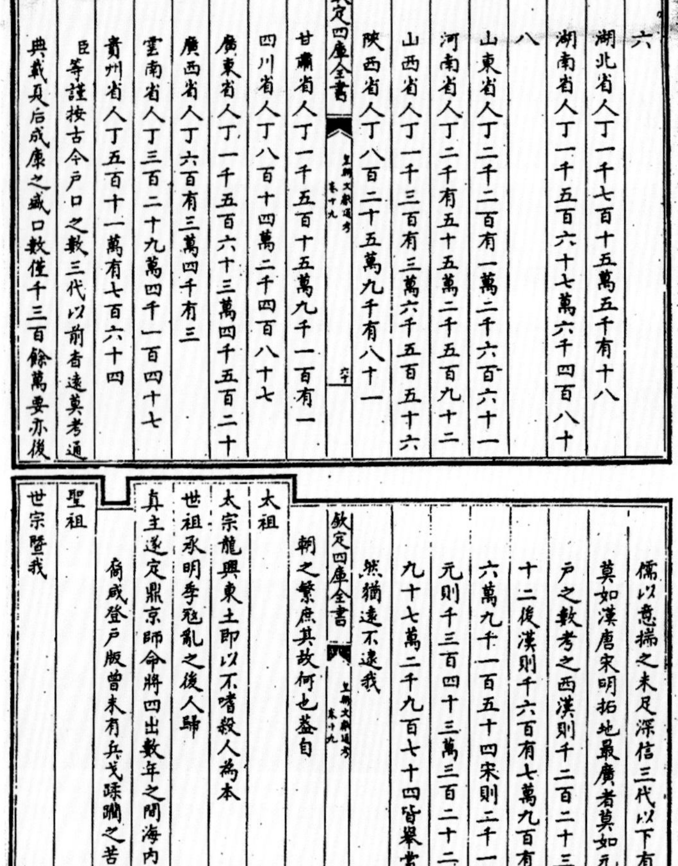

六
湖北省人丁一千七百十五萬五千有十八
湖南省人丁一千五百六十七萬六千四百八十
八
山東省人丁二千二百有一萬二千六百六十一
河南省人丁二千有五十五萬二千五百九十二
山西省人丁一千三百有三萬六千五百五十六
陝西省人丁八百二十五萬九千有八十一
欽定四庫全書　皇朝文獻通考　卷十九　六十
甘肅省人丁一千五百十五萬九千一百有一
四川省人丁八百十四萬二千四百八十七
廣東省人丁一千五百六十三萬四千五百二十
廣西省人丁六百有三萬四千有三
雲南省人丁三百二十九萬四千一百四十七
貴州省人丁五百十一萬有七百六十四
臣等謹按古今戶口之數三代以前杳遠莫考通
典載具后成康之盛口數僅千三百餘萬要亦後

儒以意揣之未足深信三代以下有天下長久者
莫如漢唐宋明拓地最廣者莫如元今以史志人
戶之數考之西漢則千二百二十三萬三千有六
十二後漢則千六百有七萬九百有六唐則九百
六萬九千一百五十四宋則二千一萬九千五十
元則千三百四十三萬三百二十二明則千二百
九十七萬二千九百七十四皆舉當時極盛之數
然猶遠不逮我
欽定四庫全書　皇朝文獻通考　卷十九　六十一
朝之繁庶其故何也蓋自
太祖
太宗龍興東土即以不嗜殺人為本
世祖承明季寇亂之後人歸
真主遂定鼎京師命將四出數年之間海內一統窮鄉僻
裔咸登戶版曾未有兵戈蹂躪之苦嗣是
聖祖
世宗暨我

《清朝文献通考》记载了湖南自康熙年间平定吴三桂叛乱之后，社会比较安定，经济恢复和发展较快，至乾隆年间，人口已有了大幅度的增长。

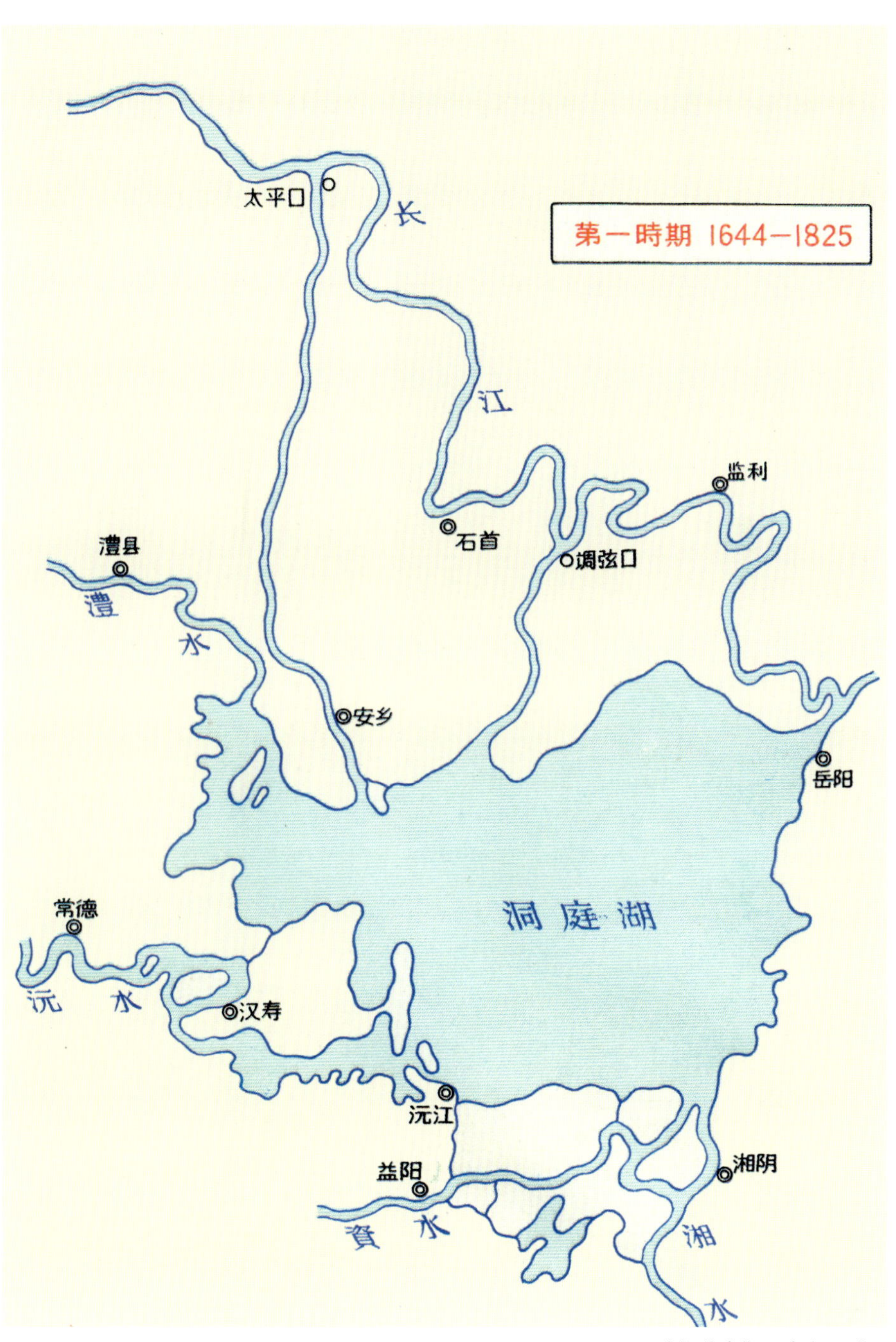

清代前中期洞庭湖区域图

向氏族源碑

位于龙山县茅坪乡，清嘉庆二十五年（1820）立。碑文楷书。清代湖南人口迁移变动比较大，此碑记载了向氏家族自江西吉安府吉水县迁于龙山的历史沿革。

彭氏族碑

位于桑植县空壳树乡，清嘉庆十二年立（1807）。碑文楷书，记载彭氏家族迁徙沿革。

蓝山、宁远赋税争执碑

位于蓝山县祠市乡，清康熙五十二年（1713）立。碑文楷书，记载蓝山、宁远两县因赋税争执，呈请湖南巡抚公断之事。

花猫堤石柜

位于常德市武陵区城西西堤外沅水北岸，建于清康熙七年（1668）。清前期很注意治理河道和兴修水利。此石柜呈三角形，是为减缓洪水对堤防冲击而设置的水利设施。

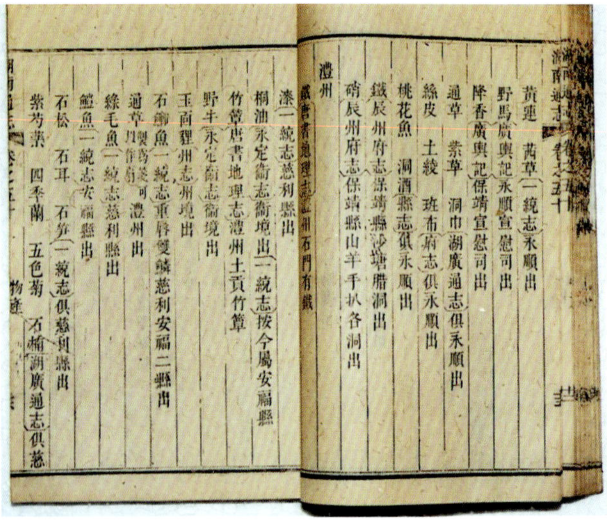

乾隆《湖南通志》卷五十《物产》

记载了湖南的主要农产品有水稻、花生、茶叶、桐油、茶油、棉花、苎麻、烟叶等。

窑头岭遗址

位于汨罗市黄市乡。现存龙窑一 座。

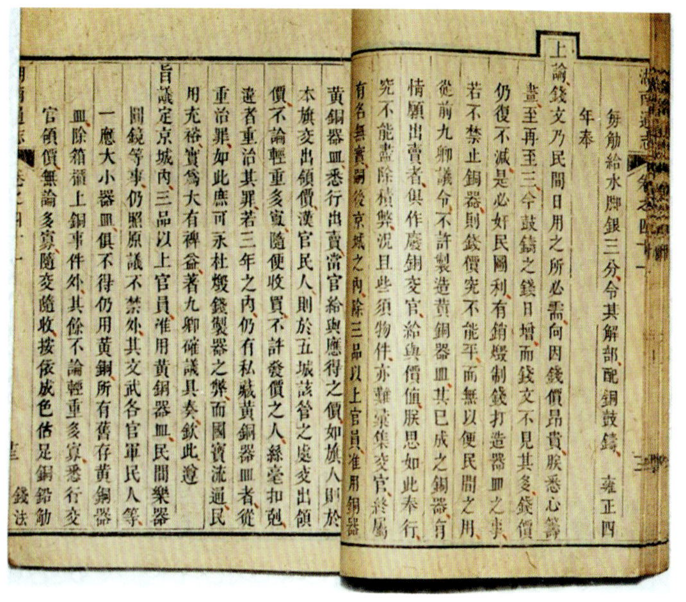
每觔給水脚銀三分令其解部配銅鼓鑄 雍正四
年奉
上諭錢文乃民間日用之所必需向因錢價昂貴朕悉心籌
畫至再至三令鼓鑄之錢日增而錢文不見其多錢價
仍復不減是必奸民圖利有銷燬制錢打造器皿之事
若不禁止銅器則錢價究不能平而無以便民間之用
從前九卿議令不許製造黄銅器皿其已成之銅器有
情願出賣者與作廢銅交官給與價值朕思如此奉行
究不能盡除積弊況且些須物件亦難乘集交官終屬
有名無實嗣後京城之內除三品以上官員准用銅器
黄銅器皿悉行出賣當官給與應得之價如旗人則於
本旗交出領價漢官民人則於五城該管之處交出領
價不論輕重多寡隨便收買不許發價之人絲毫扣剋
違者重治其罪若三年之內仍有私藏黄銅器皿者從
重治罪如此庶可永杜燬錢製器之弊而國寶流通民
用充裕實爲大有裨益著九卿確議具奏欽此遵
旨議定京城內三品以上官員准用黄銅器皿民間樂器
圓鏡等事仍照原議不禁外其文武各官軍民人等
一應大小器皿俱不得仍用黄銅所有舊存黄銅器
皿除箱籠上銅事件外其餘不論輕重多寡悉行交
官領價無論多寡隨交隨收按依成色估足銅鉛觔
錢法

乾隆《湖南通志》卷四一《矿厂》

记载了湖南矿冶业发展情况。

马鞍山冶炼遗址

位于宜章县天塘乡。宜章产锡矿、铁矿。此遗址残存炼炉，炉膛径约2米，地面散存大量的矿渣、铁渣。

黄科岭冶炼遗址

位于嘉禾县泮头乡跃进村。遗址地表全为灰渣、炉渣、残坩锅，炉渣、灰渣堆积似山，生活用具较少。

《封禁耙冲矿山碑记》

在通道侗族自治县马龙乡竹坪村，乾隆三十二年（1767）立。碑额书“封禁碑”三字。此碑反映当时封建势力以保护风水为由，通令禁止开矿的情形。

1803年湘潭手工业工人要求提高工资的布告

反映了资本主义生产关系在手工业行业中占有重要的地位。

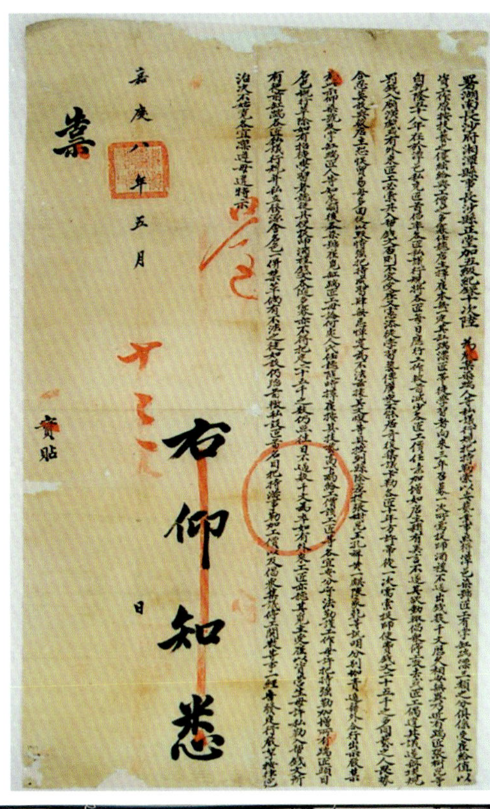

右仰知悉

嘉庆八年五月　日

告

實貼

江西会馆石坊

位于湘潭市区平政路。清初建立，为江西商人集资筹建的商民会馆。

鲁班殿

位于湘潭市雨湖区。清乾隆初年由境内泥木匠集资兴建，用来祭祀建筑工匠、木匠的祖师鲁班。民初焚于火，1915年重修。门额上方为泥塑浮雕《湘潭全城实貌图》。

关圣殿

位于湘潭市区平政路。建于清康熙年间，由山东、山西、河南、陕西、甘肃等五省商民集资筹建，为一商民会馆。大殿砖墙上刻有石碑，记载湘潭开埠以来商业繁荣兴盛的景象。

湘潭古城墙遗址

位于湘潭市区城正街。清代的湘潭已成为湖南境内重要的商业中心。

湘潭棉花规则石刻

在湘潭市平政路关圣殿内，乾隆四十六年（1781）立。为河北、山东、河南、山西四省旅潭棉商会议之行规，由此可见湘潭市商业发展状况。

定远桥

位于绥宁县关峡镇苗族乡，始建于清康熙二十三年（1684）。该桥是一座单拱整体石桥，全长36.97米，造型美观、气势雄伟，过去是绥宁通往武冈、宝庆的咽喉，上至黔滇，下通湖广，是商业交通要道。

广利桥

位于东安县塘复村，始建于清乾隆三十八年（1773），取“广济众人，为民称便”之意。桥为石砌，桥上为重檐式长廊，长36.8米，上桥墩三拱，布局疏朗匀称，是连接两岸民众的交通要道。

三、清代前中期湖南的文化

清政府从其统治的目的出发，利用传统的封建文化维系对各民族的统治，造就自己所需要的人才，一直比较重视学校教育，强调科举入仕。湖南这一时期官学得以恢复兴建，书院在前朝重修的基础上，进一步扩建。因科举考试而入仕途的名人不计其数，在哲学和理学领域所取得的成就和产生的影响都是巨大的。而在文学艺术、史学、地理学、文献编纂学及科学技术等方面，人才辈出，硕果累累。宗教也有了一定的发展。

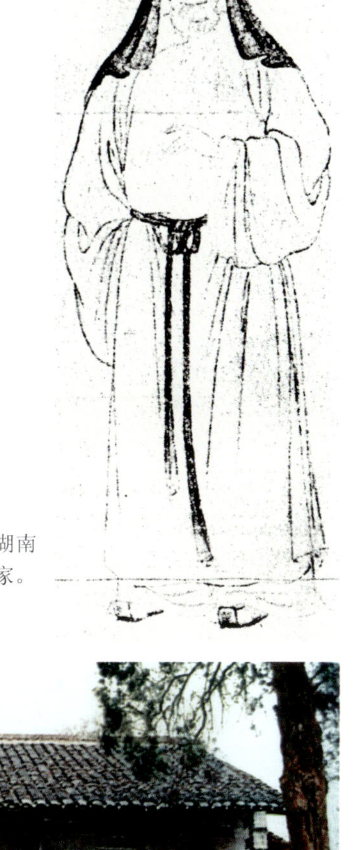

王夫之像

（采自《中国历代名人图鉴》）

王夫之（1619—1692），字而农，号薑斋，又号船山，湖南衡阳人，明崇祯年举人，是明末清初著名学者、唯物主义思想家。

湘西草堂

位于衡阳县曲兰乡，是王夫之故居。

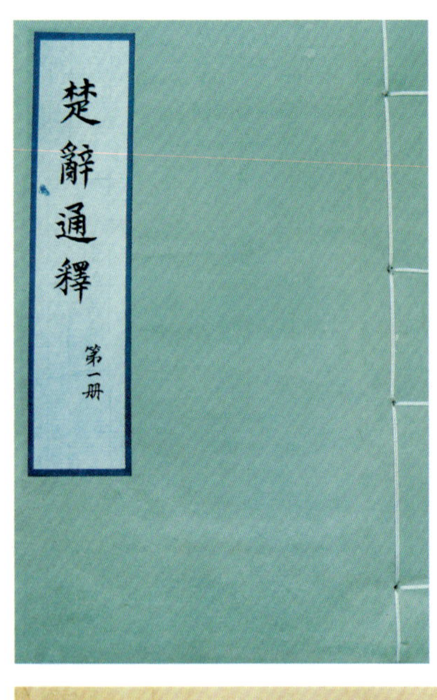

《楚辞通释》

该书14卷，王夫之撰，清康熙四十八年（1709）王敔湘西草堂刻本。全书2册，共44篇。

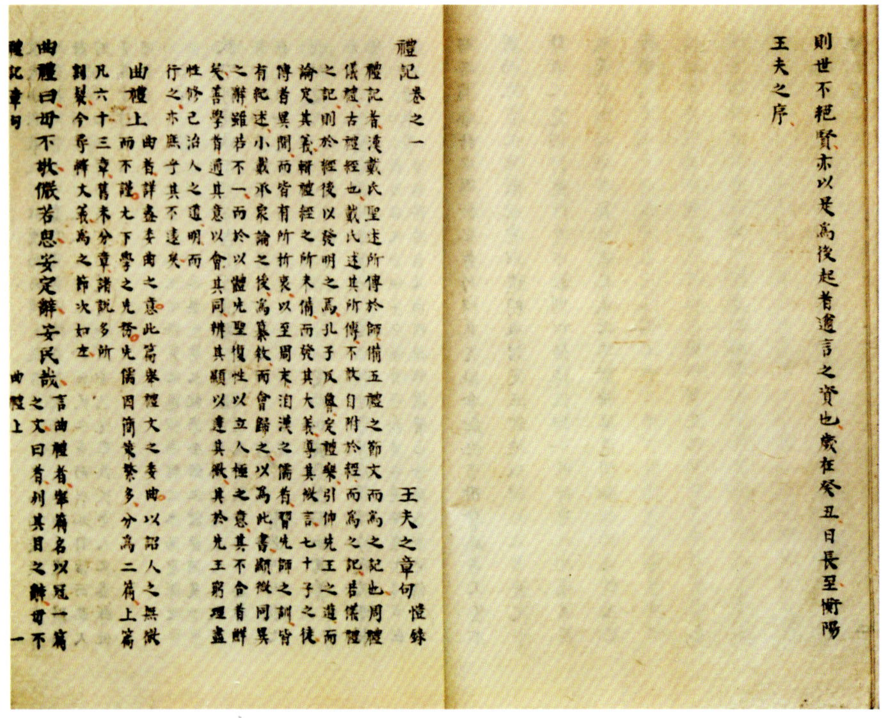

則世不肥賢亦以是爲後起者遺言之資也歲在癸丑日長至衡陽
王夫之序

禮記卷之一　　王夫之章句　愷錄

禮記者漢戴氏聖述所傳於師備五禮之節文而爲之記也周禮儀禮古禮經也戴氏述其所傳不敢自附於經而爲之記告儀禮之記則於經後以發明之焉孔子反魯定禮樂引伸先王之道而論定其義爲禮經之所未備而發其大義導其微言七十子之徒傳者異聞而皆有所折衷以至周末洎漢之儒者習先師之訓皆有紀述小戴承衆論之後爲纂輯而會歸之以爲此書顯微同異之辭雖若不一而於以體先聖復性以立人極之意其不合者鮮矣善學者通其意以會其同辨其顯以達其微其於先王窮理盡性修己治人之道明而行之亦庶乎其不遠矣

曲禮上　曲者詳盡委曲之意此篇舉禮文之委曲以詔人之無微而不謹也下學之先務先儒因簡策繁多分爲二篇上篇凡六十三章舊未分章諸說多所割裂今爲辨大義爲之節次如左

曲禮曰毋不敬儼若思安定辭安民哉　言曲禮者舉篇名以冠一篇之文曰者引其目之辭毋不

禮記章句　曲禮上　一

《礼记章句》墨稿

该书10册，是王夫之未完成的墨稿，作于康熙十六年（1677）。

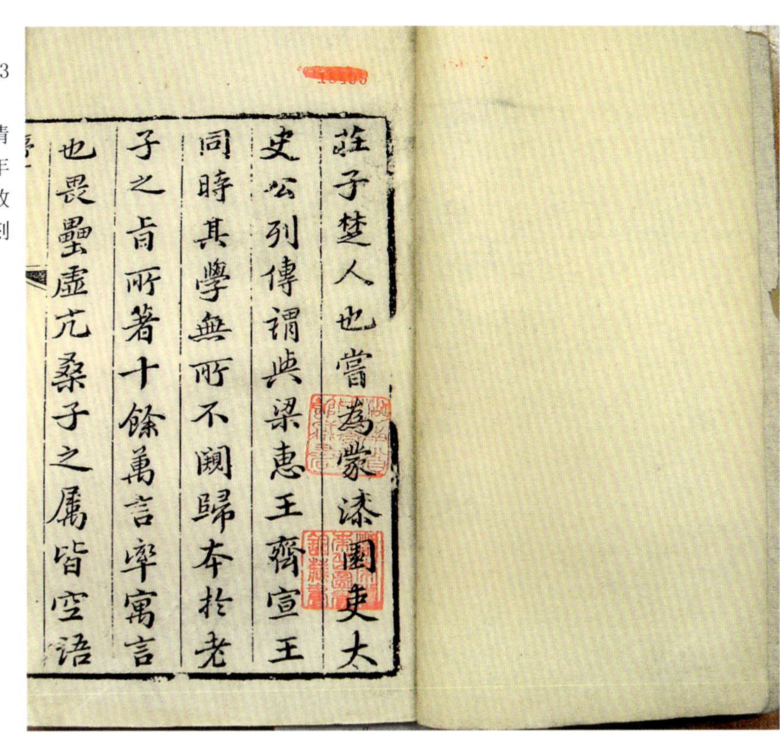
莊子楚人也嘗為蒙漆園吏太
史公列傳謂與梁惠王齊宣王
同時其學無所不闚歸本於老
子之旨所著十餘萬言率寓言
也畏壘虛亢桑子之屬皆空語

《庄子解》

该书33卷，评书合载，王夫之撰，清康熙四十八年（1709）王敔湘西草堂刻本。全书6册。

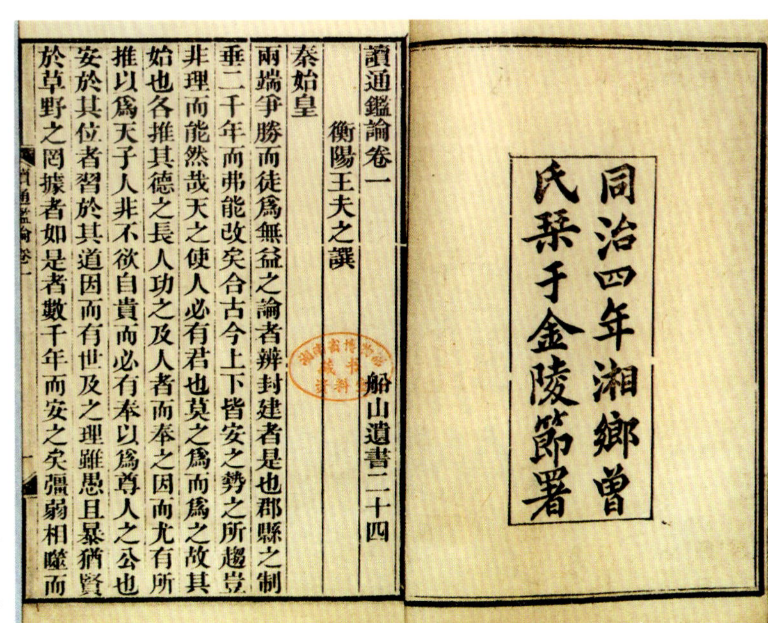
同治四年湘鄉曾氏栞于金陵節署

讀通鑑論卷一
衡陽王夫之譔　船山遺書二十四
秦始皇
兩端爭勝而徒為無益之論者辨封建者是也郡縣之制
垂二千年而弗能改矣合古今上下皆安之勢之所趨豈
非理而能然哉天之使人必有君也莫之為而為之故其
始也各推其德之長人功之及人者而奉之因而尤有所
推以為天子人非不欲自貴而必有奉以為尊人之公也
安於其位者習於其道因而有世及之理雖愚且暴猶賢
於草野之罔據者如是者數千年而安之矣彊弱相噬而

《读通鉴论》

该书20卷，王夫之撰，清乾隆年间衡阳王嘉恺抄本。全书14册。

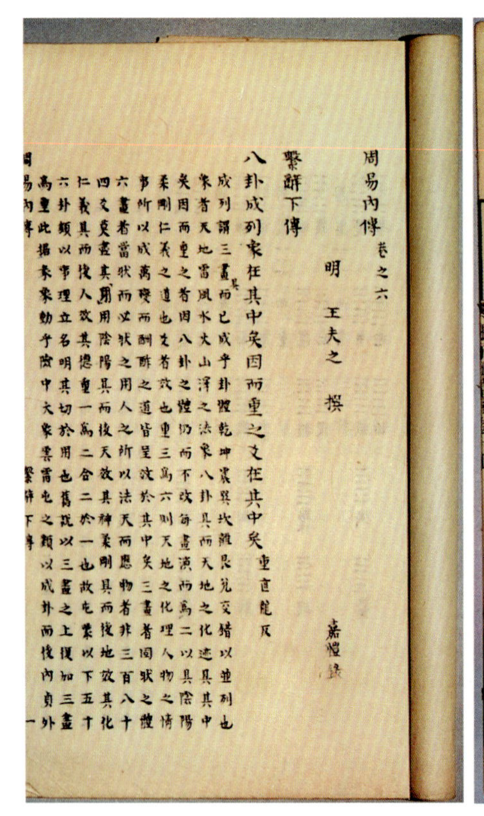
周易内傳 卷之六
明 王夫之 撰 嘉愷 錄
繫辭下傳
八卦成列象在其中矣因而重之爻在其中矣 重直龍反
成列謂三畫而已成乎卦體乾坤震巽坎離艮兌交錯以並列也
象者天地雷風水火山澤之法象八卦具而天地之化迹具其中
矣因而重之者因八卦之體仍而不改每畫演而爲二以具陰陽
柔剛仁義之道也爻者效也重三爲六則天地之化理人物之情
事所以成萬變而酬酢之道皆呈效於其中矣三畫者固然之體
六畫者當然而必然之用人之所以法天而應物者非三百八十
四爻莫盡其用陰陽具而後天效其神柔剛具而後地效其化
仁義具而後人效其德重一爲二合二於一也故屯蒙以下五十
六卦頻以事理立名明其切於用也舊說以三畫之上復加三畫
爲重此據彖象動乎險中大象雲雷屯之類以成卦而後內貞外
周易内傳 繫辭下傳

《周易内传》

该书6卷，《发例》1卷，王夫之撰，清乾隆十一年（1746）衡阳王嘉恺抄本。全书7册。

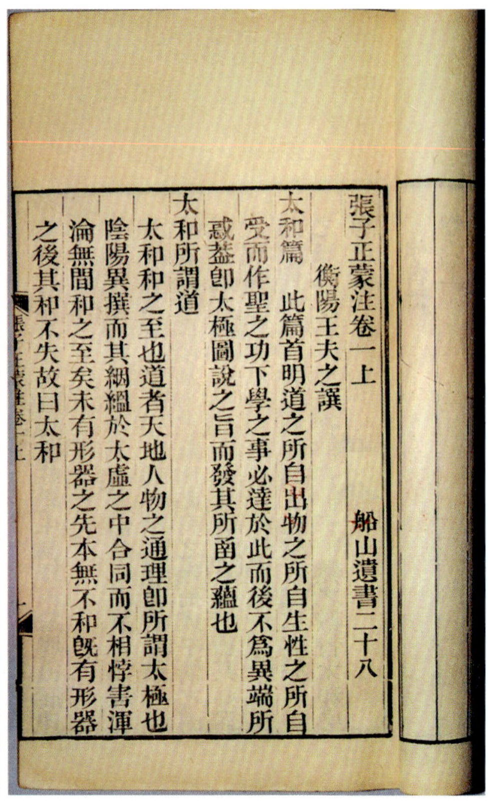
張子正蒙注卷一上 船山遺書二十八
衡陽王夫之譔
太和篇 此篇首明道之所自出物之所自生性之所自
受而作聖之功下學之事必達於此而後不爲異端所
惑蓋即太極圖說之旨而發其所函之蘊也
太和所謂道
太和和之至也道者天地人物之通理即所謂太極也
陰陽異撰而其絪縕於太虛之中合同而不相悖害渾
淪無間和之至矣未有形器之先本無不和既有形器
之後其和不失故曰太和

《张子正蒙注》

该书2卷，又名《张子正蒙》，王夫之撰，清康熙三十一年（1692 ）衡阳刘氏刻本。

“道南正脉”匾额

是清乾隆帝赐予岳麓书院的匾额，说明岳麓书院在全国的重要地位再次获得肯定，而官学化的程度也进一步加深。

“学达性天”匾额

该匾额现存道县濂溪书院。为康熙二十五年（1686），由康熙帝御书并赐予道州濂溪书院的匾额。

洣泉书院

位于酃县（今炎陵县），清康熙六十一年（1722）建于县署西北隅。原名黄龙书院，嘉庆二年（1797）更名为洣泉书院。

天岳书院

位于平江县东黄土仑。清代康熙五十九年（1720）始建于县南小天岳峰后，故名。

渌江书院

位于醴陵市西山，建于清乾隆十八年（1753），占地面积3228平方米，为砖木结构。

澧县文庙

位于澧县南门内，始建于清顺治六年（1649），占地面积约7000平方米。

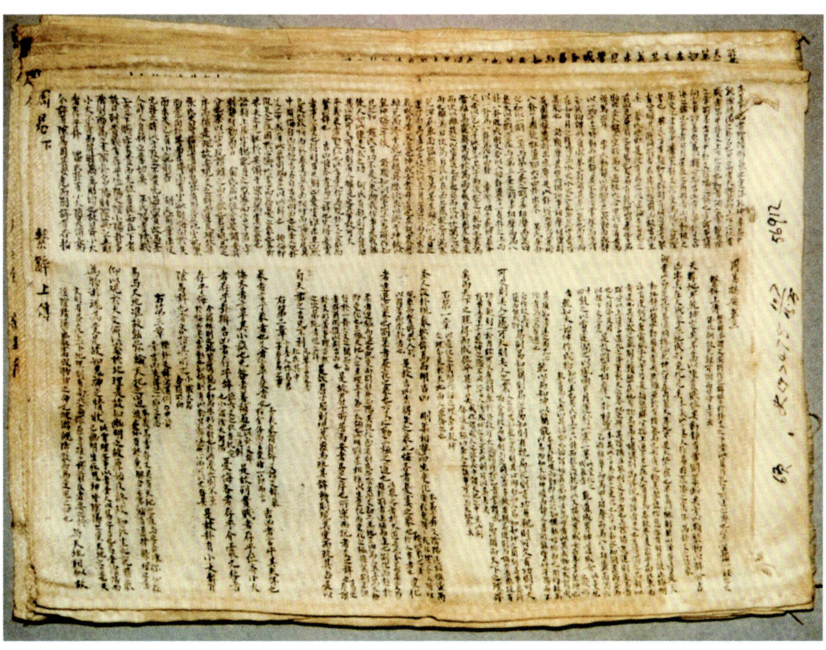

挟带

这是科举考试中用以作弊的物品。该挟带为清代物品。

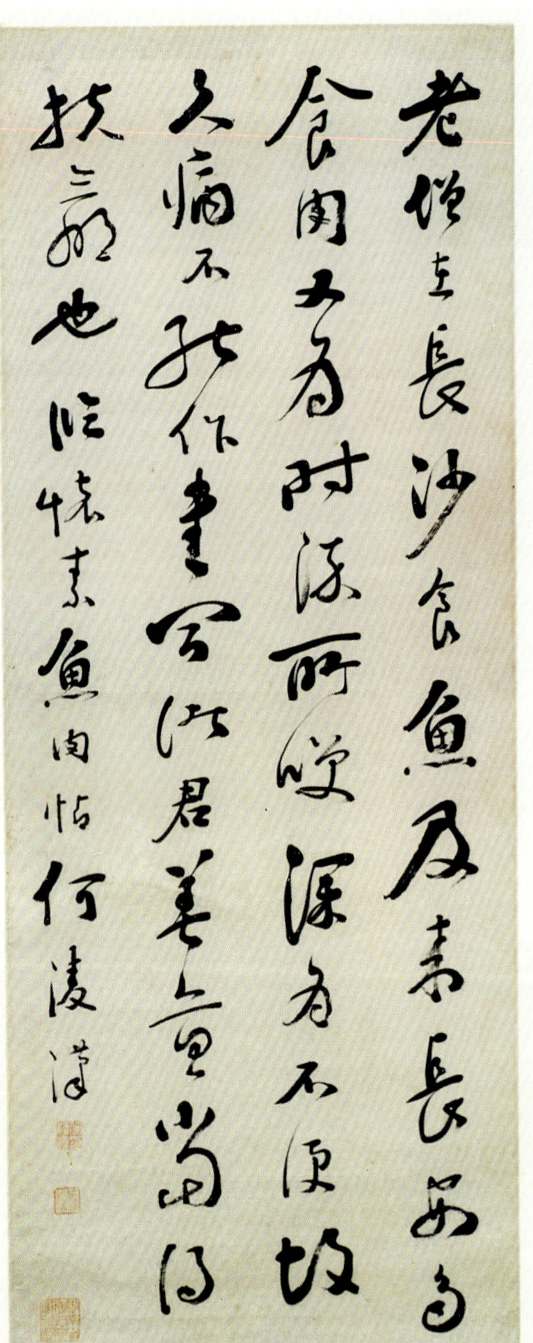

何凌汉临怀素《鱼肉帖》轴

这幅临书怀素的《鱼肉帖》为何凌汉所作，该作品非怀素狂草书体，而是以行草为之。何凌汉（1772—1840），字云门，号仙槎，道州人。嘉庆十年（1805）进士，官至户部尚书，为官勤奋廉明，有政绩。其子何绍基、绍业、绍京皆有名，时称“何氏四生”。

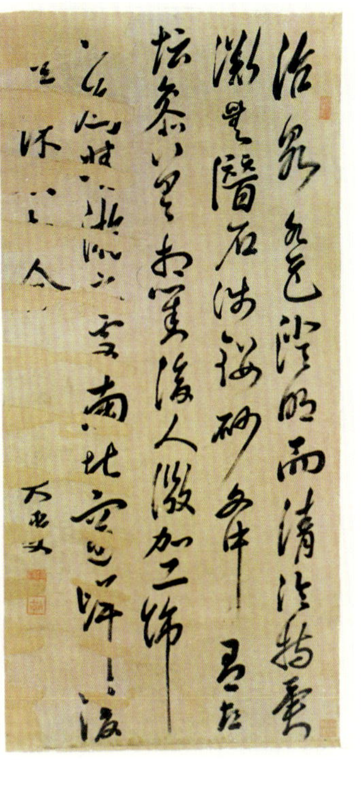

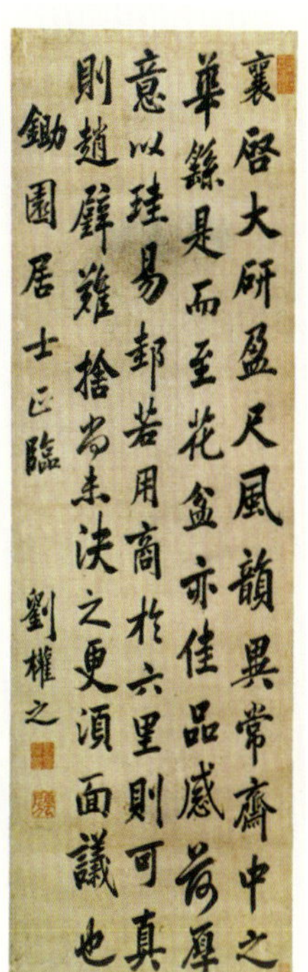

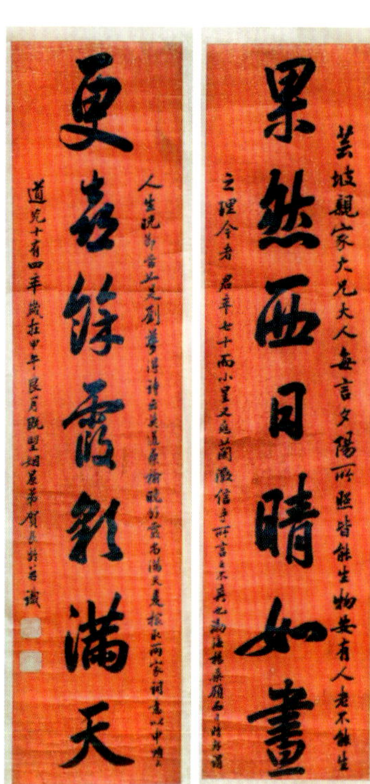

草书立轴

该草书作品为陈大受所作。陈大受，字占咸，号可斋，祁阳人。清雍正十一年（1733）进士，官至协办大学士，加太子太保。

行书立轴

该行书作品系刘权之所书。刘权之（1739—1818），字德舆，号云房，长沙人。乾隆进士，官至礼部尚书，晋太子少保。

行书七言联

该行书七言联为贺长龄所作。贺长龄（1785—1848），字耦耕，号西涯，善化人。嘉庆十三年（1808）进士，官至云贵总督。

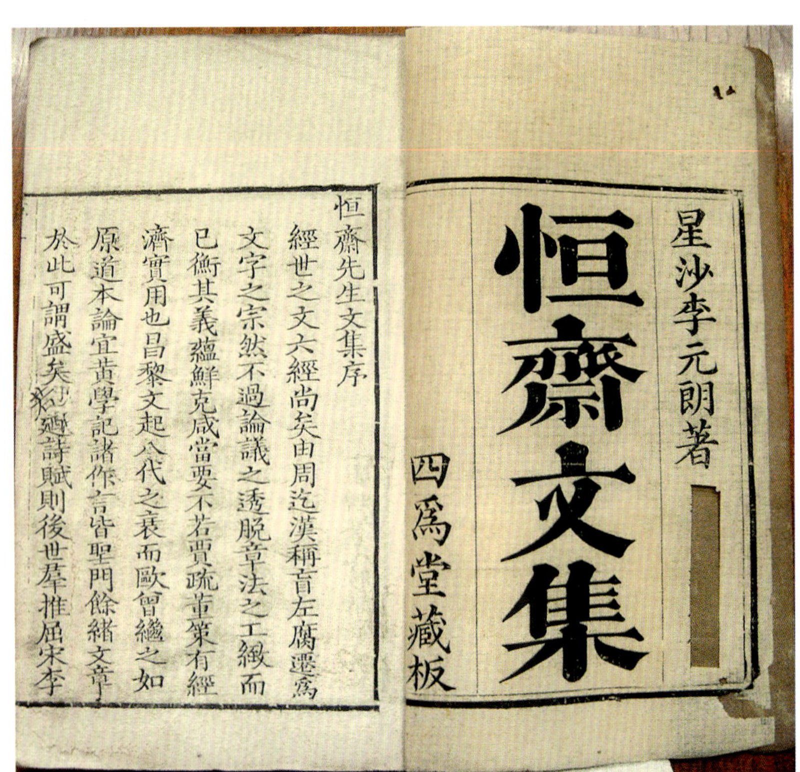
恒齋先生文集序
經世之文六經尚矣由周迄漢稱盲左腐遷爲
文字之宗然不過論議之透脫章法之工緻而
已衡其義蘊鮮克咸當要不若賈疏董策有經
濟實用也昌黎文起八代之衰而歐曾繼之如
原道本論宜黃學記諸作言皆聖門餘緒文章
於此可謂盛矣迨詩賦則後世羣推屈宋李

星沙李元朗著
恒齋文集
四爲堂藏板

《恒斋文集》

该书3种12卷，李文炤撰，李芳华评选。

李文炤（1627—1735），字元朗，号恒斋，善化（今长沙）人。康熙五十二年（1713）举人。主讲岳麓书院，并任山长。

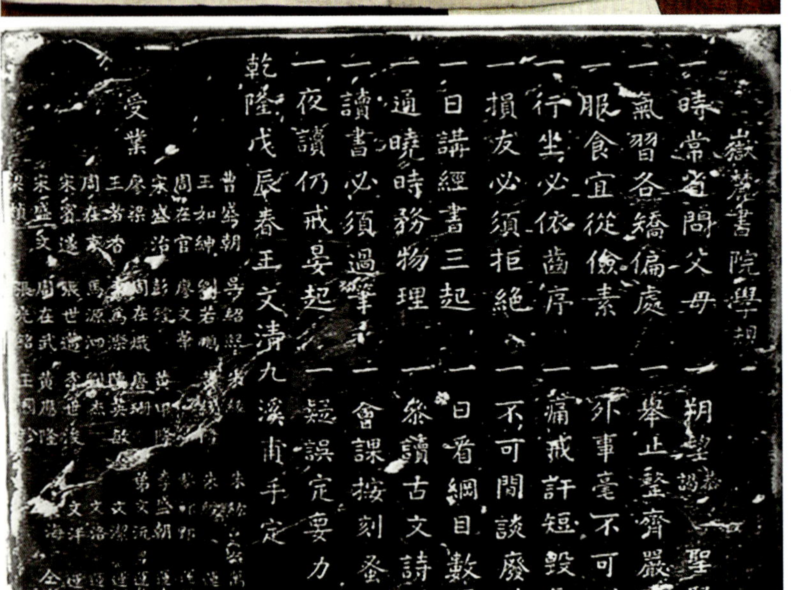
嶽麓書院學規
一時常省問父母　一朔望恭謁聖賢
一氣習各矯偏處　一舉止整齊嚴肅
一服食宜從儉素　一外事毫不可干
一行坐必依齒序　一痛戒訐短毀長
一損友必須拒絕　一不可閒談廢時
一日講經書三起　一日看綱目數頁
一通曉時務物理　一參讀古文詩賦
一讀書必須過筆　一會課按刻蚤完
一夜讀仍戒晏起　一疑誤定要力爭
乾隆戊辰春王文清九溪甫手定
受業

《岳麓书院学规》石刻

该石刻现嵌于长沙岳麓书院正厅内，《学规》是王文清制定的。王文清（1688—1779），字廷鉴，号九溪，宁乡人。雍正二年（1724）进士，官中书舍人，后任岳麓书院山长。

草书诗文轴

该草书诗文作品为罗典所作。罗典（1719—1808），字徽五，号慎斋，湘潭人。乾隆十六年（1751）进士，官鸿胪寺少卿，后掌教岳麓书院，并任山长。

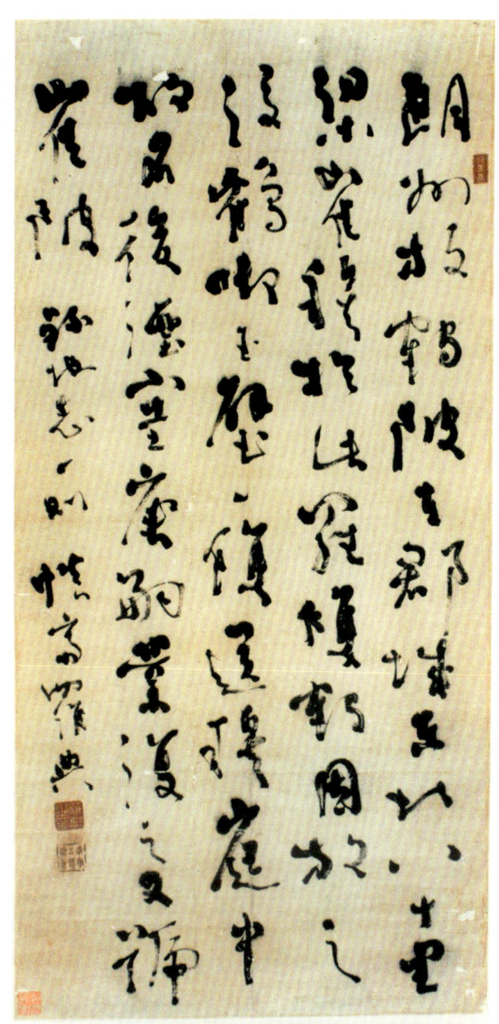

“整齐严肃”碑

该碑嵌于长沙岳麓书院讲堂内，为道光年间欧阳厚均摹刻的楷书。。欧阳厚均，字福田，号坦斋，安仁人。嘉庆年进士，官户部员外郎，后为长沙岳麓书院山长。

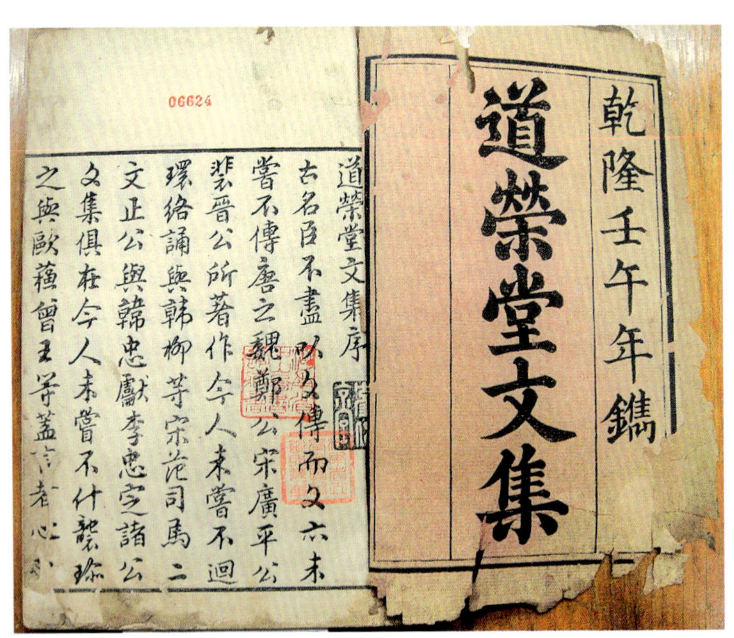

乾隆壬午年鐫

道榮堂文集

道榮堂文集序

古名臣不盡以文傳而文亦未嘗不傳唐之魏鄭公宋廣平公裴晉公所著作今人未嘗不迴環絡誦與韓柳等宋范司馬二文正公與韓忠獻李忠定諸公文集俱在今人未嘗不什襲珍之與歐蘇曾王等並言者

《道荣堂文集》

该书6卷，首1卷，清乾隆二十七年（1762）刻本。书收录陈鹏年文章254篇。陈鹏年（1662—1723），字北溟，号沧州，湘潭人。康熙三十年（1691）进士，官河道总督、江宁知府，工诗文擅长书法。

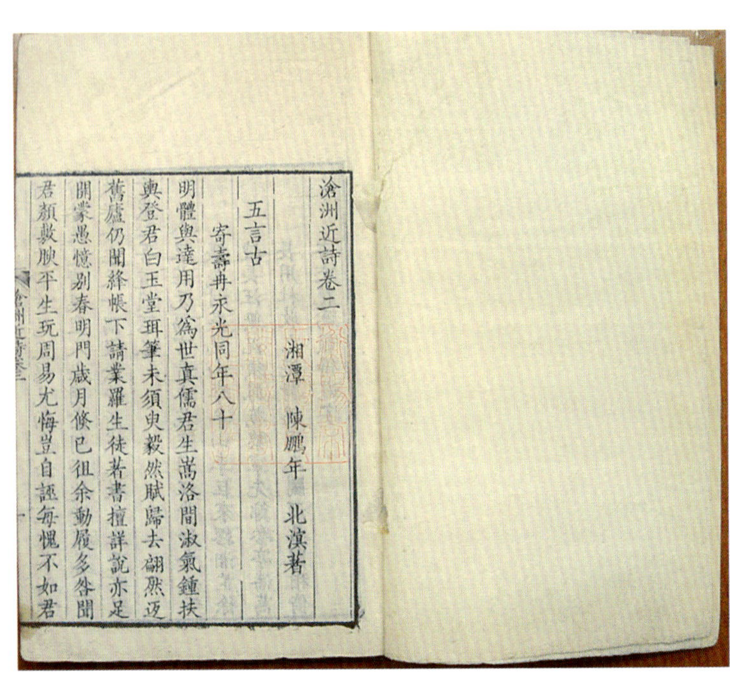

滄州近詩卷二　湘潭　陳鵬年　北溟著

五言古

寄壽冉永光同年八十

明體與達用乃爲世真儒君生嵩洛間淑氣鍾扶輿登君白玉堂珥筆未須臾毅然賦歸去翩然返舊廬仍聞絳帳下請業羅生徒著書擅詳說亦足開蒙愚憶别春明門歲月倏已徂余動履多咎聞君顔皴腴平生玩周易尤悔豈自誣每愧不如君

《沧州近诗》

该书10卷，清雍正四年（1726）刻本。书收录陈鹏年在清康熙四十九（1710）至六十一年（1722）所撰诗词1300余首。

《禅机画趣图轴》

这幅画是髡残的代表作之一。髡残（1612—约1692），字介丘，号石谿，武陵人，俗姓刘，顺治年削发为僧，擅长绘画。

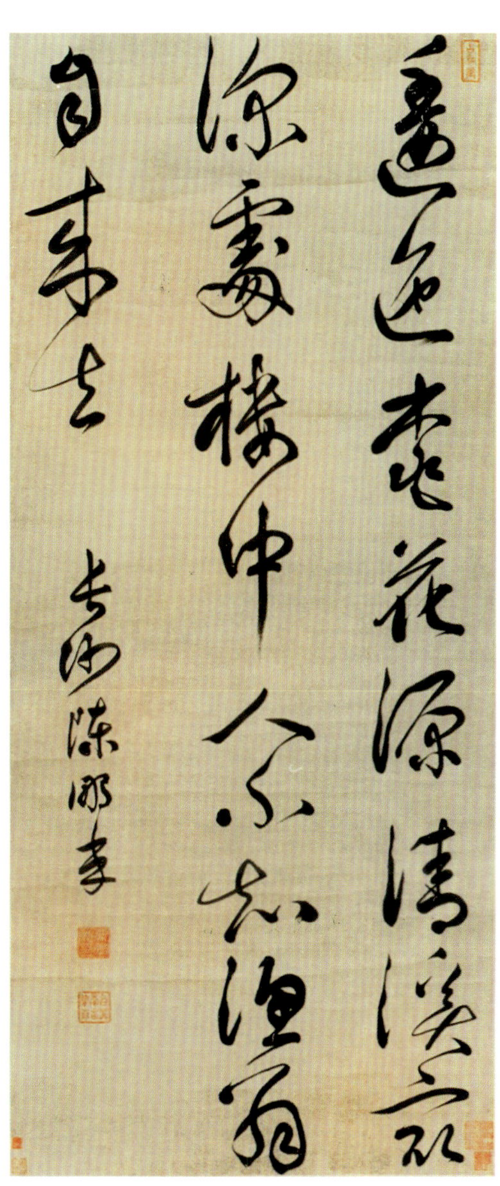

行书诗轴

该行书作品为陈鹏年所作，内容为一首五言绝句诗。

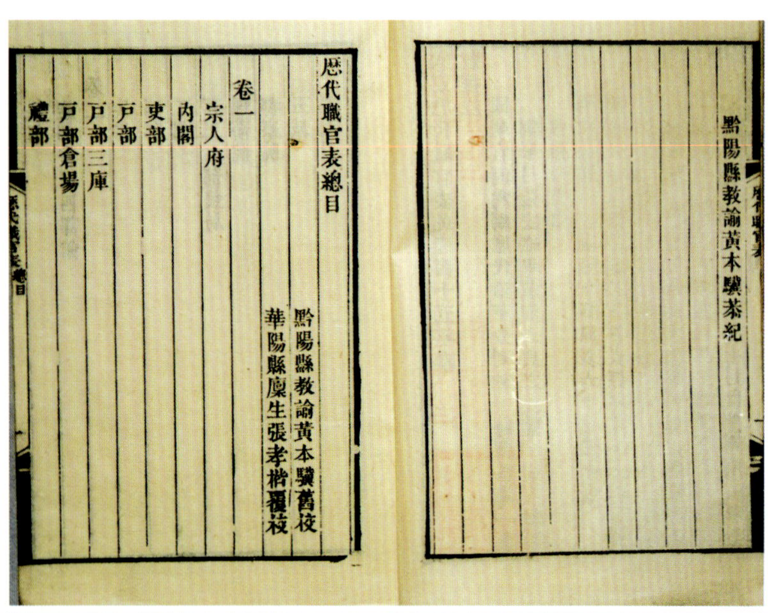

黔陽縣教諭黃本驥彙紀

歷代職官表總目

黔陽縣教諭黃本驥舊校

華陽縣廩生張孝楷覆校

卷一

宗人府

內閣

吏部

戶部

戶部三庫

戶部倉場

禮部

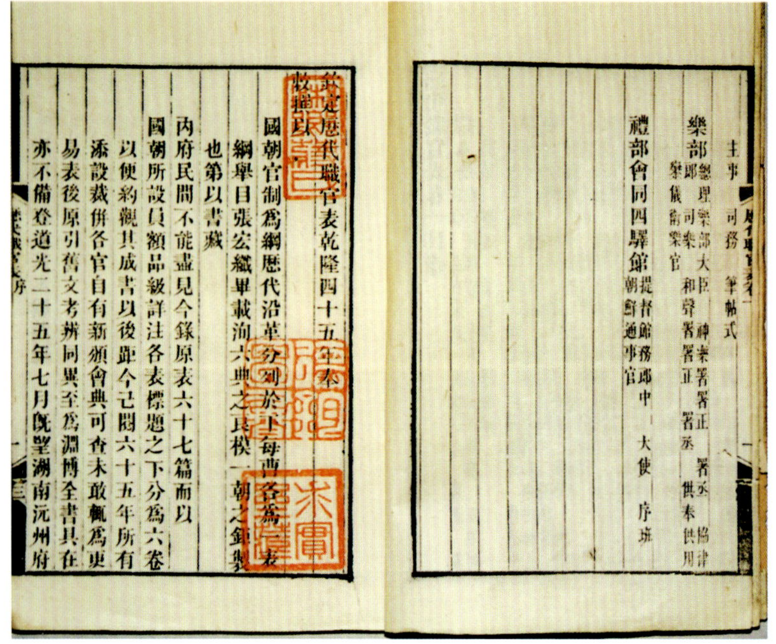

欽定歷代職官表乾隆四十五年奉

敕撰以

國朝官制爲綱歷代沿革分列於下每一官各爲一表

綱舉目張宏纖畢載洵六典之良模一朝之鉅製

也第以書藏

內府民間不能盡見今錄原表六十七篇而以

國朝所設員額品級詳注各表標題之下分爲六卷

以便約觀其成書以後距今已閱六十五年所有

添設裁併各官自有新頒會典可查未敢輒爲更

易表後原引舊文考辨同異至爲淵博全書具在

亦不備登道光二十五年七月既望湖南沅州府

主事 司務 筆帖式

樂部 總理樂部大臣 神樂署署正 署丞 協律郎 司樂 和聲署署正 署丞 供奉 供用 樂儀衛樂官

禮部會同四驛館 提督館務郎中 大使 序班 朝鮮通事官

《历代职官表》

该书为黄本骥于乾隆年间在官修72卷本的《历代职官表》的基础上，删订、修改、增补成书的。黄本骥，字虎痴，宁乡人。道光元年（1821）中乡举，授黔阳县教谕。

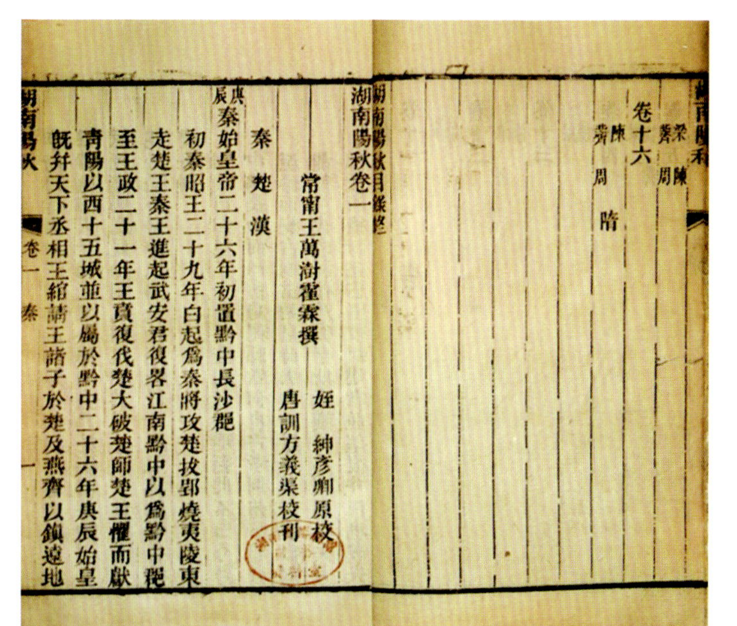

湖南陽秋目錄終

湖南陽秋卷一

常甯王萬澍霍霖撰 姪 紳彥翀原校

唐訓方義渠校刊

秦 楚 漢

庚辰 秦始皇帝二十六年初置黔中長沙郡

初秦昭王二十九年白起爲秦將攻楚拔郢燒夷陵東走楚王秦王進起武安君復畧江南黔中以爲黔中郡至王政二十一年王賁復伐楚大破楚師楚王懼而獻青陽以西十五城並以屬於黔中二十六年庚辰始皇既幷天下丞相王綰請王諸子於楚及燕齊以鎮邊地

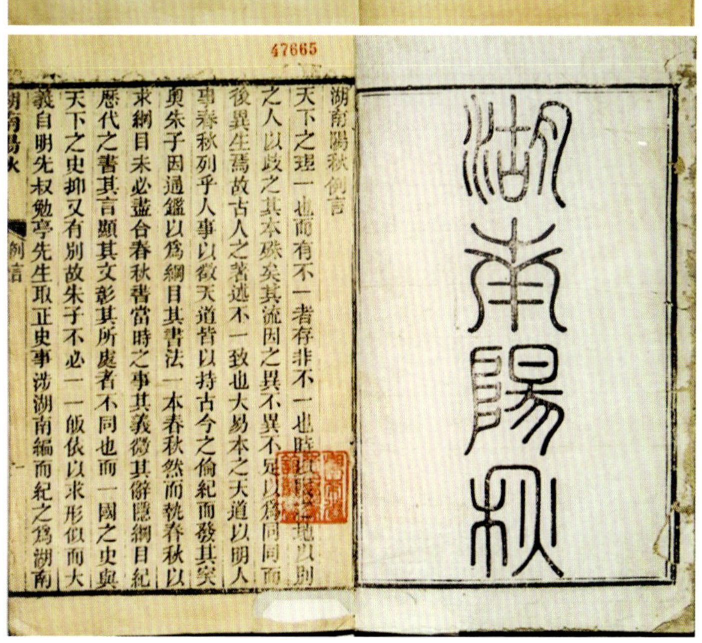

湖南陽秋例言

天下之運一也而有不一者存非不一也時地也則之人以政之其本殊矣其流因之異不異不足以爲同而後異生焉故古人之著述不一致也大易本之天道以明人事春秋列乎人事以敘天道皆以持古今之倫紀而發其突與朱子因通鑑以爲綱目其書法一本春秋然而執春秋以求綱目未必盡合春秋書當時之事其義微其辭隱綱目紀歷代之書其言顯其文彰其所處者不同也而一國之史與天下之史抑又有別故朱子不必一一皈依以求形似而大義自明先叔勉亭先生取正史事涉湖南編而紀之爲湖南

湖南陽秋

《湖南阳秋》

该书16卷，系采撷正史中有关湖南的史料，以编年体编纂而成。是王万澍最有成就的书。王万澍，字霍霖，常宁县人，乾隆年间常宁十才子之一，精通经史，学识渊博。

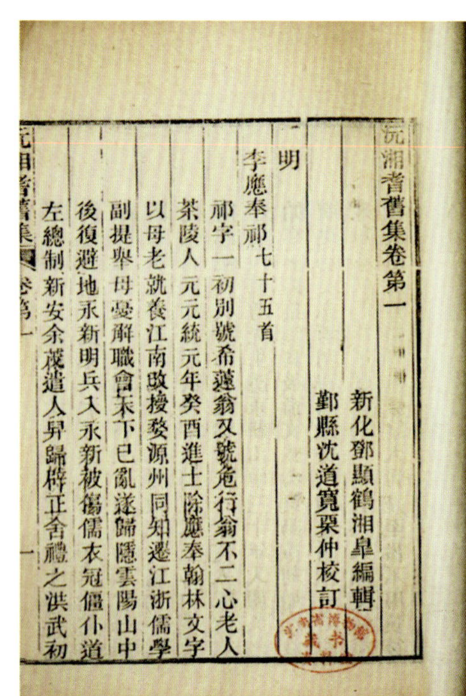

沅湘耆舊集卷第一

新化鄧顯鶴湘皐編輯

鄞縣沈道寬栗仲校訂

明

李應奉祁七十五首

祁字一初別號希蘧翁又號危行翁不二心老人茶陵人元元統元年癸酉進士除應奉翰林文字以母老就養江南改授婺源州同知遷江浙儒學副提舉母憂解職會天下已亂遂歸隱雲陽山中後復避地永新明兵入永新被俘儒衣冠僵仆道左總制新安余蔑遣人舁歸椑正舍禮之洪武初

《沅湘耆旧集》

该书200卷，是一部辑录湖湘先贤诗作及相关文献的诗歌总集。邓显鹤撰。书汇集沅湘地区晋至清代公卿、布衣、闺阁、释道等两千多家诗二万余首而成的诗歌总集，既是汇集湖湘历代诗人文献的大书，也是对研究湖南封建社会历史、文化、文学和地方风尚都很有参考价值的地方文献。道光二十四年（1844年）新化邓氏南村草堂刊刻。

邓显鹤（1777-1851），字子立，号湘皋，湖南新化人。嘉庆年举人，官授宁乡训导，在任十三年。晚年引疾归乡，应聘主讲邵阳濂溪书院和常德朗江书院，并潜心于著述和文献整理工作。晚清著名诗人，文献家，著名的《船山遗书》就是他收集、整理、刊刻的。

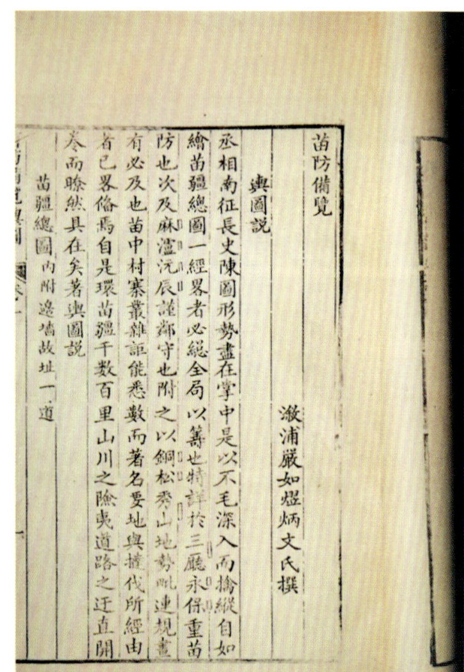

苗防備覽

漵浦嚴如煜炳文氏撰

輿圖說

丞相南征長史陳圖形勢盡在掌中是以不毛深入而擒縱自如繪苗疆總圖一經畧者必綜全局以籌也特詳於三廳永保重苗防也次及麻瀘沅辰謹郡守也附之以銅松秀山地勢毗連規畫有必及也苗中村寨叢雜詎能悉數而著名要地與撻伐所經由者已畧備焉自是環苗疆千数百里山川之險夷道路之迂直開卷而瞭然具在矣著輿圖說

苗疆總圖内附邊墙故址一道

《苗防备览》

该书22卷，系严如熤撰于乾嘉苗民起义之际，内容丰富，具有重要的史料价值。严如熤（1759—1826），字乐园，溆浦县人。嘉庆五年（1800）举孝廉，官贵州按察使。

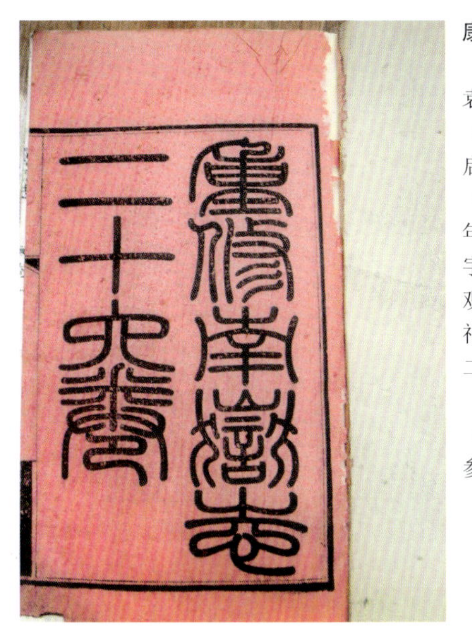

康熙《重修衡岳志》

该书八卷，又名《重修南岳志》，清代朱衮修，袁奂纂，康熙三年（1664）九仙灵台之馆刻，十一年（1672）增补重刻本。是志上承明万历邓志，下续天启、崇祯、顺治、康熙四朝史事，始修于康熙三年（1664），三阅月成书付梓，增补重刻于康熙十一年。正文分二十门，文艺下分十六目，约二十四万字，为五修南岳志。分星野、图考、山水、书院、寺观、物产、田赋、灵异、古迹、碑碣、游屐、仙释、祀典、祝辞、御制、特记、歌颂、骈议、径路、文艺二十门。

朱衮，字青岩，四川阆中人，清顺治十八年（1661）至康熙三年（1664）官衡山知县。袁奂，字参岚，湖北襄阳人。

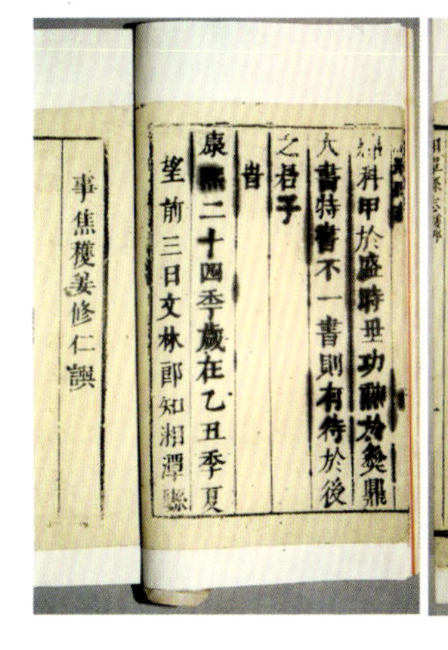
重修湘潭縣志
自東漢南陽撰記風俗之後郡
縣始各自為志凡夫方域區置
山川表鎮賦役盈縮陂塘蓄洩
物產所宜風俗所尚與夫賢人
君子生於斯宦於斯僑寓於斯

科甲於盛時爭功勳於彝鼎
大書特書不一書則有待於後
之君子
皆
康熙二十四年歲在乙丑季夏
望前三日文林郎知湘潭縣
事焦穫姜修仁譔

康熙《湘潭县志》

该书7卷，为清代姜修仁修、唐世起等增纂。是志纂修於康熙二十四年（1685），系参照康熙三年郑有成、郭金台四修《湘潭县志》和十八年张五修《湘潭县志》重修增补而成。记事上溯宋元，下迄康熙二十年。正文原为8卷，卷八制诰志，存目未刻，故后人按实数著录为七卷。计14门120目，约13万字，是湘潭六修邑乘。赋役志下设田赋、漕粮、南粮、长沙卫军田、茶陵卫军田、盐引、茶引14目，详记湘潭历朝赋税徭役，是研究本邑税收的重要史料；官师、侨寓、选举、人物4志，分46目，按类详录本外籍官吏，名人义士，烈女孝妇事迹，并撰有知县、县丞、教谕、名臣、儒士、文学、隐逸等人物列传，记述生平事迹甚详，约占全书篇幅的四分之一；名胜志记载潭邑境内的陶公山、韶山，昭山、铁牛、潇湘八景等27处名胜古迹，如实地反映了中湘（古湘潭）地区的名山秀水；文艺志按文、记、碑、议、疏、诗顺序，辑录历代名人关于湘潭诗文甚多。是志体例完整，内容丰富，文章朴实，史料可信，是湖南康熙诸志之佳者。

姜修仁，字焦积，陕西三原人，顺治乡试中举，初任福建，康熙二十年（1681）湘潭知县。唐世起，字石嶙，邑人。

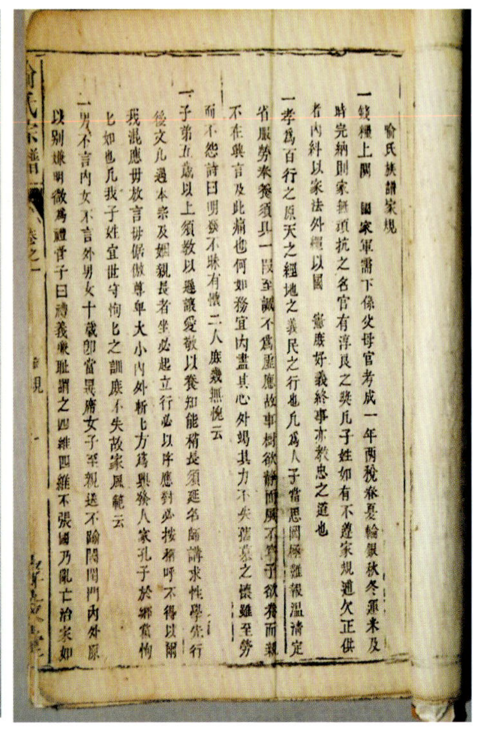

喻氏族譜家規

一錢糧上關 國家軍需下係父母官考成一年两稅春夏輪銀秋冬運米及
時完納則家無項抗之名官有淳良之獎凡子姓如有不遵家規逋欠正供
者內斜以家法外繩以國 憲庶好義終事亦教忠之道也
一孝為百行之原天之經地之義民之行也凡為人子當思罔極難報溫清定
省服勞奉養須具一段至誠不為虛應故事樹欲靜而風不寧子欲養而親
不在與言及此痛也何如務宜內盡其心外竭其力不失孺慕之懷雖至勞
而不怨詩曰明發不寐有懷二人庶幾無愧云
一子弟五歲以上須教以遜讓愛敬以養知能稍長須延名師講求性學先行
後文凡過本宗及姻親長者坐必起立行必以序應對必按稱呼不得以爾
我混應毋放言毋傲尊卑大小內外漸漸方為興發人家孔子於鄉黨恂
恂如也凡我子姓宜世守恂恂之訓庶不失故家風範云
一男不言內女不言外男女十歲即當異席女子至親送不踰閫門內外原
以別嫌明微為禮管子曰禮義廉恥謂之四維四維不張國乃亂亡治家如

《（长沙）喻氏族谱》

该书3卷，清喻大年、喻成鹏等纂修，为清乾隆六年（1741）活字本。

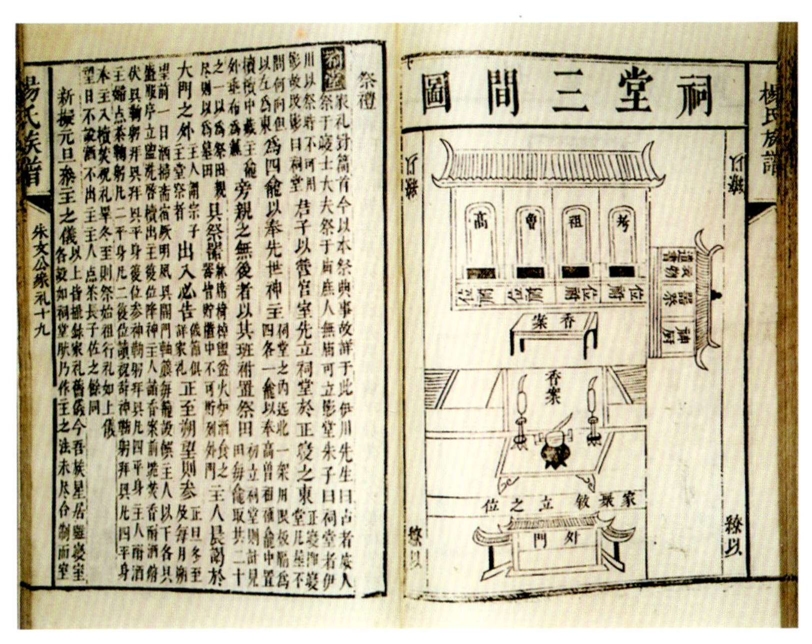

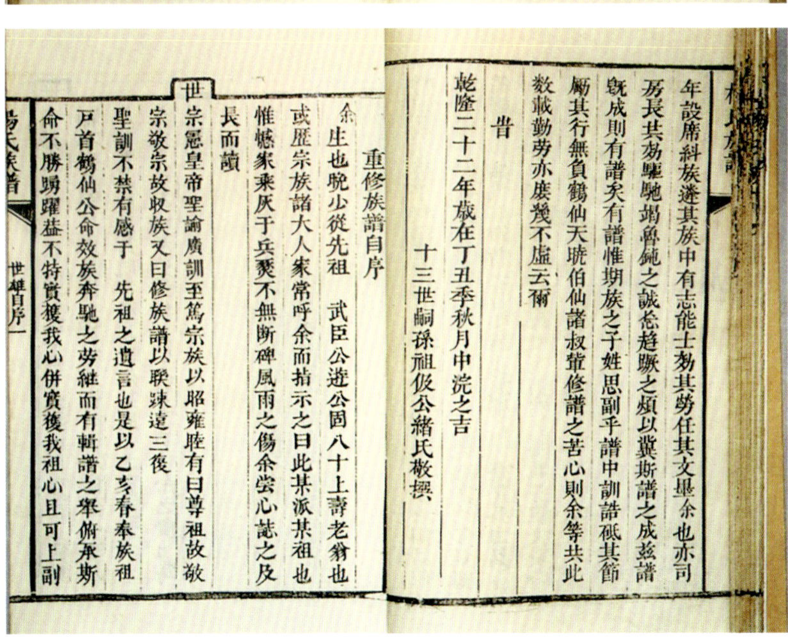

《（湘乡）杨氏族谱》

该书全1册，清杨鹤山、杨公绪等修，杨辉庭、杨我厚等纂，为清乾隆二十四年（1759）刻本。

玉皇洞全貌。

玉皇洞

玉皇洞，位于张家界枫香岗，为湖南罕见的大规模石窟寺，始凿于清乾隆嘉庆年间，依山势和自然溶洞辟有八洞，塑各种神像。

广济寺

位于佛教圣地南岳，始建于明神宗万历25年（1597）重建于康熙五十七年（1718），占地2亩（约0.13公顷），青砖结构，建筑古朴庄雅。

祝圣寺

位于衡山县南岳镇东街，为南岳六大佛教丛林之一。始建于唐代，原名弥陀寺。据《南岳总胜乐》载，夏禹曾在此建清冷宫，祀奉舜帝。康熙五十三年（1714）改名祝圣寺。

白衣观

位于通道侗族自治县播阳镇。又名“观音庵”、“千丘百塔”，建于乾隆二十四年（1759）占地约200平方米，为五层八角塔形楼阁。

孝义坊

位于中方县新路河乡，始建于嘉庆二十四年（1819）。由青石雕刻而成，题额“奉旨旌表孝义坊”，并有修建记事及罗明也先生传记，横额门楣有“福禄寿”三星浮雕及“双凤朝阳”、“二龙戏珠”、“八仙过海”及“二十四孝”等浮雕图案，有石狮、鳌鱼护柱，柱上雕饰腾云蛟龙，建造坚实，结构严谨，文化内涵丰富。

余家牌坊

位于澧县车溪乡牌楼村。为澧州州同余谭为表彰其母罗氏而建的节孝坊。道光十三年（1833）始建，二十三年（1843）竣工，为石质镂空雕刻，玲珑剔透，造型生动，工艺精湛，为省内石雕牌坊中所罕见，有很高的艺术价值。

主　编：田伏隆

副主编：范忠程　陈建明　袁家荣

编　撰（以姓氏笔画为序）

丁送来　马　宁　田伏隆　刘　刚　陈建明　李建毛　何誉军
范忠程　欧金林　郑曙斌　贺　刚　闾四秋　张曼西　袁家荣
袁建平　柴焕波　梁小进　曹学群　喻燕姣　游振群　傅聚良

图书在版编目（CIP）数据

湖南历史图典㈠/田伏隆主编.－长沙：湖南美术出版社，2010.12
（湖湘文库.乙编）
ISBN 978－7－5356－4079－6

Ⅰ.①湖… Ⅱ.①田… Ⅲ.①湖南省图典－地方史－图集
Ⅳ.①K296.4－64

中国版本图书馆CIP数据核字（2010）第230832号

湖湘文库（乙编）

湖湘文库编辑出版委员会

湖南历史图典㈠

主　　编　田伏隆
副 主 编　范忠程　陈建明　袁家荣
责任编辑　左汉中
责任校对　徐　盾
整体设计　郭天民
版式设计　许　柳　岳　蕾
出版发行　湖南美术出版社
长沙市东二环一段622号
印　　刷　深圳华新彩印制版有限公司
版　　次　2010年12月第1版
2010年12月第1次印刷
开　　本　960×640　1/16
印　　张　24
书　　号　ISBN 978－7－5356－4079－6
定　　价　110.00元